三聯學術

义疏学衰亡史论

乔秀岩 著

Classics & Civilization

生活·讀書·新知 三联书店

图书在版编目（CIP）数据

义疏学衰亡史论 / 乔秀岩著. —北京：生活 · 读书 · 新知三联书店，2017.12
（古典与文明）
ISBN 978－7－108－05968－0

Ⅰ. ①义… Ⅱ. ①乔… Ⅲ. ①注释－研究
Ⅳ. ① G256.3

中国版本图书馆 CIP 数据核字（2017）第 137044 号

特邀编辑 钟 韵
责任编辑 冯金红
装帧设计 蔡立国
责任校对 常高峰
责任印制 宋 家
出版发行 生活·讀書·新知 三联书店
（北京市东城区美术馆东街 22 号 100010）
网 址 www.sdxjpc.com
经 销 新华书店
印 刷 河北鹏润印刷有限公司
版 次 2017 年 12 月北京第 1 版
2017 年 12 月北京第 1 次印刷
开 本 880 毫米 × 1092 毫米 1/32 印张 10.75
字 数 189 千字
印 数 0,001－5,000 册
定 价 49.00 元
（印装查询：01064002715；邮购查询：01084010542）

“古典与文明”丛书
总序

甘阳　吴飞

古典学不是古董学。古典学的生命力植根于历史文明的生长中。进入21世纪以来，中国学界对古典教育与古典研究的兴趣日增并非偶然，而是中国学人走向文明自觉的表现。

西方古典学的学科建设，是在19世纪的德国才得到实现的。但任何一本写西方古典学历史的书，都不会从那个时候才开始写，而是至少从文艺复兴时候开始，甚至一直追溯到希腊化时代乃至古典希腊本身。正如维拉莫威兹所说，西方古典学的本质和意义，在于面对希腊罗马文明，为西方文明注入新的活力。中世纪后期和文艺复兴对西方古典文明的重新发现，是西方文明复兴的前奏。维吉尔之于但丁，罗马共和之于马基雅维利，亚里士多德之于博丹，修昔底德之于霍布斯，希腊科学之于近代科学，都提供了最根本的思考之源。对古代哲学、文学、历史、艺术、科学的大规模而深入的研究，为现代西方文明的思想先驱提供了丰富的资源，使他们获得了思考的动力。可以说，那个时期的古典学术，就是现代西方文明的土壤。数百年古典学术的积累，是现代西方文明的命脉所系。19 世纪的古典学科建制，只不过是这一过程的结果。随着现代研究性大学和学科规范的确立，一门规则严谨的古典学学科应运而生。但我们必须看到，西方大学古典学学科的真正基础，乃在于古典教育在中学的普及，特别是拉丁语和古希腊语曾长期为欧洲中学必修，才可能为大学古典学的高深研究源源不断地提供人才。

19 世纪古典学的发展不仅在德国而且在整个欧洲都带动了新的一轮文明思考。例如，梅因的《古代法》、巴霍芬的《母权论》、古朗士的《古代城邦》等，都是从古典文明研究出发，在哲学、文献、法学、政治学、历史学、社会学、人类学等领域带来了革命性的影响。尼采的思考也正是这一潮流的产物。20 世纪以来弗洛伊德、海德格尔、施特劳斯、福柯等人的思想，无不与他们对古典文明的再思考有关。而 20 世纪末西方的道德思考重新返回亚里士多德与古典美德伦理学，更显示古典文明始终是现代西方人思考其自身处境的源头。可以说，现代西方文明的每一次自我修正，都离不开对其古典文明的深入发掘。正是在这个意义上，古典学绝不仅仅只是象牙塔中的诸多学科之一而已。

由此，中国学界发展古典学的目的，也绝非仅仅只是为学科而学科，更不是以顶礼膜拜的幼稚心态去简单复制一个英美式的古典学科。晚近十余年来“古典学热”的深刻意义在于，中国学者正在克服以往仅从单线发展的现代性来理解西方文明的偏颇，而能日益走向考察西方文明的源头来重新思考古今中西的复杂问题，更重要的是，中国学界现在已经超越了“五四”以来全面反传统的心态惯习，正在以最大的敬意重新认识中国文明的古典源头。对中外古典的重视意味着现代中国思想界的逐渐成熟和从容，意味着中国学者已经能够从更纵深的视野思考世界文明。正因为如此，我们在高度重视西方古典学丰厚成果的同时，也要看到西方古典学的局限性和多元性。所谓局限性是指，英美大学的古典学系传统上大多只研究古希腊罗马，而其他古典文明研究例如亚述学、埃及学、波斯学、印度学、汉学以及犹太学等，则都被排除在古典学系以外而被看作所谓东方学等等。这样的学科划分绝非天经地义，因为法国和意大利等的现代古典学就与英美有所不同。例如，著名的西方古典学重镇，韦尔南创立的法国“古代社会比较研究中心”，不仅是古希腊研究的重镇，而且广泛包括埃及学、亚述学、汉学乃至非洲学等各方面专家，在空间上大大突破古希腊罗马的范围。而意大利的古典学研究，则由于意大利历史的特殊性，往往在时间上不完全限于古希腊罗马的时段，而与中世纪及文艺复兴研究多有关联（即使在英美，由于晚近以来所谓“接受研究”成为古典学的显学，也使得古典学的研究边界越来越超出传统的古希腊罗马时期）。

从长远看，中国古典学的未来发展在空间意识上更应参考法国古典学，不仅要研究古希腊罗马，同样也应包括其他的古典文明传统，如此方能参详比较，对全人类的古典文明有更深刻的认识。而在时间意识上，由于中国自身古典学传统的源远流长，更不宜局限于某个历史时期，而应从中国古典学的固有传统出发确定其内在核心。我们应该看到，古典中国的命运与古典西方的命运截然不同。与古希腊文字和典籍在欧洲被遗忘上千年的文明中断相比较，秦火对古代典籍的摧残并未造成中国古典文明的长期中断。汉代对古代典籍的挖掘与整理，对古代文字与制度的考证和辨识，为新兴的政治社会制度灌注了古典的文明精神，堪称“中国古典学的奠基时代”。以今古文经书以及贾逵、马融、卢植、郑玄、服虔、何休、王肃等人的经注为主干，包括司马迁对古史的整理、刘向父子编辑整理的大量子学和其他文献，奠定了一个有着丰富内涵的中国古典学体系。而今古文之间的争论，不同诠释传统之间的较量，乃至学术与政治之间错综复杂的关系，都是古典学术传统的丰富性和内在张力的体现。没有这样一个古典学传统，我们就无法理解自秦汉至隋唐的辉煌文明。

从晚唐到两宋，无论政治图景、社会结构，还是文化格局，都发生了重大变化，旧有的文化和社会模式已然式微，中国社会面临新的文明危机，于是开启了新的一轮古典学重建。首先以古文运动开端，然后是大量新的经解，随后又有士大夫群体仿照古典的模式建立义田、乡约、祠堂，出现了以《周礼》为蓝本的轰轰烈烈的变法；更有众多大师努力诠释新的义理体系和修身模式，理学一脉逐渐展现出其强大的生命力，最终胜出，成为其后数百年新的文明模式。称之为“中国的第二次古典学时代”，或不为过。这次古典重建与汉代那次虽有诸多不同，但同样离不开对三代经典的重新诠释和整理，其结果是一方面确定了十三经体系，另一方面将四书立为新的经典。朱子除了为四书做章句之外，还对《周易》《诗经》《仪礼》《楚辞》等先秦文献都做出了新的诠释，开创了一个新的解释传统，并按照这种诠释编辑《家礼》，使这种新的文明理解落实到了社会生活当中。可以看到，宋明之间的文明架构，仍然是建立在对古典思想的重新诠释上。

在明末清初的大变局之后，清代开始了新的古典学重建，或可称为“中国的第三个古典学时代”：无论清初诸遗老，还是乾嘉盛时的各位大师，虽然学问做法未必相同，但都以重新理解三代为目标，以汉宋两大古典学传统的异同为入手点。在辨别真伪，考索音训，追溯典章等各方面，清代都取得了巨大的成就，不仅成为几千年传统学术的一大总结，而且可以说确立了中国古典学研究的基本规范。前代习以为常的望文生义之说，经过清人的梳理之后，已经很难再成为严肃的学术话题；对于清人判为伪书的典籍，诚然有争论的空间，但若提不出强有力的理由，就很难再被随意使用。在这些方面，清代古典学与西方19世纪德国古典学的工作性质有惊人的相似之处。清人对《尚书》《周易》《诗经》《三礼》《春秋》等经籍的研究，对《庄子》《墨子》《荀子》《韩非子》《春秋繁露》等书的整理，在文字学、音韵学、版本目录学等方面的成就，都是后人无法绕开的必读著作，更何况《四库全书总目提要》成为古代学术的总纲。而民国以后的古典研究，基本是清人工作的延续和发展。

我们不妨说，汉、宋两大古典学传统为中国的古典学研究提供了范例，清人的古典学成就则确立了中国古典学的基本规范。中国今日及今后的古典学研究，自当首先以自觉继承中国“三次古典学时代”的传统和成就为己任，同时汲取现代学术的成果，并与西方古典学等参照比较，以期推陈出新。这里有必要强调，任何把古典学封闭化甚至神秘化的倾向都无助于古典学的发展。古典学固然以“语文学”（philology）的训练为基础，但古典学研究的问题意识、研究路径以及研究方法等，往往并非来自古典学内部而是来自外部，晚近数十年来西方古典学早已被女性主义等各种外部来的学术思想和方法所渗透占领，仅仅是最新的例证而已。历史地看，无论中国还是西方，所谓考据与义理的张力其实是古典学的常态甚至是其内在动力。古典学研究一方面必须以扎实的语文学训练为基础，但另一方面，古典学的发展和新问题的提出总是与时代的大问题相关，总是指向更大的义理问题，指向对古典文明提出新的解释和开展。

中国今日正在走向重建古典学的第四个历史新阶段，中国的文明复兴需要对中国和世界的古典文明作出新的理解和解释。客观地说，这一轮古典学的兴起首先是由引进西方古典学带动的，刘小枫和甘阳教授主编的“经典与解释”丛书在短短十五年间（2000—2015年）出版了三百五十余种重要译著，为中国学界了解西方古典学奠定了基础，同时也为发掘中国自身的古典学传统提供了参照。但我们必须看到，自清末民初以来虽然古典学的研究仍有延续，但古典教育则因为全盘反传统的笼罩而几乎全面中断，以致今日中国的古典学基础以及整体人文学术基础都仍然相当薄弱。在西方古典学和其他古典文明研究方面，国内的积累更是薄弱，一切都只是刚刚起步而已。因此，今日推动古典学发展的当务之急，首在大力推动古典教育的发展，只有当整个社会特别是中国大学都自觉地把古典教育作为人格培养和文明复兴的基础，中国的古典学高深研究方能植根于中国文明的土壤之中生生不息茁壮成长。这套“古典与文明”丛书愿与中国的古典教育和古典研究同步成长！

2017 年 6 月 1 日于北京

目　录

读书须知三事：知文，知事，知意。知其文义，始知所言之事；既知其事，乃知著者之意。其实三事相将，未尝分离。是以文学研究偏重意境，而程千帆先生作《诗辞代语缘起说》，讨论文辞；历史研究偏重事实，而陈垣先生作《通鉴胡注表微》，阐明胡身之之意志。就读注疏而言，其"事"则经学学说，清人研究较深刻，而以孙诒让《周礼正义》为最。其"文"则清人校读诸经注疏，成果颇多，而不尽人意。至其"意"，乃鲜有知者。前人治经学史，讨论注疏，其实皆不过经学学说史，未尝探索义疏家立说之意趣。不知其意，则所言之事不明；其事不明，则其文不可读。读书而不知其意，犹不读耳。

本书讨论现存南北朝初唐义疏作品，计有皇侃《论语义疏》、孔颖达等《五经正义》、贾公彦《二礼疏》以及佚存残帙皇侃《礼记子本疏义》、刘炫《孝经述议》。皇侃义疏学较其余诸家，材料丰富，特色鲜明，故论之稍详，以为南朝义疏学之一典型。刘炫、刘焯之义疏学，与皇侃以及贾公彦所本北朝旧时义疏学相较，具有革命性重大意义。以其重要，且必需考辨材料，所以论之最详。孔、贾二家之义疏，皆据前儒旧说重编，其中错综互见新旧义疏家说。今以二刘义疏学为基准，可以辨知所见各说之新旧，二刘义疏学可谓读唐疏之关钥。二刘以后义疏学已失活力，贾公彦《二礼疏》既见传统义疏学之基本方法，又见义疏学趋向衰亡之新特征。凡此等议论皆据各家义疏之学术方法及思想态度，不论具体学说之臧否。本书并非经学家之经学史，而是读书者之经学史论故也。

学术随时而异，唯读书千古无替。

愿一切学术为读书服务，不愿读书为学术服务。

《义疏学衰亡史论》日文版序

曾经有人说："学术真理的无用，其实是像北极星一样。北极星不会分别对每一个迷失方向的旅人伸出援手，指引确切的方向。对北极星做这样的要求，只能说是期望太高。不过，对任何旅人来说，北极星永远都可以作为指示基本方向的标志。旅人必须拥有智慧与勇气，根据自己的判断，承担这个后果。当这样选择了自己的道路，北极星才能作为帮助旅人的'指针'。那些主张学术真理的无用而舍弃、轻蔑学术的人，最好尽快投入盲目行动的世界、仅凭感觉行走的旅程里。"

上述这段话乍看之下似乎颇有道理，但考虑到学术因时、因人而不同，我们就知道学术真理原本是不可能存在的。如果存在，只能是对某个人来说的学术真理。这个人要求我们尊重他的学术真理，并且劝我们把它当作"指针"。可是，这个指针，却是唯有进入他的门，才能看到的这个人的北极星。说穿了，只是用幻灯机将北极星的影像投射在他私塾的天花板上而已。

开明的奴隶主教导奴隶们要积极地生活，就好像这个人劝我们在他的私塾当中，仰望着天花板的北极星当作指针，凭着自己的智慧与勇气，自由而且安全地行走自己的道路。我知道对某些人来说，在这种开明的奴隶主的统治之下，作为“自由的”奴隶生活，会是非常安逸舒适，而我自己则非常坚决地、强烈地拒绝这种安逸。不过，这位狡猾的奴隶主，不愿意面对像我这样的人，叫我赶紧离开这个“乐园”，投入盲目行动的世界，并且诅咒我会饿死街头。当然，这话同时也是说给其他奴隶们听的。

我有属于我自己的一颗星星。没有像北极星那样大得吓人的名号，却在遥远的天空上，非常洁净地、美丽地，稍微寂寞地闪耀着光芒的星星。我用满是泥土的双脚站在大地上，抬头仰望着那颗星星，无论何时，它绝不离弃我，总是给予我生命力与希望。与其处在奴隶们之间，在安稳的“乐园”里过着欺瞒自己的生活，我宁愿凝视着我的星星，在它的守护之下，在没有任何人的荒野中，静静地死去。

我曾经请朋友刻了一颗章，印文为“自用自专反古之道”。我并不觉得是不吉利的话。

公历 2000 年 5 月 31 日自识

第一章 《论语义疏》编撰特点

一 内容特点多出因袭

曾见评论《论语义疏》思想内容者数篇，唯张恒寿先生《六朝儒经注疏中之佛学影响》一文最富启发。该文题云“六朝儒经注疏”，但儒经唯《论语》《周易》《礼记》三书最易与佛说相比附，而其六朝旧说流传很少，除《论语义疏》外，散见《周易集解》《周易正义》《礼记正义》而已，且其间比附佛理者已多被刊落。故文中举例凡十七条，除四条出《周易正义》《周易集解》《礼记正义》外，十三条均出《论语义疏》。是以欲读《论语义疏》者亦不得不参考此文。

张先生论此等旧说受佛学影响，大别为五类：一、佛典名词之引用，二、佛典论证语句之模仿，三、佛经疏解方法之采用，四、佛教教义传说与儒书之牵合，五、佛教学理与儒家学说之杂糅。张先生熟悉佛典，思考有力，所以论述精辟。虽谓少年习作，未成体系，所论各条均具灼识，自可珍重。然今论《论语义疏》之经术，不得专赖张先生文者，张先生意在总论“六朝儒经注疏”，所举《论语义疏》十三条事例，其中出皇侃引前儒旧说者居半，如王弼、庾翼、顾欢、太史叔明、殷仲堪、江熙，是则所论佛学影响，亦不可径视为皇侃学术之特点。反言之，此等内容颇疑是当时习俗，皇侃熏染世风，自然因袭而已，犹不足为皇侃或梁朝一代义疏学之特点。盖皇疏表面之特点，实多前儒成规，皇侃因袭而已。欲知皇侃经术之大概，必须辨别何为皇侃因袭前儒，何为皇侃自为之者。

例如张先生第六条举《先进》“子畏于匡”节皇疏引庾翼云：“贤不遭圣，运否则必隐；圣不值贤，微言不显。是以夫子因畏匡而发问，颜子体其旨而仰酬；称入室为指南，启门徒以出处。岂非圣贤之诚言，互相与为起予者也？”张先生说此乃师徒相与起予之方便，亦或受《维摩经》述佛众弟子因问疾维摩而辩难启发之暗示。然而孔子为圣，弟子为贤，师徒相与起予之方便者，皇疏屡见不鲜，又非庾翼一人之说。如：

（引文1）（凡本书引文序号各章自为起讫）

《为政》“十有五而志于学”章皇疏引**李充云**：“圣人微妙玄通，深不可识。所以接世轨物者，曷尝不诱之以形器乎？黜独化之迹，同盈虚之质，勉夫童蒙而志乎学。……为教之例，其在兹矣。”

《为政》“子夏问孝”章皇疏引**江熙称或曰**：“此四人问孝是同，而夫子答异者，或随疾与药，或寄人弘教也。”

《公冶长》“宰予昼寝”章皇疏：“一家云：与孔子为教，故托迹受责也。故**珊琳公曰**：宰予见时后学之徒，将有懈废之心生，故假昼寝以发夫子切磋之教，所谓互为影响者也。**范宁曰**：夫宰我者，升堂四科之流也。岂不免乎昼寝之咎，以贻朽粪之讥乎。时无师徒共明劝诱之教，故托夫弊迹以为发起也。”

《子罕》“主忠信”章皇疏引**范宁云**：“圣人应于物作教，一事时或再言。”

《宪问》“君子道者三”章皇疏引**江熙云**：“圣人体是极于冲虚。是以忘其神武，遗其灵智，遂与众人齐其能否，故曰‘我无能焉’。子贡识其天真，故曰‘夫子自道’也。”

《季氏》首章皇疏引**蔡谟云**：“冉有、季路并以王佐之资，处彼相之任，岂有不谏季孙以成其恶？所以同其谋者，……实欲致大圣之言以救斯弊。是以夫子发明大义以酬来感，弘举治体，自救时难。……虽文讥二子，而旨在季孙，……斯乃圣贤同符，相为表里者也。然守文者众，达微者寡也。睹其见轨，而昧其玄致；但释其辞，不释所以辞。惧二子之见幽，将长沦于腐学，是以正之，以莅来旨也。”①

《阳货》“宰我问三年”章皇疏引**缪播云**：“尔时礼坏乐崩，而三年不行。宰我大惧其往，以为圣人无微

① “莅来旨”不解，岂字有讹误与？

旨以戒将来，故假时人之谓，咎愤于夫子。义在屈己以明道也。”

又引**李充云**：“孔子目四科，则宰我冠言语之先。安有知言之人而发违情犯礼之问乎？将以丧礼渐衰，孝道弥薄，故起斯问以发其责，则所益者弘多也。”

此等晋人之说[1]，全书中不胜枚举。然则如皇氏《发题》[2]，是出皇侃自己手笔，固不容疑义，而其间内容，如云：

（引文2）

“夫圣人应世，事迹多端；随感而起，故为教不一。或负扆御众，服龙衮于庙堂之上；或南面聚徒，衣缝掖于黉校之中。”

又云：“夫子平生，应机作教，事无常准。或与时君抗厉，或共弟子抑扬，或自显示物，或混迹其凡，问同答异，言近意深。”

一往观之，似富特色。其实就思想内容言，则只见皆承前人成说，可谓绝无新意。其言“或负扆御众，服龙衮于庙堂之上”，或嫌唐突，但书中亦见孔子素王之说，如：

---

① 唯珊琳公不详。或谓宋释惠琳。

② 此文刊本标题作《论语义疏叙》，而吴承仕《经典释文序录疏证》称为《发题》，从其实也。今从吴说。

（引文3）

《公冶长》“瑚琏”章皇疏云：“**或通者曰**：夫子近舍当时而远称二代者，亦微有旨焉。谓汤武圣德，伊吕贤才；圣德则与孔子不殊，贤才与颜闵岂异。而汤武飞龙，伊吕为阿衡之任；而孔子布衣洙泗，颜回箪瓢陋巷。论其人则不殊，但是用舍之不同耳。”

《子罕》“凤凰不至”章皇疏引**孙绰云**：“孔子所以乃发此言者，以体大圣之德，弟子皆禀绝异之质，垒落殊才英伟命士之才。盖王德光于上，将相备乎下。”

若然，所言之理之意，均已见于前人[①]，皇氏修饰其辞，对仗艳文[②]，即可成《发题》之文。故云此等内容不可径视为皇侃经术之特点。

其实，不论何时何代，经学著作多以继承为主，创新者少。是以卫湜说：“历考诸家训解，发明经旨者固不为少，其祖述先儒之意者实多。欧阳公曰：‘学者迹前世之所传而校其得失，或有之矣；若不见先儒中间之说，欲特立一家之学，吾未之信。’可谓至论。”[③]《论语义疏》明标前儒名而称引者自不少，加以“一云”“或曰”之类，则疏文大半出于前人。且有皇侃自己为文，而可以考其有所本者，如《发题》“但圣人虽异人者神明，而同人者五情”，即袭

① “或通者曰”或为皇侃自设者，但仍似有所本。

② 文辞雕琢，盖可数皇侃特色，见下第三节末段。

③ 见《礼记集说·集说名氏》“孔颖达”下。

用王弼之著名命题[①]。又如《雍也》“弟子孰为好学”章皇疏云：“云‘不幸短命死矣’者，凡应死而生曰幸，应生而死曰不幸。若颜子之德，非应死而今死，故曰不幸也。”“人生也直”章皇疏亦云：“应死而生曰幸。”案《先进》“季康子问弟子”章皇疏云：“孙绰曰：‘不应生而生为幸，不应死而死曰不幸。’侃谓此与哀公……”“侃谓”以下自是皇侃说，则称引孙绰，专为引“不应生而生为幸，不应死而死曰不幸”二句。又检《经籍籑诂》，“幸”字训诂如此义者，即此皇疏中三处，其他经注皆所不见。是可推知《雍也》疏言“应死而生曰幸，应生而死曰不幸”者，皇侃实本孙绰也。可见细微至命题之句、训诂之言，或即因仍前人，此等内容断不可视为皇侃自说。若不加分辨，径据此等内容而评论皇侃之学术，则未免太混。因袭犹即肯定，皇侃亦持其说，固然矣。但因袭前人成说之与自创一说，其于撰者自己，意义判然有别，此又今之学者莫不皆有深刻体会者也。

二　科段说及前后对应之理

若然，皇疏竟无皇氏自创之说乎？曰有。

---

① 《檀弓正义》（见中华书局版《十三经注疏》页1284上）亦见同文，则盖出皇侃笔，唐臣修《正义》又袭焉。王弼说见《三国志·钟会附弼传》裴注引。

（引文4）

《学而》题疏："中间讲说，多分为科段矣。**侃昔受师业**，自《学而》至《尧曰》凡二十篇，首末相次，**无别科**。"

此乃所谓科段，皇侃表明前所未有。牟润孙先生《论儒释两家之讲经与义疏》[①] 论此事稍详，曰：

（引文5）

皇氏首言"中间多分科段"，则其讲《论语》时分科段之处自当不少。今本"学而时习之"句下疏云：

此以下孔子言也，就此一章分为三段。自此至"不亦悦乎"为第一，明学者幼少之时也。学从幼起，故以幼为先也。又从"有朋"至"不亦乐乎"为第二，明学业稍成，能招朋聚友之由也。既学已经时，故能招友为次也。故《学记》云"一年视离经辨志，三年视敬业乐群，五年视博习亲师，七年视论学取友，谓之小成"，是也。又从"人不知"讫"不亦君子乎"为第三，明学业已成，能为师为君之法也。先能招友，故后乃学成为师君也。故《学记》云"九年知类通达，强立而不反，谓之大成"，又云"能博喻然后能为师，能为师然后能为长，能为长然后能为君"，是也。

---

① 见牟先生《注史斋丛稿》。

于全书中，此为最详细之科分。此下则殊少见。固由《论语》多一二语为一章，无可科分，然何以独详于此欤？盖《学而》为首章，讲说时首明其例，以括全书，撰述疏时因详记之，其后随讲随分，而疏亦不再详记，其或然欤？

今案：科段之详细者，似不得独以《学而》首章为最，《尧曰》科段亦甚详繁。曰：

（引文6）

此篇凡有三章。虽初称“尧曰”，而宽通众圣，故其章内并陈二帝三王之道也。就此一章中，凡有五重。自篇首至“天禄永终”为第一，是尧命授舜之辞。又下云“舜亦以命禹”为第二，是记者序舜之命禹，亦同尧命舜之辞也。又自“予小子履”至“万方有罪在朕躬”为第三，是汤伐桀，告天之辞。又自“周有大赉”至“在予一人”为第四，是明周武伐纣之文也。又自“谨权量”至章末为第五，明二帝三王，虽有揖让与干戈之异，而安民取治之法则同也。又下次“子张问孔子”章，明孔子之德，同于尧舜诸圣也。上章诸圣所以能安民者，不出尊五美、屏四恶，而孔子非不能为之，而时不值耳。故师资殷勤，往反论之也。下又一章“不知命无以为君子也”，此章以明孔子非不能为而不为者，知天命故也。

案《尧曰》一篇最短，而分之三章，且第一章复分五重，不可谓不细也。《论语义疏》之科段，凡有三层：分篇、分章、章内分段。分篇者，即二十篇，篇题下皇疏每有论说。如：

（引文7）

《学而》题下皇疏："以《学而》最先者，言降圣以下，皆须学成，故《学记》云'玉不琢不成器，人不学不知道'，是明人必须学乃成。此书既遍该众典，以教一切，故以《学而》为先也。"

《为政》题下皇疏："《为政》者，明人君为风俗政之法也。……所以次前者，《学记》云：'君子如欲化民成俗，其必由学乎。'是明先学后乃可为政化民，故以《为政》次于《学而》也。"

《八佾》题下皇疏："此篇明季氏是诸侯之臣，而僭行天子之乐也。所以次前者，言政之所裁，裁于斯滥，故《八佾》次《为政》也。又一通云：政既由学，学而为政，则如北辰；若不学而为政，则如季氏之恶。故次《为政》也。"

案：二十篇分篇，《集解》、郑注传本莫或有异，义疏家自不容重作。然则，分篇科段，主为言篇次之由。是以篇题皇疏每言"所以次前者"。然《八佾》题疏言"又一通"，则似非皇侃一人独为此说，前世或当代亦有人讨论篇次之旨者也。又如：

（引文8）

《颜渊》题下皇疏："所以次前者，进业之冠，莫过颜渊，故《颜渊》次《先进》也。"

《子路》题下皇疏："子路，武为三千之标者也。所以次前者，武劣于文，故《子路》次《颜渊》也。"

案：《颜渊》二十四章，唯首章见颜渊，下二十三章与颜渊无关；《子路》三十章，见子路者三，余二十七章无关于子路。可见皇疏言"所以次前"之理，或偏取篇题为说，非据整章内容。今人见此或谓穿凿。其实二十篇编次之理，本不可以的知；不言则已，若言之，必通其理。皇侃依据篇题，通其篇理，实未失为一法。皇侃意在通理，后人以实事求是责之，斯过矣。以上，分篇之科段。

分章之科段，上（引文6）《尧曰》皇疏已具《尧曰》三章之分，及每章大旨。《子张》皇疏之科段与他篇不同：

（引文9）

《子张》首章皇疏："此篇凡有二十四章，大分为五段，总明弟子禀仰记言行，皆可轨则。第一，先述子张语，第二，子夏语，第三，子游语，第四，曾参语，第五，子贡语。此是第一、子张语，自有二章也。"

此以一篇分为二十四章，而二十四章归五大段。此分五段，依据客观形式，自然而然。但如此，则分篇之下，分章之上，又有合数章为一类之大段，严格言之，科段层次当数其四也。

章内分段之科段，（引文5）《学而》（引文6）《尧曰》皇疏已见上。《学而》疏云"就此一章分为三段"，《尧曰》疏云"就此一章中，凡有五重"者皆是也。又如：

（引文10）

《雍也》"智者乐水"章皇疏："陆特进曰：此章极辨智仁之分。凡分三段：自'智者乐水，仁者乐山'为第一，明智仁之性。又'智者动，仁者静'为第二，明智仁之用。先既有性，性必有用也。又'智者乐，仁者寿'为第三，明智仁之功。已有用，用宜有功也。"

始读此疏，曾以分三段之说，即出陆特进[①]。但下疏或云"云'智者乐水'者，今第一，明智仁之性"，或云"云'智者动'者，此第二，明用也"，或云"云'智者乐'者，第三，明功也"，全据三段之说，为之疏释。然则非全疏均出陆特进，即分三段之说乃出皇侃。虽不可遽定，盖当以"凡分三段"以下为皇侃说，陆特进语只"此章极辨智仁之分"一句，似近其实。

① 陆特进不详谁氏。

综观诸例，合以皇侃“昔受师业，无别科”之言，则皇疏中科段之说，大抵可以视为皇氏自作。盖科段本身，为当时习俗，佛学自有其制，施之儒经，《周易正义》亦见其痕迹[①]。而当时讲《论语》者，未有详作科段者。于是皇氏为之，遂为学者所乐闻，此盖亦皇疏流传甚广之一因与。

进而论之，皇疏科段之说有一特点，即经文章节或文句前后并列者，皇氏务欲言其间条理。如上列（引文 10），经文“智者乐水，仁者乐山；智者动，仁者静；智者乐，仁者寿”，三段之间本无关系可言，而皇疏附会性、用、功，遂为前后之条理。《学而》首章“学而时习之，不亦说乎；有朋自远方来，不亦乐乎；人不知而不愠，不亦君子乎”，三段前后未必有序，而（引文 5）皇疏比附《学记》，遂作幼学、招友、为师君之次。其余（引文 6、7、8）等，皇疏必言所以彼章在前而此章在后之理，皆其例也。而此一特点，实不仅见于科段说而已。如：

（引文 11）

《子罕》“子绝四：毋意，毋必，毋固，毋我”，皇疏曰：“云‘毋意’者，一也。此谓圣人心也。圣人无心，泛若不系舟，豁寂同道，故无意也。云‘毋必’者，二也。此谓圣人行化时也。物求则赴应，无所抑必。无所抑必，由无意，故能为化无必也。云‘毋固’

① 并详牟、张二先生文。

者，三也。此圣人已应物行化故也。固谓执守坚固也。圣虽已应物，物若不能得行，则圣亦不追固执之。亦由无意，故能无固也。云‘毋我’者，四也。此圣人行教，功德成，身退之迹也。圣人晦迹，功遂身退，恒不自异，故无我也。亦由无意，故能无我也。”

四毋本可并列，而皇疏比附圣人教化为说。圣人体无，故四毋以“毋意”为本。次行教化，应物万端，为“毋必”；次行教化而不行，则不固执，为“毋固”；次教化功成而身退，为“毋我”。又如：

（引文 12）

《先进》：“德行，颜渊、闵子骞、冉伯牛、仲弓；言语，宰我、子贡；政事，冉有、季路；文学，子游、子夏。”皇疏云：“**侃案**：四科次第，立德行为首，乃为可解。而言语次者，言语，君子枢机，为德行之急，故次德行也。而政事是人事之别，比言语为缓，故次言语也。文学指博学古文，故比三事为泰，故最后也。”

此因经文自分四科，皇氏附论次序，实与科段之说并无二致。

皇侃趋向多作次序之说，此据皇侃科段之说推之，盖可肯定。但反言之，则次序之说，又不得一概以为皆出皇侃自说。如：

（引文13）

《述而》"子以四教：文、行、忠、信"，皇疏："**李充曰**：其典籍辞义谓之文，孝悌恭睦谓之行，为人臣则忠，与朋友交则信。此四者，教之所先也，故以文发其蒙，行以积其德，忠以立其节，信以全其终也。"

案：此疏自"发蒙"至"全终"，四教之间，略见次序。虽不得断定，但依常情，则当以"此四者"以下亦出李充为近是。又如：

（引文14）

《泰伯》"兴于诗，立于礼，成于乐"，孔安国注"乐所以成性也"，皇疏："**王弼曰**：'言有为政之次序也。夫喜惧哀乐，民之自然；应感而动，则发乎声歌。所以陈**诗**采谣，以知民志风。既见其风，则损益基焉，故因俗立制，以达其**礼**也。矫俗检刑，民心未化，故又感以声**乐**，以和神也。若不采民**诗**，则无以观风；风乖俗异，则礼无所立；**礼**若不设，则乐无所乐；**乐**非礼，则功无所济。故三体相扶，而用有先后也。'**侃案**：辅嗣之言，可思也。且案《内则》明学次第，'十三舞《勺》，十五舞《象》，二十始学礼，惇行孝悌’，是先学乐，后乃学礼也。若欲申此注，则当云：先学舞《勺》、舞《象》，皆是舞**诗**耳。至二十学**礼**后，备听八音之**乐**和之，以终身成性，故后云乐也。”

王弼论诗、礼、乐之次，详矣。皇侃大段引录，并称“辅嗣之言可思也”，盖赞许之。“且案《内则》”以下，另立问难之议，谓此经诗、礼、乐之序，与《内则》不符者何？“若欲申此注”以下，乃为调停之说。自明其非通理，故称“若欲”，谓不得已为之说，则尚可以通一端之理。答语中见“终身成性”一句，则其谓“若欲申此注”即据《集解》引孔安国说，非据王弼可知。盖皇侃以《集解》为本，王弼说可谓精巧，且不与《集解》相左，故备录其说。至后自发答问，则仍以《集解》为本。然则次序之说，王弼已有范例，皇侃所作方法相同。不同者，盖王弼等前人偶于其显著处言之，皇侃则可言必言，每施此法为常例也。

为科段，说次序，其原理一也。然欲为之，必须注意经文前后之对应关系。于是有如下诸说：

（引文 15）

《八佾》“成事不说，遂事不谏，既往不咎”，皇疏：“李充曰：‘成事不说而哀衅成矣，遂事不谏而哀谬遂矣，既往不咎而哀政往矣。斯似讥宰我，而实以广道消之慨，盛德衰之叹。言不咎者，咎之深也。’案李充说，是三事并诫宰我，无令后日复行也。然**成、**

> **遂、往**及**说、谏、咎**之六字**先后之次，相配之旨**，未都可见。师说云：'成是其事自初成之时，遂是其事既行之日，既往指其事已过之后也。事初成，不可解说；事政行，不可谏止；事已过，不可追咎也。'**先后相配，各有旨也**。"

案《序录疏证》言："案：皇氏师事贺玚。'师说'其贺义耶？"今案："师说"盖谓师师相传之说，非据一师也。如《王制》疏："凡冕之制，……师说以木版为中，以三十升玄布衣之于上，谓之延也……"（1326下。凡本书引用注疏，例注中华书局版《十三经注疏》所见页码及上中下栏，以便检核。文字自不必从中华本。）《曲礼》疏："师说云：用物穿屦头为絇，相连为行戒也。"（1240下）等所称"师说"内容，皆礼学常说，自不可斥谓谁氏之说。若《郊特牲》疏："但鲁之郊祭，师说不同：崔氏、皇氏用王肃之说，……若依郑康成之说，则……"（1452下）则据崔、皇、郑等先儒，泛称为"师说"。又如昭七《左传》"《诗》所谓彼日而食"与《毛诗·十月之交》"此日而食"不同，孔疏解谓"师读不同也"（2048下），"师"亦泛称。吴说盖非也。然皇侃先引李充说，而言依其说，"六字先后之次，相配之旨，未都可见"，是其说未善。遂引"师说"，并称如此乃"先后相配，各有旨也"。是则"师说"虽非皇氏新作，但仍不妨认定皇侃特重"先后相配"也。又如《述而》"志于道，据于德，依于仁，游于艺"，皇疏："仁劣于德，倚减于据，故随事而配之。"亦以相配为说之例。

总结本节所论，则一、皇疏全书中，频见科段之说，可以视为皇侃苦心经营之结果。解经作科段，此法固非皇侃所创。但前人讲《论语》，尚无科段，皇侃始作，且为之綦详。二、皇侃作科段之说，尤注意前后科段间之关系。必欲每言前后关系之理，为之常用附会之论、一面之理，初不以为病。三、皇疏言经文字句前后关系者，实不限科段之说，而其特点、原理则一也。

三　整理旧说

皇疏全书，引用先儒旧说者居半。然则必须于其取舍、编排之迹，探索皇氏之特点，进而知其意之所在。

皇侃于《发题》自言谓：

（引文 16）

“先通何集，若江集中诸人有可采者，亦附而申之。其又别有通儒解释，于何集无好者，亦引取为说，以示广闻也。”[①]

通观全书，并存异说，乃其最显著特点。疏中“一云”“又一通”“又一释”“一家通”“一家云”之类，触目皆是，均所以存异说也。且举二例：

---

① 案：“何集”，何晏《集解》；“江集”，江熙《集注》。

（引文17）

《先进》“季康子问弟子孰为好学”，皇疏：“侃谓：此与哀公，问同而答异者，旧有二通。**一云**：缘哀公有迁怒贰过之事，故孔子因答以箴之也。康子无此事，故不烦言也。**又一云**：哀公是君之尊，故须具答；而康子是臣为卑，故略以相酬也。故江熙曰：‘此与哀公问同。哀公虽无以赏，要以极对；至于康子，则可量其所及而答也。’”

（引文18）

《阳货》“子之武城，闻弦歌之声”，皇疏：“但解‘闻弦歌之声’，其则有二。**一云**：孔子入武城堺，闻邑中人家家有弦歌之响，由子游政化和乐故也。缪播曰：‘子游宰小邑，能令民得其可弦歌以乐也。’**又一云**：谓孔子入武城，闻子游身自弦歌以教民也。故江熙曰：‘小邑但当令足衣食、教敬而已，反教歌咏先王之道也。’”

于是知皇侃述“一云”“一家”之大例，皆经皇侃分析前儒各说，归纳整理，先称“一云”言一说之要旨，后或引录前儒原文[①]。上（引文1）《公冶长》疏前言“一家云”，后云“故珊琳公曰”，亦其例耳。当知称“一云”“一家”者，并

① 亦有仅见“一云”之说，不具录先儒原文者。

非所以干没前人，而是与标名引录某氏原文者，意义有层次之不同。皇疏频见“一云”“一家”之类，一往观之，或嫌泛滥，其实此等处正可见皇侃整理旧说，用心之精、用力之勤，不可等闲视之。

上（引文17、18）等，皆辨异同而并存二说，不论是非。其于《集解》犹如此。夫皇疏以《集解》为本，故引述各说，必要辨其与《集解》如何。

（引文19）

《公冶长》“夫子之言性与天道，不可得而闻也已矣”，《集解》“深微，故不可得而闻也”，皇疏：“与元亨合德，故深微不可得而闻也。或云：此是孔子死后子贡之言也。故大史叔明云：……。侃案：何注似不如此。且死后之言，凡者亦不可闻，合独圣乎。”

“或云”言大史叔明说之要点，如上言“一云”之大例。皇侃案之，谓何注虽未明言，但意推之，似当以为生前。且死后之说，不合于理。是仍以《集解》为本。但皇侃亦非唯注是从者。

（引文20）

《学而》“贤贤易色”，皇疏：“今若有人能改易好色之心，以好于贤，则此人便是贤于贤者，故云‘贤贤易色’也。又一通云：上贤字，犹尊重也。下贤字，谓贤人也。言若欲尊重此贤人，则当改易其平常之色，更起庄敬之容也。”

《集解》引孔安国“言以好色之心好贤则善也”，皇疏：“此注**如前通也**。”

（引文21）

《学而》“三年无改于父之道，可谓孝矣”，皇疏：“所以是孝者，其义有二也。**一则**哀毁之深，岂复识政之是非。故君薨，世子听冢宰三年也。**二则**三年之内，哀慕心事亡如存，则所不忍改也。”

《集解》引孔安国“孝子在丧哀慕，犹若父在，无所改于父之道也”，皇疏云：“此**如后通**也。”

“贤贤”有二解，皇侃明知前说合注；“无改”为孝，有二说，皇侃明言后通合注。而皆不言是非优劣，并列二说。可见皇侃虽用心辨析各说是否合注，但未尝以合注者即是，不合注即非，而并列二说。甚至如：

（引文22）

《学而》“信近于义，言可复也”，皇疏：“信，不欺也。义，合宜也。复犹验也。夫信不必合宜，合宜不必信。**若**为信近于合宜，此信之言乃可复验也。**若**为信不合宜，此虽是不欺，而其言不足复验也。”

《集解》：“复犹覆也。义不必信，信不必义也。

以其言可反复，故曰‘近于义’也。”皇疏：“若如注意，则不可得为向者通也。言：信不必合宜，虽不合宜，而其交是不欺。不欺，则犹近于合宜，故其言可覆验也。”

此例虽亦释述《集解》义，然其解经文则自与《集解》不牟，初不以不合注为嫌。又如：

（引文 23）

《宪问》“高宗谅阴”，《集解》孔安国曰“谅，信也；阴犹默也”，皇疏：“或呼倚庐为谅阴。或呼为梁暗，或呼梁庵，各随义而言之。”

案：“谅阴”“梁暗”乃聚讼之府。《丧服四制》注云：“谅，古作梁。楣谓之梁。暗读如鹑鹌之鹌。暗谓庐也。”为郑学者必从此训，与伪孔《书》传及此《集解》引孔注相乖[①]。皇疏此言，暗据郑说，而不别发议论，仅称“各随义而言之”，一笔带过。皇侃虽以《三礼》之学显著于世，而态度宽达，无所拘泥，自与贾公彦等专究郑学者不同。

皇疏并列异说，从不判定孰是孰非，而有评骘优劣者。如：

① 《通典》卷八十可见争论之一端。

（引文 24）

《公冶长》“未知焉得仁”，注“但闻其忠事，未知其仁也”，皇疏：“李充曰：‘子玉之败，子文之举。举以败国，不可谓智也。贼夫人之子，不可谓仁。’侃案：李谓为不智，不及注也。”

注解“未知”为未知觉，李充解为不明智，皇侃谓李说不如注说之善。

（引文 25）

《述而》“弋不射宿”，皇疏：“宿者，夜栖宿之鸟也。宿鸟夜聚有群，易得多，故不射之也。或云：不取老宿之鸟也。宿鸟能生伏，故不取也。此通不及‘夜’也。”

或说“宿鸟”为老宿鸟，皇侃谓不如解为夜聚鸟之善。皇疏全书中，言“不及”“不胜”者屡见，皆一语点评两说优劣，但都不言何以为优劣。其详文审评优劣者，如：

（引文 26）

《述而》：“子疾病，子路请祷。子曰有诸。子路对曰有之，诔曰祷尔于上下神祇。子曰，丘之祷之久矣。”《集解》：“祷，祷请于鬼神也。孔子素行合于神明，故曰丘祷之久矣。”皇疏：“栾肇曰：‘案：说者徒谓无过可谢，故止子路之请；不谓“上下神祇”非所宜祷也。在礼，天子祭天地，诸侯祈山川，大夫奉宗庙，此礼祀典之常也。然则“祷尔于上下神祇”，乃天子祷天地之辞也。子路以圣人动应天命，欲假礼祈福二灵。孔子不许，直言绝之也……’侃谓：若案何集，则子路自不达旨，引得旧祷天地之诔，是子路之失，亦复何伤。若如栾义，则犹是使门人为臣之意也。然无臣非君，而子路欲此，亦不达之甚，乃得深于请祷之过耳，幸不须讥此而同彼。不如依何集为是也。”

此段文意难解，仍可见皇侃思虑周详，而且评栾说不如注说，不斥言栾肇为误。

（引文 27）

《卫灵公》“躬自厚而薄责于人”，注“自责己厚，责人薄”，皇疏：“蔡谟曰：‘儒者之说，虽于义无违，而于名未安也，何者？以“自厚”者为“责己”，文不辞矣。厚者，谓厚其德也。若自厚其德而不求多于人，则怨路塞。责己之美虽存乎中，然自厚之义不施于责也。’侃按：蔡虽欲异孔，而终不离孔辞。孔辞亦得为蔡之释也。”

蔡谟浮薄，好讥前人。（引文 1）《季氏》疏所引，已见其痛斥“守文”不达“玄致”之“腐学”，此又轻薄“儒者”。皇侃分析蔡说，谓蔡谟虽欲立异，注义实可容蔡义。既抑蔡谟之轻议前儒，又不径斥蔡义为失。此亦可见皇侃分析之精审、评论态度之宽厚。

皇疏存异说，范围颇广。如：

（引文28）

《里仁》“观过斯知仁矣”，注：“小人不能为君子之行，非小人之过也，当恕而无责之。观过，使贤愚各当其所，则为仁。”皇疏：“**殷仲堪解少异于此**。殷曰：言人之过失，各由于性类之不同。直者以改邪为义，失在于寡恕；仁者以恻隐为诚，过在于容非。是以与仁同过，其仁可知。观过之义，将在于斯者。”

此所以广异闻，存之而已，与上（引文17、18）等称“一云”“一家”，分辨异同者不同。全书中，正解之后，称名引录某氏说，并无辨说者甚多，皆此例也。

（引文29）

《八佾》：“君子无所争，必也射乎。揖让而升，下而饮，其争也君子。”皇疏：“凡情，得胜则自为矜贵。今射，虽多算，当犹自酌酒以饮少算，不敢自高，是君子之所争也。然释此者云，于射无争。**非今所安，聊复记之**。李充曰……（案：李说凡五十四字）……栾肇曰……（案：栾说凡二百四十五字）……”

皇侃不取“无争”说，仍云“聊复记之”，备录李、栾二家“无争”之说，引录讫，亦无所评论。是《发题》所谓“以示广闻”者。

（引文 30）

《公冶长》首章皇疏：“别有一书，名为《论释》云：‘……（此间公冶长解鸟话之传奇凡二百七十一字）……’然此语乃出杂书，未必可信；而亦古旧相传云冶长解鸟语，故**聊记之**也。”

相传有说，故不径弃，亦为“聊记”，例与上同。

但皇侃自非求其兼收并蓄、宁滥勿漏者，亦有求简明、回避详说之处。

（引文 31）

《八佾》“禘自既灌而往者”，皇疏：“周礼，四时之外，五年之中，别作二大祭，一名禘，一名祫，而先儒论之不同。今不具说，且依注梗概而谈也……”

禘祫之说，最为繁难。皇侃精礼学，素所讲究，而今讲《论语》则避不详说。

（引文 32）

《公冶长》“千室之邑”，皇疏：“今不复论夏殷，且作周法：……”

此言编户制度夏殷与周异[1]，今不欲烦言，不更论夏殷，仅据周法述说其制。言“且”，语意与（引文 31）同。《阳货》“性相近”章疏云“情性之义，说者不同，且依一家旧释云”，亦如此。皆谓其事异说纷纭，今不详论各说，仅据一家，姑且为说而已。

（引文 33）

《八佾》“射不主皮”，马融注：“天子有三侯，以熊、虎、豹皮为之。”皇疏：“天子大射张此三侯，天子射猛虎，诸侯射熊，卿大夫射豹也。然此注先言熊者，**随语便，无别义也**。”

观皇侃语，似当时或有议论此注三侯次序者。否则皇侃亦不当言及。今考三侯次序，杜子春及郑玄从虎、熊、豹之序，而郑司农、许慎乃以熊、虎、豹为序。此注马融以熊、虎、豹为序，实有所本，所传不同也[2]。然皇侃释之曰“随语便，无别义”者，盖当时学术虽已大备，犹不逮清人之精博，自

① 即《周礼》与《王制》之异。

② 详《周礼·司裘》孙氏正义。

未有参考先郑、许慎，知其所传本不同者。是以贾公彦、孔颖达等皆无言此义。既不知矣，则马注次序异于郑注《三礼》，其间无条理可言，强言之，犹无意义。皇侃谓“无别义”，一则言从其实，二则明不拘细节也。

皇疏中穿凿附会之说极多。考上节所引科段等说，大多出附会，则皇侃自非不容附会之说者。且观如下诸例：

（引文34）

《泰伯》“三以天下让”，皇疏：“其让天下之位有三迹。范宁曰：‘有二释：**一云**：泰伯少弟季历生子文王昌，昌有圣德。泰伯知其必有天下，故欲令传国于季历，以及文王。因太王病，托采药于吴越不反，太王薨而季历立，一让也。季历薨而文王立，二让也。文王薨而武王立，于此遂有天下，是为三让也。**又一云**：太王病而托采药出，生不事之以礼，一让也。太王薨而不反，使季历主丧，死不葬之以礼，二让也。断发文身，示不可用，使季历主祭礼，不祭之以礼，三让也。’”

所引范宁“又一云”之说，即附会之最甚者。直欲附会《为政》“生事之以礼，死葬之以礼，祭之以礼”，不顾大旨灭裂。泰伯事事不得礼，不知何以“可谓至德也已矣”。

（引文35）

《先进》“子路使子羔为费宰”，章皇疏：“孔子以此语骂子路也。我言子羔学未习熟，所以不欲使之为政。而汝仍云有民神亦是学，何必读书。此是佞辨之辞，故古人所以恶之也。缪协云：‘子路以子羔为学艺可仕矣，而孔子犹曰不可者，欲令愈精愈究也。而于时有以佞才惑世，窃位要名，交不以道，仕不由学，以之宰牧，徒有民人、社稷，比之子羔，则长短相形。子路举此以对者，所以深疾当时，非美之也。夫子善其来旨，故曰“是故恶夫佞者”。此乃斥时，岂讥由乎。’”

缪协说穿凿，涉玄，与第一节所举诸例同。皇侃前有通释，后附缪说，无所评论，即上（引文 28）下所言“正解之后，称名引录某氏说，并无辨说”之例。是知皇侃虽容附会之说，但其间自有轻重之别。

（引文 36）

《先进》“得冠者五六人，童子六七人”，皇疏：“或云：冠者五六，五六三十人也；童子六七，六七四十二人也。四十二就三十，合为七十二人也。孔门升堂者七十二人也。”

此亦纯属巧说，皇侃但作或说，广异闻也。

皇侃更有摒弃穿凿之说者。

（引文 37）

《公冶长》“子谓南容”，章皇疏：“**昔时讲说**，好评公冶、南容德有优劣，故妻有己女、兄女之异。**侃谓**二人无胜负也。卷舒随世，乃为有智；而枉滥获罪，圣人犹然，亦不得以公冶为劣也。以己女妻公冶，兄女妻南容者，非谓权其轻重，政是当其年相称而嫁。事非一时，在次耳，则可无意其间也。”

案《先进》“南容三复白圭”，章皇疏称：“苞述云：南容深味‘白圭’，拟志无玷，岂与‘缧绁非罪’同其流致。犹夫子之情，实深天属；崇义弘教，必自亲始。观二女攸归，见夫子之让心也。”斯盖所谓“昔时好评”之一端。皇侃言“无意其间也”，颇有鄙弃穿凿之意。但其说“当其年相称而嫁，事非一时”，实别无凭据，皇侃推论而已。然则皇侃此论，并非所以据事实攻破臆说，而当谓以通理破偏理者。诚可谓不拘细节，议论通达者。

上（引文 14）见王弼有诗、礼、乐次序之说，皇侃更以比于《内则》，强通其理。类例如：

（引文 38）

《颜渊》“浸润之谮、肤受之愬不行焉，可谓明也已矣”，《集解》：“郑玄曰：谮人之言，如水之浸润，以渐成人之祸也。马融曰：肤受之愬，皮肤外语，非外其内实也。”皇疏：“如马意，则谓内实之诉可受；

若皮肤外语，虚妄，则谓为肤受也。然马此注与郑不类也。若曲曰使相类，则当云：皮肤外语，非内实者。即是肤愬积渐，入于皮肤，非内实也。”

自知不甚通达，故云“若曲曰使相类，则当云……”，与（引文 14）言“若欲申此注，则当云……”同。而皆犀利分析，终通一面之理。

最末言皇侃之文章。上（引文 2）已见皇侃《发题》文多雕饰。而其最甚者，当举此例：

（引文 39）

《宪问》“果哉，末之难矣”，皇疏：“……尝试论之：武王从天应民，而夷齐叩马，谓之杀君；夫子疾固勤诲，而荷蒉之听，以为硁硁。言其未达耶，则彼皆贤也，达之先于众矣。殆以圣人作而万物都睹，非圣人则无以应万方之求，救天下之弊。然救弊之迹，弊之所缘。勤诲之累，则焚书坑儒之祸起；革命之弊，则王莽、赵高之衅成。不格击其迹，则无振希声之极致。故江熙曰：‘隐者之谈夫子，各致此出处不乎。’”

后引江熙，则此文出皇侃手笔，盖不容疑。而文章雕琢，对仗工整，使人几忘此为解经之书。此则一代风气，或不足为奇，但皇侃似甚，姑且志此。

四　皇疏引书杂识

皇疏引据前儒《论语》注释，甚为丰富，是以吴承仕云：“何晏所集七家，并何为八；江熙所集十三家，并江为十四；皇疏所引二十八家，并皇为二十九：通为五十一。除复重及皇疏不见征引者，得四十五家。其称旧说、或说、又一通、又一说者不在此数。自汉末迄梁，《论语》义具是矣。”今就皇疏引书，有数事可言。

一、皇疏引江熙《集注》所收各家，皆径称其名引录，如“缪播曰”“栾肇曰”“蔡谟曰”“李充曰”等，不烦言江熙引，例皆见上。然而又有言“江熙称或曰”“江熙称彦升曰”者[①]。案《发题》列江熙所集十三家，有“袁弘”字“叔度”，马国翰以为“袁乔”字“彦叔”之误。吴承仕因谓皇疏称“江熙称彦升曰”，当即袁乔说，“叔”字讹“升”。皇侃不知彦叔之即袁乔，故不得称名，只从江书曰“江熙称彦升”耳。若然，则皇侃引书，知其人则径称名，不知则从实写“某称某曰”，甚有条法。且经日本人传抄数百年，未见全乱，殊可珍重。皇疏又有称“缪协称袁氏曰”[②]“缪协称中正曰”[③]者，当皆缪协书[④]称引前人说，因皇侃不知是谁氏，

---

① 并见《为政》。

② 见《述而》。

③ 见《泰伯》。

④ 缪协无考。（2013 年补注：马国翰云“书中引‘中正’二条，盖必素所尊敬者”，所谓“书”即缪协书。吴承仕《序录疏证》以“书”为皇《疏》，论马说之失，是吴氏误会马氏文意，非马氏之失。）

故称之如此。然皇疏又屡见称“袁氏曰”者[①]，皇侃亦不知其名也，而径称“袁氏”，不言“江熙称”或“缪协称”者何？此有二解。一谓本当有“江熙称”“缪协称”等字，传抄失落而已。又一谓此等实非江熙、缪协等所引，而直就袁氏书引录者。今谓后一解似近其实。《子张》亦见“袁氏注曰：温，和润也”一条。皇侃引《论语》旧说，江熙所集外，又有二十八家，其间人物、著书多不见史志，而袁乔注《论语》不仅见《晋书》，亦见《隋志》著录。皇侃引之，理所当然。其若如此，则皇侃引袁氏说，所出计有三，曰江熙所引，曰缪协所引，曰袁氏注原本，而皇疏称名必为分别。经千百年而犹可考见皇氏用语之微，可不珍重哉。此亦可见皇侃参考前人《论语》类书极其广泛。

一、皇侃注意《集解》抄本之不同文字。《公冶长》注“节者，栭也。刻镂为山也”，皇疏云：“又有一本注云‘山节者，刻欂栌为山也’。”《雍也》注“言当如祝鮀之佞，而及如宋朝之美”，皇疏云：“一本云‘反如宋朝之美也’，通者云：‘佞与淫异，故云反也。’”后一例乃前儒即论不同传本文字，皇侃述之而已，未必亲见不同抄本。前者是否出皇侃亲见，未可知也。至于郑注，则皇侃有亲见者。疏中称引郑注，或曰“郑玄注”，或曰“郑注”，或曰“郑注《论语》”，或曰“郑康成曰”，亦有言“郑《论》本”。而尤可注意者，《雍也》集解引苞氏“孔子为鲁司寇”，皇疏：“余见

① 见《子路》《宪问》《子张》等。

郑注本云：‘孔子初仕鲁为中都宰，从中都宰为司空，从司空为司寇也。’”又“孟之反不伐”，集解引孔安国“鲁大夫孟之侧也”，皇疏：“余见郑注本：‘姓孟，名之侧，字之反也。’”独此二处特言“余见郑注本”，何也？岂谓其余引郑注具出传闻乎？今案：皇氏言“余见郑注本”，盖谓所见郑注或本如此，非谓郑注正本。何以知之？则所引郑注，唯独此二条可疑。案吐鲁番新出郑注[①]，前者云“时孔子仕鲁，以原为家邑臣”，后者云“孟之返，鲁大夫，名之侧”，皇疏所引皆显然不同。又案《檀弓》注云“孔子由中都宰为司空，由司空为司寇”，盖即前者所本；后者云“姓孟，名之侧，字之反”，盖据真郑注“孟之返，名之侧”臆测言也。其实“孟”为氏，非姓，见哀十一年杜预注，郑玄殆无异义，后人不知姓氏有别，乃误耳。然则皇侃所谓“余见郑注本”，均极庸陋，当非郑玄原文。盖浅人偶记备忘之语，传抄或误入郑注者与。清人辑郑注《论语》，皆径录此二条，无所辨别；潘维城知孟之反“孟”非其姓，而称“郑君偶误”，胥未为得。盖不详玩皇侃语意之过也。要此可知皇侃亲见郑注《论语》，且不止一本也。

一、《微子》首章皇疏三引郑注《尚书》。一曰：“父师者，三公也。时箕子为之。”二曰：“少师者，大师之佐，孤卿也。时比干为之。”三曰：“微子与纣同母。当生微子，母犹未正，及生纣时，已得正为妻也。故微子大而庶，纣

---

① 今据王素先生考录本。

小而嫡也。”案：前二条伪孔传亦略同，后一条郑说本《吕氏春秋》。可据伪孔而特引郑注，可见梁朝亦未尝专尚伪孔《书》。

一、皇疏多据《白虎通》，而无引《家语》者。案《为政》注“所损益，谓文质三统也”，皇疏：“案《大传》云：‘王者始起，改正朔，易服色。’夫正朔有三本，亦有三统，明王者受命各统一正也。朔者，苏也，革也。言万物革更于是，故统焉。又《礼·三正记》云：‘正朔三而改，文质再而复。’《尚书大传》云：‘夏以孟春为正，殷以季冬为正，周以仲冬为正。’又曰：‘夏以十三月为正，色尚黑，以平旦为朔；殷以十二月为正，色尚白，以鸡鸣为朔；周以十一月为正，色尚赤，以半夜为朔也。’《白虎通》云：‘王者受命，必改正朔者，明易姓，示不相袭。明受之于天，不受之于人，所以变易民心，革其耳目以化。’又云：‘……（此间述三正之由，共八十九字）……’又云：‘……（此间述改正义，共八十六字）……’三统之义如此。”此大段论述三统之义，所引有《礼记·大传》《礼记·三正记》《尚书大传》《白虎通》，而引录《白虎通》特详。其实，所引《礼记·大传》《礼记·三正记》《尚书大传》莫不皆出《白虎通》，先后错综次序，抽录之而已。是皇疏论三统之义，前后凡三百五十余字，全据《白虎通》，无所旁考也。又《八佾》“哀公问社”章皇疏：“然夏称‘后氏’，殷周称‘人’者，《白虎通》曰：‘夏以揖让受禅为君，故褒之称“后”。后，君也。又重其世，故“氏”系之也。殷周以干戈取天下，故称“人”

也。'《白虎通》又云:'夏得禅授,是君与之,故称"后"也。殷周从人民之心而伐取之,是由人得之,故曰"人"也。'"案《檀弓》疏亦引《白虎通》,与此大同,盖出皇侃笔;至《祭法》疏引熊安生说,则说同而不言《白虎通》。皇侃重用《白虎通》,与刘炫之轻视《白虎通》①正成对比。又《子路》"正名"章皇疏引《韩诗外传》:"孔子侍坐季孙,季孙之宰通曰:君使人假马,其与之不乎?孔子曰:君取臣谓之取,不谓之假。季孙悟,告宰通曰:今日以来,云君有取谓之取,无曰假也。故孔子正假马之名,而君臣之义定也。"案《玉府》疏引王肃说及《乡饮酒》疏,均见引用《家语》,内容与此同。何注《公羊》亦有此说,而其疏言出《家语》。又考皇疏全书无一称引《家语》,是疑南朝未行《家语》,而有《白虎通》《韩诗外传》等可以据用,无《家语》犹无碍也。

一、皇疏博考前人《论语》注书,偶尔引录《白虎通》《韩诗外传》等,而除此以外,皇疏引书可谓绝少。如《公冶长》"左丘明耻之",皇疏:"范宁曰:藏怨于心,诈亲于形外。扬子《法言》曰:友而不心,面友也,亦丘明之所耻。"引扬子者盖范宁,非皇也。又《雍也》"仲弓曰:居简而行简,无乃大简乎",皇疏:"虞喜曰:《说苑》曰:孔子见伯子,伯子不衣冠而处。弟子曰:夫子何为见此人乎?曰:其质美而无文繁,吾欲说而文之。孔子去,子桑伯子门

① 详下第二章。

人不悦，曰：何为见孔子乎？曰：其质美而文繁，吾欲说而去其文。故曰：文质修者谓之君子，有质而无文谓之易野。子桑伯子易野，欲同人道于牛马。故仲尼曰：大简无文繁，吾欲说而文之。”考今本《说苑》，末句作“故仲弓曰大简”。盖虞喜用孔子答弟子语，接“大简”之下，遂改“仲弓”为“仲尼”，虽为造作，无妨大义。然则引虞喜说犹即引《说苑》，无以异矣，而皇侃不引《说苑》。又如《学而》皇疏引“许氏《说文》云‘开口吐舌谓之为曰’”，竟不类《说文》语，当不可谓皇侃所见《说文》如此，盖皇侃得之传说而已。《公冶长》“吾与汝弗如也”，皇疏：“秦道宾曰：‘《尔雅》云：“与，许也。”仲尼许子贡之不如也。’”今本《尔雅》无“与，许”之训。此亦皇侃未检原书，仅袭前儒传说也。此等可见皇侃未尝亲为考索群书也。

一、余嘉锡先生《读已见书斋随笔》第一条论“引书记书名卷数之始”，引汪远孙《借闲随笔》曰：“顷阅梁皇侃《论语疏》卷七‘子谓卫公子荆’节云：‘事在《春秋》第十九卷襄公二十九年传也。’是卷引《春秋传》凡七处，皆记卷数。卷十‘虽有周亲’节云：‘《尚书》第六《泰誓中》文。’则六朝已有之矣。”余先生谓：“《提要》及余萧客以为始于唐人，汪氏谓已见于六朝，可谓愈推愈密矣。”今案：《十三经》注疏绝无此例，且《春秋》经传，言何公何年足矣，必言卷第则千古未见其例。又考皇侃检书不勤，则此等必非出皇侃，殆无疑义。盖出日本学人备忘记之与。待日后查诸抄本。

要之，皇疏参考研讨《论语》类诸书，广泛周详，而其余各类书籍则绝少参考引用。

五 结论

本章第一节见魏晋以来作玄学、佛学之说者太多，皇侃承在其后，当何所作为？由第二、第三节所述，可知皇侃所作乃广搜旧说，分析讨论，整理而集其大成。而其整理方法自见特色，一言蔽之，当云“通”也。广存异说，不拘一格，即与注乖，或涉荒诞，存而录之；或论说涉烦杂，无关要旨，则置之不论，不汲汲议论，亦不尚知识之多，以查检群书为末事，此皆可见态度之旷达。并列异说，详细分析，归纳分类，辨其异同，而不欲以是非断论；又或前后条理难以觅见，或彼此矛盾难以会合，仍试以一边之理，及用附会之法，而必欲为之通释，是唯理是求，思考之精辟。然此等特点，正与牟润孙先生所论南朝谈辩之学符合[①]。牟先生论述主据史籍。今经研究《论语义疏》编撰方法而得此结论，若合符节，岂非所以互相印证者也。又如皇侃考论精审，追求通理，而且常用一边之理、附会之说者，牟世金先生云“玄学家追求的‘胜理’，并不以儒道佛的至理为准则，可以不

---

① 参考牟先生《论儒释两家之讲经与义疏》《论魏晋以来之崇尚谈辩及其影响》《从唐代初期的政治制度论中国文人政治之形成》《唐初南北学人论学之异趣及其影响》四篇，均见《注史斋丛稿》收录。

顾原意，也可以超越甚至违反原意”[①]，亦正可为其说解。然而，皇疏之所以特见重于世者，殆在其“勤”乎。皇侃参考前儒著书，虽只限《论语》类，可谓网罗殆尽；评析前儒各说，细微必辨，章章具备；科段说之类，亦必施之全书：若此则前世诸儒固所不及，独皇侃能为之，是为可贵。不然，则参考前儒、评析异说、为之科段，当时学者其谁或不解也。必也在其勤，功力贯穿全书，考索全面，始可成此集大成之业，为世所重也。

2013年补注：最近蒙影山辉国老师就本章所论皇侃科段说有所指正，大旨谓《论语义疏》之科段说不得认为皆出皇侃创说，并具体指正本章理解皇疏之误。其一，（引文4）《学而》疏“中间讲说，多分为科段”，笔者曾从（引文5）牟润孙说，谓“中间”犹言“书中”。影山老师指出何晏序云“中间为之训解，至于今多矣”，皇侃疏“中间谓苞氏、孔、周、马之徒”，故日传皇疏抄本于《学而》疏“中间讲说”字旁有注，或云“汉以来”，或云“汉魏”，或云“苞氏、周、马之间”。然则“中间讲说，多分为科段”，犹谓皇侃以前学者往往分科段。今案：除《集解》所引外，皇侃当未见苞氏、周、马等之训解，“中间讲说”不宜包含苞氏、周、马等早期学者，然“中间”或可作为时间理解，确

① 见牟先生《文心雕龙研究》第一章第三节。

有可能。其二,（引文 10）《雍也》疏之科段说，笔者曾因下文皆据此科段进行疏解，故疑出皇侃。影山老师谓此科段说当出“陆特进”，其下“今第一，明智仁之性，此明智性也”以下为皇说。唯因根本氏刊本于“今第一”上加入标题“云智者乐水者”，割裂上下文，使人不易察觉上引“陆特进”说，“今第一”以下皇侃自说之逻辑关系。此说颇有道理。详见《斯文》一二二号（2013 年 3 月）载《皇侃与科段说——〈论语义疏〉を中心に》一文。影山老师读书精细，笔者常受教益，记此补充。

第二章　二刘学术风貌

一　刘文淇分析刘炫说

刘焯、刘炫为隋之大儒，影响唐初学术极深广。然二刘之书均已亡佚，只得就唐人《五经正义》推测其说。今为考见二刘学术之大要，清人自有各家辑本，又如陈熙晋《春秋述义拾遗》，十年之后仍欲与孔颖达商榷得失者，虽可参考，终不如刘文淇《左传旧疏考正》之就孔疏剖析旧疏体例，切合实用，启发后人者。《五经正义》称名引二刘说者寥寥无几，今欲讨论其学术，必须辨识二刘说与《五经正义》之关系。辨识二刘说与《五经正义》之关系，即以检讨刘文淇说为首务。刘文淇书依经文次序逐条为说，且有前后矛盾之处。本节整理评述刘文淇说。

刘文淇自序云："世知孔冲远与诸儒删定旧疏，非出一人之手；又永徽中就加增损，书始布下，知非孔氏之旧。至于旧疏原文与夫孔冲远等所删定、于仲谧等所增损者，虽复觉其踳驳，概谓无迹可寻。近人有以《舜典》《武成》《吕刑》疏中每引'大隋'，谓非唐人之语。然仅此孤证，于全书体例未尝细为区分。"所谓近人之说，见王鸣盛《尚书后案》[①]、钱大昕《潜研堂答问》。是乾嘉诸儒未有致力分析孔疏体例，辨别每条疏文之为出刘炫，抑出孔颖达也。[②] 可见刘文淇为《考正》实属创义，自当敬重。

《左传正义》固有明引刘炫说者，但在少数。是以刘文淇以为："唐人既据光伯[③] 为本，而疏中引光伯说，除规过百余条外，仅亦有百数十条。岂有据以为本之书，而所征引者寥寥若此乎。唐人将刘炫姓名削去耳。"[④] 更进而谓："唐人所删定者，仅驳刘炫说百余条，余皆光伯《述议》也。"[⑤] 今欲辨识疏文之出刘炫或唐前诸儒也，抑出孔颖达等唐人也，必须为之分析考定。疏中见有"今赞曰""今删定""今知不然者""今以为"诸语，是出孔颖达等编《正义》者评审旧说，则其前所述乃出唐前旧疏，可以无疑。至其余，乃待分析疏文内容。

有其平明易识者，如王鸣盛等言疏中见"大隋"语，当出隋人，非唐人语，一望即知。又如刘文淇自序云：

（引文 1）

文十三年传"其处者为刘氏"疏："讨寻上下，其文不类，深疑此句或非本旨。盖以为汉室初兴，捐弃

① 《蛾术编》刊本后出，刘氏或未及见。是以刘毓崧续撰《尚书旧疏考正》即引《尚书后案》。

② 案：刘文淇自序署时嘉庆二十五年。

③ 案：刘炫字光伯。

④ 见《左传旧疏考正》隐十一年条。

⑤ 见《左传旧疏考正》自序。

> 古学,《左氏》不显于世,先儒无以自申。刘氏从秦从魏,其源本出刘累,插注此辞,将以求媚于世。”此疏未著何人之说,无以知为光伯语。及检襄二十四年传“在周为唐杜氏”疏云:“炫于‘处秦为刘’,谓非丘明之笔;‘豕韦’‘唐杜’,不信元凯之言。”则前疏为光伯语,显然可见。

刘文淇参考前后,据后疏明称刘炫名,知前疏亦出刘炫,是“显然可见”者。又如:

> (引文2)
>
> 襄二十九年“为之歌《颂》”,杜注“《颂》者,以其成功告于神明”,《正义》:“**成功者,营造之功毕也。天之所营在于命圣,圣之所营在于任贤,贤之所营在于养民。民安而财丰,众和而事**济**,如是则司牧之功毕矣,**故告于神明也。刘炫又云:**干戈既戢,夷狄来宾,嘉瑞悉臻,远**近**咸服,群生遂其性,万物得其所,即成功之验也……**”(2007下)
>
> 《毛诗·关雎序》“《颂》者,以其成功告于神明者也”,《正义》:“**成功者,营造之功毕也。天之所营在于命圣,圣之所营在于任贤,贤之所营在于养民。民安而财丰,众和而事节,如是则司牧之功毕矣。干戈既戢,夷狄来宾,嘉瑞悉臻,远**迩**咸服,群生**尽**遂其**

性，万物各得其所，即是成功之验也……”（272 下）

《左传》疏与《毛诗》疏文义全同，唯一二语词不同而已。刘文淇于自序举此例，言：“据《诗疏》知此疏皆光伯语，据此疏知《诗疏》皆非冲远笔也。”《毛诗》《左传》二疏均以刘炫《述议》为蓝本。今此两段相同，《诗》疏全不见刘炫名，而《左传》疏见之，是知《诗》疏文亦出刘炫。但《左传》疏前半不言出谁氏，而《诗》疏与后半连贯，中间无所分割，是知前半亦出刘炫。此乃《左传》《毛诗》二疏相较，因其文同，且有刘炫名，知上下皆出刘炫，亦“显然可见”之类。又如刘文淇子毓崧续撰《尚书旧疏考正》，据《新唐书·历志》引刘炫说，论《尚书·允征》正义中语义相同者当出刘炫，亦属“显然可见”之类。

又有疏文内容前后矛盾，则知其不当均是孔颖达等自为之说。如：

（引文 3）

桓五年“始杀而尝”，杜注：“建酉之月，阴气始杀，嘉谷始熟，故荐尝于宗庙。”《正义》：“哀十三年，子服景伯谓吴太宰曰：‘鲁将以十月上辛有事于上帝、先公，季辛而毕。’彼虽恐吴之辞，亦是八月尝祭之验也。何则？……知十月是尝祭之常期，周之十月是建酉之月也。”（1749 上）

哀十三年《正义》云：“周之十月，非祭上帝、先

公之时，且祭礼终朝而毕，无上辛尽于季辛之事。景伯以吴信鬼，皆虚言以恐吴耳。”（2172上）

桓五疏以为建酉夏八月即周十月为尝祭之常期，哀十三疏以为周十月非其时，两说乖违，刘文淇即谓“非一人之笔也”。今案刘说理则然也，但就此例言，桓五疏专为讨论尝祭时节，论之颇详[①]，至哀十三疏则主为言景伯虚言，十月非其时，说之甚简略，则或出一时疏忽，有未可知者。至若：

（引文4）

庄二十二年疏：“此传‘凤凰于飞’下尽‘莫之与京’，襄十年传称卫卜御寇，姜氏问繇曰‘兆如山陵，有夫出征，而丧其雄’，哀九年传称晋赵鞅卜救郑，遇水适火，史龟曰‘是谓沈阳，可以兴兵，利以伐姜，不利子商’，三者皆是繇辞，其辞也韵。则繇辞法当韵也。郭璞撰自所卜事，谓之《辞林》，其辞皆韵，习于古也。”（1775上）

哀十七年“卫侯贞卜，其繇曰：‘如鱼竀尾，衡流而方羊裔焉，大国灭之将亡。阖门塞窦，乃自后逾。’”疏：“刘炫以为卜繇之辞，文句相韵，以‘裔焉’二字宜向下读之。知不然者，《诗》之为体，文皆韵句；其语助之辞，皆在韵句之下。……（中间举例今略）……此

① 即引文省作……处。

之‘方羊’与下句‘将亡’自相为韵，‘裔焉’二字为助句之辞。且繇辞之例，未必皆韵。……（中间举例今略）……是或韵或不韵，理无定准。刘以为‘裔焉大国’谓土地远焉之大国，近不辞矣。又以‘方羊’为纵恣之状而规杜过，非也。”（2179下）

庄二十二疏云“繇辞法当韵”，而哀十七疏则云“繇辞之例，未必皆韵”，正相矛盾。是以刘文淇谓庄二十二疏“非唐人笔也”。但庄二十二疏说与哀十七所述刘炫说同，则进而推论庄二十二疏盖出刘炫，未必为过。

又有一段疏文前后文意重复，可知非出一人之笔者。

（引文5）

隐三年经“八月庚辰，宋公和卒；冬十有二月，癸未，葬宋穆公”，杜注：“始死书卒，史在国承赴，为君故，恶其薨名，改赴书也。书葬则举谥称公者，会葬者在外，据彼国之辞也。”《正义》云：“诸侯曰薨，礼之正名。鲁史自书君死曰薨，若邻国亦同书薨，则与己君无别。国史自在己国，承他国赴告，为与己君同，故恶其薨名，虽赴称薨，皆改赴书卒，略外以别内也。

“至于书葬，则五等之爵，皆举谥称公者，会葬者在于国外，据彼国之辞。彼国臣子称君曰公，书使之行，不得不称公也。

“又，云‘恶其薨名，改赴书’者，《释例》曰：‘天子曰崩，诸侯曰薨，大夫曰卒，古之制也。《春秋》所称，曲存鲁史之义。内称公而书薨，所以自尊其君，则不得不略外，诸侯书卒以自异也。至于既葬，虽邾许子男之君，皆称谥而言公，各顺臣子之辞，两通其义。’是其说也。”（1722中）

刘文淇云：“‘又云恶其薨名，改赴书者’以上，既将杜注‘恶其薨名改赴书’及‘会葬据彼国之辞’，全行改讫，不应又重举‘恶其薨名改赴书’一句解之。所释虽引《释例》，然上疏亦用《释例》之意，何必重叠其辞。此必异人之说。……经永徽中删削，无以考其姓名，然必非唐人语也。”又如：

（引文6）

桓二年“宋督弑其君与夷及其大夫孔父”，注：“孔父称名者，内不能治其闺门，外取怨于民，身死而祸及其君。”《正义》：

“宣四年传例曰：‘弑君，称君，君无道也；称臣，臣之罪也。’故知称督，以弑罪在督也。诸言父者，虽或是字，而春秋之世，有齐侯禄父、蔡侯考父、季孙行父、卫侯林父，乃皆是名。故杜以孔父为名。文七年‘宋人杀其大夫’，传曰：‘不称名，众也，且言非其罪也。’不名者非其罪，则知称名者皆有罪矣。

“杜既以孔父为名，因论为罪之状：‘内不能治其闺门’，使妻行于路，令华督见之；‘外取怨于民’，使君数攻战而国人恨之；‘身死而祸及其君’。故书名以罪孔父也。《释例》曰：‘……（引《释例》凡一百三十六字）……’是以孔父行无可善，书名罪之也。

“案：《公羊》《谷梁》及先儒，皆以善孔父而书字。知不然者，案‘宋人杀其大夫司马’，传称‘握节以死，故书其官’；又‘宋人杀其大夫’，传以为无罪不书名。今孔父之死，传无善事，故杜氏之意，以‘父’为名。言若齐侯禄父、宋公兹父之等。‘父’既是名，‘孔’则为氏。犹仇牧、荀息被杀，皆书名氏。盖孔父先世以孔为氏，故传云‘督攻孔氏’也。妇人之出，礼必拥蔽其面。孔父妻行，令人见其色美，是不能治其闺门。及殇公之好攻战，孔父须伏死而争，乃从君之非，是取怨于百姓，事由孔父，遂祸及其君。似公子比劫立，加弑君之罪。杜君积累其恶，故以书名责之。刘君不达此旨，妄为规杜，非也。”（1740 中）

案：此疏“是以孔父行无可善，书名罪之也”以上皆述杜注之说。“案《公羊》《谷梁》及先儒，皆以善孔父而书字”，言有异义，而其下为驳说，更述杜说。然前后述杜之说，显为重复，是以刘文淇云：“若非异人之说，则所引‘宋人杀其大夫’传、‘齐侯禄父’之等，与所谓‘内不能治其闺门，外取怨于民’，不应重言叠见矣。”又参疏末言“刘君不达此旨”，则知“‘皆以善孔父而书字’以上为光伯语，‘知不然者’以下乃唐人驳刘之辞”。

又有上下语意连贯，可知其所出者。

（引文7）

桓三年经“三年春正月”，杜注：“经之首时必书王，明此历天王之所班也。其或废法违常，失不班历，故不书王。”《正义》：

“桓公元年、二年、十年、十八年凡四年，于春有王；九年春，无王无月；其余十三年，虽春有月，悉皆无王。《谷梁传》曰：‘桓无王，其曰王何也？谨始也。其曰无王何也？桓弟弑兄，臣弑君，天子不能定，诸侯不能救，百姓不能去，以为无王之道，遂可以至焉尔。元年有王，所以治桓也。’二年有王，‘正与夷之卒也’。十年有王，‘正终生之卒也’。十八年书王，范宁注云：‘此年书王，以王法终治桓之事。’先儒多用《谷梁》之说。贾逵云：‘不书王，弑君、易祊田、成宋乱，无王也。元年治桓，二年治督，十年正曹伯，十八年终始治桓。’杜以正是王正，历从王出，故以为王者班历，史乃书王，明此历天王之所班也。其或废法违常，失不班历，则诸侯之史不得书王。言此十三年无王，皆王不班历故也。

“刘炫规过云：然天王失不班历，经不书王，乃是国之大事，何得传无异文？

"又昭二十三年以后，王室有子朝之乱，经皆书王，岂是王室犹能班历？又襄二十七年再失闰，杜云'鲁之司历顿置两闰'。又哀十三年十二月螽，杜云'季孙虽闻仲尼之言，而不正历'。如杜所注，历既天王所班，鲁人何得擅改？

"又子朝奔楚，其年王室方定，王位犹且未定，诸侯不知所奉，复有何人尚能班历？昭二十三年秋乃书'天王居于狄泉'，则其春未有王矣。时未有王，历无所出，何故其年亦书王也？若春秋之历必是天王所班，则周之错失，不关于鲁，鲁人虽或知之，无由辄得改正。襄二十七年传称'司历过，再失闰'者，是周司历也？鲁司历也？而杜《释例》云：'鲁之司历始觉其谬，顿置两闰，以应天正。'若历为王班，当一论王命，宁敢专置闰月，改易岁年？哀十二年十二月螽，仲尼曰：'火犹西流，司历过也。'杜于《释例》又云：'季孙虽闻此言，犹不即改。明年复螽，于是始悟，十四年春乃置闰，欲以补正时历。'既言历为王班，又称鲁人辄改，改之不惮于王，亦复何须王历？

"杜之此言，自相矛楯，以此立说，难得而通……

今删定：……刘君不寻此旨，横生异同，以规杜过，恐非其义也。"（1746上）

此疏论《春秋》经文，桓公十八年中有十四年不书王之事。先述《谷梁传》、贾逵等桓公无王道之说，次述杜预王不班历之说。次称“刘炫规过云”，以下为刘炫驳杜说。刘炫说甚详析，而“又子朝奔楚”以下则所以更详论前“又昭二十三年以后”以下一段而已，所言事一也。总结言“杜之此言，自相矛楯”，谓此桓三年注乃与哀十三年注、《释例》等相为矛盾。“今删定”以下则孔颖达等反驳刘说之辞。刘文淇谓“此云‘然天王失不班历’，‘然’者承上文而言之，非发端之语词也”，以为“今删定”以上，本皆刘炫文，唯经“唐人横加‘刘炫规过云’五字”，分割两段，一似前半述《谷梁传》、贾逵无王道说，及述杜注王不班历之说者出于唐人《正义》，独规杜之说乃出刘炫。其实刘炫先述《谷梁》等先儒义及杜注义，后始驳杜说，故有“然”字其间也。又如：

（引文8）

文元年“履端于始，举正于中，归余于终”，注：“步历之始，以为术之端首。期之日，三百六十有六日；日月之行，又有迟速，而必分为十二月，举中气以正月。有余日则归之于终，积而为闰，故言归余于终。”《正义》：“日月之行，有迟有速。日行迟，月行速。凡二十九日过半，月行及日，谓之一月。过半者，谓一日于历法分为九百四十分，月行及日，必四百九十九分，是过半二十九分。今一岁气周，有三百六十五日四分日之一。其十二月一周，唯三百五十四日，是少十一日四分日之一未得气周。细而言之，一岁止少弱十一日。所以然者，一月有余分二十九，一年十二月，有余分三百四十八。是一岁既得三百五十四日，又得余分三百四十八。其四分日之一，一日为九百四十分，则四分日之一为二百三十五分。今于余分三百四十八内，取二百三十五以当却四分日之一，余分仍有一百一十三。其整日唯有十一日，又以余分一百一十三减其一日，九百四十分唯有八百二十七分。是一年有余十日八百二十七分，少一百一十三分不成十一日也。

“刘炫云：则一岁为十二月，犹有十一日有余未得周也。分一周之日为十二月，则每月常三十日余。计月及日为一月，则每月唯二十九日余。前朔后朔相去二十九日余，前气后气相去三十日余，每月参差，气渐不正。但观中气所在，以为此月之正，取中气以正月，故言举正于中也。月朔之与月节，每月剩一日有余，所有余日归之于终，积成一月则置之为闰，故言归余于终。”（1837上）

刘文淇亦谓此疏全出刘炫，唐人横加“刘炫云”三字而已，故云：“前则旧疏原文，光伯承旧说而申明之。‘则’者承上之辞，若前为唐人语，光伯岂反申明其说乎。”意谓“刘炫云”以上原为刘炫所引先儒之说，刘炫承之而自为之说，故称“则”以示承上文。唐人横加“刘炫云”，而仍留“则”字，则文意割裂，“则”无所承矣。今案：上说十二月于一年少十一日四分日之一，其实少十日八百二十七分，不足十一日也。然则刘炫说“犹有十一日有余未得周”，仍据少十一日四分日之一，是据其大概之说，未尝全承上说之详。刘文淇必谓“光伯承旧说而申明之”，未知得否，但合上（引文7）等诸例观之，又颇似或然。只得谓盖然也，而犹不可必。以上刘文淇分析疏文，辨识刘炫旧说之法。（2013年补注：“刘炫云则”四字，笔者后有新解，以为“刘炫云”犹言“刘炫说”。请参看札记“云曰当名词解”，见2009年北京大学出版社出版《儒家典籍与思想研究》第一辑所载拙文《基于文献学的经学史研究》。2017年补注：札记亦收录于三联书店即刊拙著《文献学读书记》。）

刘文淇于疏中辨别说之出刘炫者与其出孔颖达等者，识之既多，心有所得，近乎知孔颖达等编书之人概以及刘炫《述议》之体例。

（引文9）

襄公二十五年“齐人以庄公说”，杜注“以弑庄公说晋也”，疏：“正义曰：**刘炫云：杜意**晋谋伐齐，齐人乃弑庄公以说晋也。**炫谓**庄公死后，晋始谋伐齐。齐人以庄公伐晋，晋欲报伐庄公，既以此说晋。言晋雠既死，今新君服从晋也。”

又“男女以班，赂晋侯以宗器、乐器”，疏：“正义曰：**刘炫云：**哀元年‘蔡人男女以辨’，与此同。**杜意**男女分别，将以赂晋也。**炫谓**男女分别，示晋以恐惧服罪，非以为赂也。”

又“及处守者皆有赂”，杜注“皆以男女为赂”，疏：“正义曰：**杜以**上句‘男女以班’与‘赂’连文，故云：‘皆以男女为赂。’**刘炫以为**男女以班，示降服于晋。有赂者皆有货财赂之，非以男女为赂。与杜异也。”（1984中）

此疏凡三段，前二者皆径引刘炫文为说，先述“杜意”，后称“炫谓”即其驳杜之说。刘文淇说：“此光伯《述议》规杜过者。据此知光伯《述议》有先申杜意而后驳之者。又，凡疏中言‘刘炫规过云’者，‘规过’二字乃唐人所加，非光伯本文，亦据此类可知。”据此，则后一段亦当与前二段同例，而唐人不更标“刘炫云”，“炫谓”改为“刘炫以为”尔。要之，此刘文淇言刘炫《述议》之体例，先述杜意，后始驳之；而孔颖达等编撰，或没刘炫名，或改“炫谓”为“刘炫规过云”等。如上（引文7）桓三年疏，刘文淇以为“刘炫规过云”以上亦即刘炫说，上下连贯读之，则先述杜义，后驳杜说，正合此例。又如：

（引文10）

僖公十年“遂杀丕郑、祁举及七舆大夫”，杜注“侯伯七命，副车七乘”，疏：“正义曰：《周礼·大行人》云‘侯伯七命，贰车七乘’，贰即副也。每车一大夫主之，谓之七舆大夫。服虔云：‘下军之舆帅七人，属申生者。’襄二十三年下军舆帅七人。往前申生将下

> 军，今七舆大夫为申生报怨，栾盈将下军，故七舆大夫与栾氏。**炫谓**服言是。”（1802上）
>
> 襄二十三年“唯魏氏及七舆大夫与之”，杜注“七舆，官名”，疏：“正义曰：僖十年传言‘七舆大夫’，杜云‘侯伯七命，副车七乘’，谓副车每车有一大夫主之。则此‘七舆大夫’，杜亦为主副车之官也。**刘炫云**：‘若是主公交车，则当情亲于公，不应曲附栾氏。服虔云“下军舆帅七人”。**炫谓**服言是。’”（1976上）

刘文淇就僖十年疏言：“此光伯《述议》语。光伯先引《大行人》以申杜氏，又引服虔说，谓服言为是，以规杜过。”意谓全疏皆出刘炫《述议》，而《述议》之例，先述杜说，后为驳说。襄二十三年疏亦如此，唯中间犹见“刘炫云”为少异耳。

至谓孔颖达等编定之体例，则多干没刘炫名，以及刘炫规杜例必反驳，皆见上（引文1、2、6、7）等外[①]，其最要者，襄二十九年传“为之歌《小雅》”，疏与《毛诗·关雎序》疏文大同，例同上（引文2），刘文淇乃曰：“孔冲远作《五经正义》，彼此文义相同，原无足怪。惟是《诗》《书》《左传》据刘炫为本，三疏多有同者；《易》《礼》不据光伯，遂无一同者：是可疑也。”刘文淇自注云：“昭四年传‘四岳三涂’疏与《诗·崧高》疏同三百余字，昭七年传‘则自取

① （引文9、10）等刘炫非杜而孔无反驳处，刘文淇皆有解释，不足为疑。

谪于日月之灾’疏与《诗·十月之交》疏同百余字，昭十三年传‘使诸侯岁聘以志业’疏与《尚书·周官》疏同五百余字，昭二十八年传‘诗曰唯此文王帝度其心’与《诗·皇矣》疏同五百余字。”刘文淇意谓，其当俱出刘炫旧文，始可有《诗》《书》《左传》疏文字相同者。反言之，三疏文字相同者，即可疑其为刘炫旧文也。今案：其只可疑而不可必者，自容有二疏同据他书者。如《仪礼》贾疏与《礼记》孔疏亦有大段同文之例，则所据旧疏既非出一人[①]，自当以为所据旧疏之外别有一书，为二疏各皆因袭。以上刘文淇推论刘炫《述议》体例及孔颖达等编《正义》之大例。

刘文淇分析《正义》，实属草创，《考正》一书虽多精义，仍有论之未得其的者，甚或有刘文淇前后论旨不同者，不得不做分别观。曾为条记辨证刘文淇具体考证之失误，今不更论，仅就有关孔疏与二刘说之关系者稍作辨析。

刘文淇依据孔颖达《正义序》更为推论，而其说颇有可疑者。刘文淇自序言“今一依孔氏序例，细加析别”，是刘文淇立论以孔氏《正义序》为本。

（引文11）

庄六年传“夫能固位者，必度于本末而后立衷焉”，疏：“正义曰：君子……言文王子孙本干枝叶，适子庶子皆传国百世，由文王之德堪使蕃滋故也。**刘**

① 贾疏以黄庆、李孟悊为本，孔疏以皇侃、熊安生为本，互不相涉。

炫云：度其本，谓思所立之人有母氏之宠，有先君之爱，有强臣之援，为国人所信服也。度其末，谓思所立之人有度量，有知谋，有治术，为下民所爱乐也。”(1764下)

刘文淇谓：“此光伯《述议》语。前则旧疏原文，光伯解‘度其本末’与旧疏异。若为唐人之笔，不当引刘说以自驳；即引之，亦宜在前而驳正之。今刘说在后，又无驳难，故知前为旧疏也。知非唐人先言己意而引刘说在后别为一解者，孔序：‘据刘炫为本，其有缺漏以沈氏补焉，若两义俱违则特申短见。’是孔氏止此三例也。”

今案：此疏有两说，前说不言出谁氏，后说标刘炫名。刘文淇以为前说乃刘炫引述前儒之说[①]，非孔颖达等之说。今案其说盖是也[②]，而犹未可必。何则？孔氏三例，本谓取材之例，并非行文之例。是以使孔氏诚只此三例，犹不得谓唐人必无“先言己意而引刘说在后别为一解”之例也。隐三年《正义》：“……故服虔云‘……’是也。刘炫云‘……’，刘又难服云‘……’。”(1724中)《正义》自解与服同，犹引录刘说及刘难服之说置后。又，僖十六年“公子季友卒”，注“称字者，贵之”，《正义》：“季是其字，友是其名，犹如仲遂、

① 刘文淇此言“旧疏”，据刘炫以前之旧疏，非据刘炫《述议》对《正义》为旧疏。

② 上(引文7)，其例也。

叔肸之类，皆名字双举。刘炫以季为氏而规杜过，非也。炫云：季友、仲遂皆生赐族，非字也。”（1808中）《正义》以刘炫规杜过为非，而仍引炫说殿后，岂非“引刘说在后，别为一解”者？至刘文淇云“引之，亦宜在前而驳正之”，则亦有其例。如昭十二年“克己复礼，仁也”，疏：“《正义》曰：刘炫云：……。今刊定云：……”刘文淇说：“‘今刊定’以下乃唐人语，序所谓‘特申短见’者也。引刘说在前而申己见于后，乃一定之例。据此知疏中凡引刘说在后而与前疏不同者，皆为光伯驳正旧疏，非唐人之说也。”刘氏复引孔序语，以证孔疏文例；更据此“引之，亦宜在前而驳正之”之例，重谓若孔颖达等说与刘炫异，则孔颖达等说当在刘说之后，不当在前。因是推测之论，或不误而不可必也。

“前疏皆出光伯”之说又有可疑者，若依刘文淇说，前有别说，后有刘炫说，而唐人无驳义者，是《正义》同刘炫说。[①] 然则如（引文11）庄公六年疏，前说一百九十七字，刘说五十六字；又如桓五年“启蛰而郊”疏，前说三百一十字，刘说十九字。唐人同刘说而刘说甚略，不取前说而载之独详，岂非失轻重之宜？

又如隐五年传“凡物不足以讲大事……”，《正义》：“物谓事物。……人君一国之主，在民之上……刘炫云：捕鱼、猎兽其事相类，……**人君以下云云同**。今若人君所行不得其轨……”（1726下）刘文淇说：“此光伯《述议》语，前

① 前有别说，非唐人之说。

则旧疏原文。‘人君一国之主’以下旧疏解传‘君将纳民于轨物’三句，刘说略与之同，唐人约其意，故言‘人君以下云云同’，谓同于旧疏也。”又“鸟兽之肉不登于俎”，《正义》：“登训为升。…… 礼，水土之品、笾豆之物，苟可荐者莫不咸在，岂皆公亲之也。刘炫云：此言田猎之时，……**祭祀水土云云同**。”（1727 中）刘文淇说：“此光伯《述议》语，前则旧疏原文。所谓‘祭祀水土云云同’者，唐人约其义，谓刘说同旧疏也。若谓前为唐人语，岂光伯见唐人疏而同之哉？必不然矣。”又“将万焉，公问羽数于众仲”下疏（1727 下）、襄十一年传“歌钟二肆”疏（1951 上）等，例皆同，刘文淇说亦同。今案：凡此等皆前有一说，后有“刘炫云”之体例，而刘炫说中与前说语有重复，用“云云”省之。刘文淇意，前说是刘炫《述议》所引旧疏文，唐人撰定《正义》，见刘炫自说中语与前引旧疏重复，遂为省文。此有疑者，若如其说，《述议》之为书，先备录旧疏全文，其下乃刘炫自申己意，且其自说中每有一段文字与旧疏相同。著书之体，岂得如此？盖刘文淇亦自觉其可疑，故后卷中所言与此不同。昭元年传“书曰‘秦伯之弟针出奔晋’，罪秦伯也”，《正义》：“《释例》曰：‘秦伯有千乘之国，……’……《公羊》以为……刘炫云：奔者，迫窘而去……**《例》曰以下同也**。”（2022 下）刘文淇说：“光伯所引《释例》与疏首所引《释例》同。若谓前为旧疏，则旧疏既引《释例》，光伯不应更引之；若谓前为唐人所引，亦不应于光伯所引者约其辞于后，于己所引者详其文于前。此可见删改之踳驳矣。”又

“其生不殖；美先尽矣，则相生疾”，疏：“《正义》曰：此侨重述不及同姓之意。……故《晋语》云：异姓则异德，……刘炫云：违礼而娶，……注‘同姓’至‘生疾’，《正义》曰：刘炫云：人之本心，……**《晋语》云云同。**”（2024中）刘文淇说：“此疏释传，前为旧疏原文，后乃光伯《述议》语。其曰‘《晋语》云云同’者，唐人约光伯之语，谓与旧疏同耳。若前为唐人语，岂光伯见唐人疏而同之哉？必不然矣。”又引包慎言说：“旧疏有为光伯所引者，有唐人所引者。唐人既两载之，其有同者则约其辞曰‘云云同’，后将旧疏姓名削去，便似前为己说，遂致踳驳耳。”今案：包氏说较刘文淇说为妥。前说非《述议》所引，而为唐人所引，乃可释“若谓前为旧疏，则旧疏既引《释例》，光伯不应更引之”之疑。唯因刘文淇拘于孔序，以为唐人除刘、沈二家外，更无自引旧疏之例，故未敢遽从包说。是以虽觉其可疑，仍只得归咎“唐人删改之踳驳”尔。

刘氏另有一证，今不可依据。刘氏自序云：“光伯之疏，本名《述议》。《隋经籍志》及《孝经疏》云‘述议者，述其义疏议之’，虽指《孝经述议》而言，其余《诗》《书》及《左氏传》光伯皆名《述议》，应亦‘述其义疏议之’。然则光伯本载旧疏，议其得失。”今案《隋志》云：“秘书监王劭于京师访得《孔传》，送至河间刘炫。炫因序其得丧，述其议疏，讲于人间。”《孝经疏》云：“炫叙其得丧，述其义疏议之。”《孝经疏》文出《隋志》无疑，而《隋志》今本作“述其议疏”，盖谓刘炫自为古文孔传《孝经》撰述义疏而已。刘文淇据《孝经疏》，谓引述先儒旧疏而评议之，疑非是。总之，“刘炫云”以前之说，刘文淇必谓亦出刘炫，虽或其然，而未必皆是矣。

又，杜序《正义》有攻驳贾逵说者，刘文淇即言：“此驳贾氏说，非唐人语。孔序以苏氏‘旁攻贾服’为非，又谓光伯‘聪惠辩博，固亦罕俦’，当亦指其驳正贾服诸家之说。冲远据光伯为本，但辨明规杜失者百余事，他人无所攻击也。”并为自注，列举《正义》全书中驳贾氏说凡三十九条、驳服氏说凡百二十六条、驳贾服说凡二十条，意谓凡是攻驳贾服之说者，皆出旧疏，非唐人所为。案：《正义》意在专守本注，故孔颖达等“辨明规杜失者百余事”。而刘氏言“他人无所攻击”，则只可视为刘氏经验之说。何谓？刘氏通观全疏，于其称“今赞曰”“今删定”等明知出唐人之处，除反驳刘炫规杜之说外，未见有攻击他人之说。是此说出刘氏经验，推而广之，盖少例外，未尝不可以敬重。至其据孔序，以为唐人意必如此，则未见其是也。案孔序云：“今校先儒优劣，杜为甲矣，故晋宋传授，以至于今。其为义疏者，则有沈文阿、苏宽、刘炫。然沈氏于义例粗可，于经传极疏。苏氏则全不体本文，唯旁攻贾服，使后之学者，钻仰无成。刘炫于数君之内，实为翘楚。然聪惠辩博，固亦罕俦；而探赜钩深，未能致远。”“旁攻贾服”主谓苏氏“不体本文”而“唯旁攻”者为不宜，非谓攻驳贾服即为不可。“聪惠辩博”，更不足以为唐人不攻驳贾服之证。要不可必谓唐人绝不驳贾服也。

又，僖二十八年疏引刘炫说攻驳《公》《谷》义，刘文淇云：“此光伯《述议》驳二传以申《左氏》也。疏中驳二传者不少，辞义辩博，皆当为光伯语。”此亦刘文淇经验之说，不可忽视，而别无根据，亦不可以必。《正义序》言刘炫“聪惠辩博”，自不足证其驳二传而“辞义辩博”者皆刘炫说也。

本节小结：一、孔疏既有明引刘炫说者，亦有“今赞曰”“今删定”等语，即知其上文出旧疏；而书中前后及《诗》《书》《左传》三疏内互见与此同文者，即知出刘炫，此等皆显然可见，绝无疑义。其余刘文淇论上下文或有重复，或有矛盾，当出旧文，非皆唐人笔，盖皆可信。二、刘文淇推论刘炫《述议》之体例，先述先儒旧说，亦述杜注义，后始述己意，殆近其实。至刘文淇每谓《正义》引“刘炫云”以上亦皆刘炫旧文，则盖是而犹不可必。刘文淇又论《诗》《书》《左传》三疏文字相同者，可疑其出刘炫笔；疏文除驳刘炫百余条外，全皆出刘炫或沈文阿旧疏：则其说大概不诬，但自不当无例外，故其每段疏文是否出刘炫，则难以的知。

二　二刘学术推论

上节评述刘文淇分析《左传正义》辨识刘炫旧文之法，有显然可见初无疑义者，有可知大概不可的知者。今就《毛诗正义》《尚书正义》案之，更有一事可以辨识文出旧疏者：

（引文 12）

《书·武成》题疏："此篇'无作神羞'以下，惟告神，其辞不结，文义不成，非述作之体。案《左传》……欲征则殷勤誓众，既克则空话祷神，圣人有作，理必不尔。**窃谓**'神羞'之下，更合有言。简编断绝，经失其本，所以辞不次耳。或初藏之日，已失其本；或坏壁得之，始有脱漏，故孔称五十八篇以外，'错乱磨灭，不可复知'。明是见在诸篇亦容脱错。但孔此篇首尾具足。既取其文为之作传，耻云有所失落，不复言其事耳。"（183 下— 184 上）

《诗·灵台》疏："诸儒皆以庙、学、明堂、灵台为一，郑必知皆异处者，袁准《正论》云：'……（引袁氏文一千一百余字）……'**窃以**准之此论可以申明郑意……"（524 中下）

《左传》成三年疏："《史记·齐世家》曰：'……'《晋世家》云：'……'然此时天子……准时度势，理必不然。**窃原**马迁之意，所以有此说者，当读此传'将授玉'以为'将授王'……"（1901 上）

案：此等称"窃"，语气与"今删定"之等迥异，可知非出奉敕官撰之笔也。[①] 刘氏《旧疏考正》无《毛诗》，刘毓崧

① 此非谓孔颖达等不用"窃"字。《尚书正义》孔颖达序即见"窃以古人言诰"等语。

《尚书旧疏考正》举此疏而专以其言孔传缺陷为非出唐人之证,《左传旧疏考正》不言此疏,故今更补为一例。[①]

但《左传》刘炫好为规杜之说,每为孔颖达等讥正,故其可以确知刘炫说者犹不为少。至《诗》《书》则《正义》不常言刘炫,考索唯难。因其可以确知者少,今欲考二刘学术,亦不得不宽缓范围,不求其确,而求其大概。案刘文淇说,《诗》《书》《左传》三疏同文,可疑其文出刘炫;《左传正义》大致沿袭刘炫旧疏,非特为论证者,均可疑为旧疏说。今依其说而更广之,凡《诗》《书》《左传》三疏内容,自非有明证知为唐人手笔,则暂可以为出二刘旧疏。此举二事为例:其一,"甲,铠;胄,兜鍪也",为书传常训。就此训诂,观诸经义疏如何为释。

(引文13)

《书·说命中》"惟甲胄起戎"传"甲,铠;胄,兜鍪也",孔疏:"经传之文,无铠与兜鍪。盖**秦汉已来**始有此名,传**以今晓古也**。古之甲胄,皆用犀兕,未有用铁者。而鍪铠之字皆从金,盖后世始用铁耳。"(175上)

《书·费誓》"善敹乃弓矢"传"言当善简汝甲铠、胄兜鍪",孔疏:"《说文》云:'胄,兜鍪也。兜鍪,

① 案:《齐世家》索隐引王劭说:"齐顷公战败朝晋而授玉,是欲尊晋侯为王。太史公探其旨而言。"刘炫与王劭,学术关系甚为密切。刘炫此说推测司马迁误读书,且与王劭说异,则其言"窃"之意庶可见矣。

首铠也。’经典皆言甲胄，**秦世已来**始有铠、兜鍪之文。古之作甲用皮，**秦汉已来**用铁。铠鍪二字皆从金，盖用铁为之，而因以作名也。”（255上）

《夏官·序官》“司甲”注“甲，今之铠也”，贾疏：“今古用物不同，其名亦异。古用皮，谓之甲；今用金，谓之铠，从金为字也。”（832上）

《仪礼·既夕》“甲胄干笮”注“甲，铠；胄，兜鍪”，贾疏：“古者用皮，故名甲胄；后代用金，故名铠、兜鍪。随世为名故也。”（1149中）

《礼记·曲礼上》“献甲者执胄”，孔疏：“甲，铠也。谓铠为甲者，言如龟鼈之有甲也。胄，兜鍪也。”郑注：“甲，铠；胄，兜鍪也。”（1241上中）

《礼记·少仪》“甲，若有以前之，则执以将命；无以前之，则袒櫜奉胄”，孔疏：“甲，铠也。有以前之，谓他物也。谓……。袒，开也。櫜，弢铠衣也。胄，兜鍪也。若无他物，……”郑注：“甲，铠也。有以前之，谓他挚币也。櫜，弢铠衣也。胄，兜鍪也。”（1514中下）

《礼记·儒行》“儒有忠信以为甲胄，礼义以为干橹”，孔疏：“注云：‘甲，铠；胄，兜鍪也。干橹，小楯大楯也。’甲胄干橹，所以御其患难。儒者以忠信礼义，亦御其患难，谓有忠信礼义则人不敢侵侮也。”郑注如孔疏所引。（1669下—1670上）

《左传》僖二十二年“邾人获公胄”，杜注“胄，

> 兜鍪”，孔疏：“**《说文》**云：‘胄，兜鍪。首铠也。’书传皆云胄，无兜鍪之文。言兜鍪，**举今以晓古**。盖**秦汉以来**语。”（1813 下）

案《考工记》云“函人为甲，犀甲七属，兕甲六属”云云，是甲胄古用犀兕之皮，自有明文。故《周礼》《仪礼》贾疏皆言古用皮，今用铁。《书》《左传》孔疏更据《说文》证汉有“兜鍪”之文，遂谓古用皮谓甲胄，秦汉以来用铁称铠、兜鍪，传注用铠、兜鍪释甲胄，是以今晓古之法。[①] 引《说文》而考兜鍪之起于秦汉以来，全非解释经注所需，是自为之说。是以贾疏不言，而不可以谓贾疏疏失。既非释经注所必需，而《书》疏重见，亦见《左传》疏，则当为孔颖达稍得意之说，特好言之者。然《礼记正义》于《少仪》《儒行》皆仅引述注文，更无说，于《曲礼》乃云：“谓铠为甲者，言如龟鼈之有甲也”，与《书》《左传》疏全不相类。若然，则彼说殆非出孔颖达，而当出二刘，可以推知也。事例之二，为南岳名实之论：

> （引文 14）
>
> 《诗·崧高》“崧高维岳”传“岳，四岳也，东岳岱，南岳衡，西岳华，北岳恒”，孔疏：“传言四岳之

① 案《书》疏每论各类文献与孔安国之先后，以孔安国目为前汉最早时人，故有“秦、汉以来”以及“以今晓古”之说。

名，东岳岱，南岳衡，《尔雅》及诸经传多云泰山为东岳，霍山为南岳者，皆山有二名也。《风俗通》云：‘泰山，山之尊，一曰岱宗。……衡山，一名霍，言万物霍然大也……’**是解衡之与霍，泰之与岱，皆一山有二名也。**

“若然，《尔雅》云‘江南衡’，《地理志》云‘衡山在长沙湘南县’。张揖《广雅》云‘天柱谓之霍山’，《地理志》云‘天柱在庐江灊县’，则在江北矣，而云衡霍一山二名者，**本衡山一名霍山**。汉武帝移岳神于天柱，又名天柱亦为霍，故汉魏以来衡霍别耳。郭璞《尔雅》注云：‘霍山，今在庐江灊县西南，别名天柱山。汉武帝以衡山辽旷，故移其神于此，今其土俗人皆呼之为南岳。南岳本自以两山为名，非从近也。’而学者多以霍山不得为南岳，又言从汉武帝始乃名之。如此言，为武帝在《尔雅》前乎？**斯不然矣。窃以**璞言为然。何则？孙炎以霍山为误，当作衡山。案书传，《虞夏传》及《白虎通》《风俗通》《广雅》并云霍山为南岳，岂诸文皆误？**明是衡山一名霍也**。”（566上中）

《左传》昭四年“四岳”，孔疏：“《释山》云：‘河南华，河东岱，河北恒，江南衡。’李巡曰……《释山》又云：‘泰山为东岳，华山为西岳，霍山为南岳，恒山为北岳’，岱泰、衡霍二文不同者，此二岳者皆一山而二名也。……《白虎通》云……应劭《风俗通》云……

《风俗通》又云：‘泰山，山之尊者，一曰岱宗。……衡山，一名霍山，言万物霍然大也……’**是解衡之与霍，泰之与岱，皆一山有二名也。**

“张揖云‘天柱谓之霍山’，《汉书·地理志》云‘天柱在庐江灊县’，《风俗通》亦云‘霍山庙在庐江灊县’。如彼所云，则霍山在江北，而得与‘江南衡山’为一者，**本江南衡山一名霍山**。汉武帝移岳神于天柱，又名天柱为霍山，故汉魏以来衡霍别耳。郭璞注《尔雅》云：‘霍山，今庐江灊县，灊水出焉，别名天柱山。汉武帝以衡山辽旷，故移其神于此，今其土俗人皆呼之为南岳。南岳本自以两山为名，非从近来也。’而学者多以霍山不得为南岳，又云从汉武帝来始有名。即如此言，为武帝在《尔雅》之前乎？**斯不然矣。是解衡霍二名之由也。**

“书传多云五岳，此传云四岳者，中岳嵩高即大室是也，下别言之，故此云四岳。”（2033上中）

《书·舜典》“五月南巡守，至于南岳”，传“南岳，衡山”，孔疏：“《释山》云：‘河南华，河东岱，河北恒，江南衡。’李巡曰……《释山》又云：‘泰山为东岳，华山为西岳，霍山为南岳，恒山为北岳。’岱之与泰，衡之与霍，皆一山有两名也。

“张揖云‘天柱谓之霍山’，《汉书·地理志》云‘天柱在庐江灊县’，则霍山在江北，而与‘江南衡’

为一者，郭璞《尔雅》注云：‘霍山，今在庐江灊县，灊水出焉，别名天柱山。汉武帝以衡山辽旷，故移其神于此，今其土俗人皆呼之为南岳。南岳本自以两山为名，非从近来也。’而学者多以霍山不得为南岳，又云从汉武帝来始乃名之。即如此言，谓武帝在《尔雅》前乎？**斯不然矣。是解衡霍二名之由也。**

“书传多云五岳，以嵩高为中岳。**此云四岳者**，明巡守至于四岳故也。《风俗通》云：‘泰山，山之尊者，一曰岱宗。……衡山，一名霍山，言万物霍然大也……’”（128 中）

《周礼·大宗伯》“以血祭祭社稷、五祀、五岳”，注“五岳，东曰岱宗，南曰衡山……”，贾疏：“此南岳衡。案《尔雅》‘霍山为南岳’者，霍山即衡山也。故《地理志》扬州霍山为南岳者，山今在庐江。彼霍山与冀州霍山在嵩华者别。”（758 中）

《周礼·大司乐》“四镇五岳崩”，注“五岳，岱在兖州，衡在荆州……”，贾疏：“案《尔雅》：‘霍山为南岳。’案《尚书》及《王制》注皆以衡山为南岳不同者，案郭璞注云：‘霍山，今在庐江灊县西南，灊水出焉，别名天柱山。武帝以衡山辽远，**因谶纬皆以霍山为南岳**，故移其神于此，今其土俗人皆谓之南岳。南岳本自以两山为名，非从近来。’如郭此言，即南岳衡

> 山自有两名。**若其不然**，则武帝在《尔雅》前乎？**明不然也。**
>
> “案：灊县霍山，一名衡阳山，则与衡岳异名实同也。**或曰**：荆州之衡山。亦与庐江灊县者别也。”（791 中）

> 《礼记·王制》“五月南巡守，至于南岳”，孔疏：“按《尔雅·释山》云‘霍山为南岳’，郭注：‘山在衡阳湘南县南。’郭又云：‘今在庐江灊县西。汉武帝以说衡山辽旷，**因谶纬皆以霍山为南岳**，故移其神于此，其土俗人皆呼为南岳。南岳本自两山为名，非从近也。’如郭此言，则南岳衡山自有两名，一名衡山，一名霍山。自汉武帝以来，始徙南岳之神于庐江霍山耳。”（1329 上）

此即刘文淇言“昭四年疏与《崧高》疏同三百余字”者（见上节 p.54）。今案：《诗》《书》《左传》三疏大同小异，《书》疏且可疑是删简移用《左传》疏文。其说主据郭璞《尔雅》注，要谓荆州衡山，在汉长沙湘南，古自有衡霍二名；扬州霍山本名天柱，在汉庐江灊县，后武帝移岳神于天柱，又名天柱为霍山。《尔雅》言南岳，或称衡山，或称霍山，均指荆州衡山，非扬州霍山，因《尔雅》在武帝之前，不得谓扬州霍山为南岳故也。贾公彦《大宗伯》疏以为霍山即衡山，二名一实，并以扬州霍山在庐江者当之，更不言荆州衡山。至其云冀州霍山，虽见《职方氏》，乃在河东，南北悬隔，今古未有与南岳相嫌者。[①] 今考若据郭璞及孔颖达说，扬州霍山至汉武帝后始有南岳之名，贾公彦以扬州霍山释《大宗伯》，说颠倒耳。盖旧时义疏为专门学术，分析经注语文为主，不若史学家考订之实事求是。是以二名一实之说足以解释，并据书传言霍山在何地而已，初不思其实两地相隔不啻千里也。《大司乐》疏则引郭璞注，其说当与孔颖达同，而其言“灊县霍山，一名衡阳山，则与衡岳异名实同”，是仍以扬州霍山一地二名当南岳衡山，与《大宗伯》疏同。至末后谓“或曰荆州之衡山，亦与庐江灊县者别也”，始与孔颖达说同。但郭璞明言武帝始移岳神于庐江灊县之霍山，则《周礼》南岳自不可以为灊县霍山。贾公彦明引郭璞为说，而其说则显乖郭旨，且以推郭之说为或说附后。是疑贾公彦所据旧说当如《大宗伯》疏，后见据郭璞注以为武帝不当在《尔雅》前之说，颇新异且有力，遂采其说，加入疏中，而未得折中，故其说一右一左，错综互见也。《王制》孔疏以引郭注为主，最为简明。但亦可见其与《诗》《书》《左传》三疏之不同。同出孔颖达等编订，三疏行文极相类似，而唯独《王制》疏不同，何也？三疏引郭注后，必为“为武帝在《尔雅》前乎”之说，甚至《大司乐》疏引郭注本非其旧说，亦仍有此句，而唯《王制》疏独无之，何也？《王制》疏引郭注“山在衡阳湘南县南”，一语破的，明说南岳为荆

① “崧华”不详何地？今蒙李零老师指教，乃为两地。然《职方氏》“河内曰冀州，其山镇曰霍山”与“河南曰豫州，其山镇曰华山”并列，欲言霍山所在，不可举华山为说。不知两地为何所？姑存疑。

州衡山今在长沙湘南者，非扬州霍山今在庐江灊县者，《诗》《书》《左传》三疏不曾引以为证，何也？《王制》孔疏及《大司乐》贾疏引郭注均有“因谶纬皆以霍山为南岳”一句，而《诗》《书》《左传》三疏皆不见。不但不见矣，《诗》《左传》疏更言“汉武帝移岳神于天柱，又名天柱亦为霍山”，①一似汉武以后天柱始有霍山之称，与“因谶纬皆以霍山为南岳”以为因其既有霍山之名，武帝始移神于此者不合。然则，《诗》《书》《左传》三疏之与《王制》疏，虽其同出孔颖达等编订，内容绝不相干，孔颖达等未尝为之互勘，求其统一。反言之，则大抵《诗》《书》《左传》三疏之内容，不可即以为孔颖达等所为，而当谓多出二刘手笔也。②

今更以《诗》《书》《左传》三疏与皇侃《论语疏》、贾公彦《周礼疏》《仪礼疏》相较，则其间学术方法及态度全然不同。皇侃自为梁朝学术，固无与于二刘以后之新风。贾

① 《书》疏不言者，已经删简耳。

② 又案：邵晋涵以“如此言为汉武帝在《尔雅》前乎，斯不然矣”以上皆为郭注，郝懿行以为是《音义》，非注。今考《大司乐》疏即知“武帝在《尔雅》前乎”等并非郭璞语，邵、郝两家说俱非。又详玩《诗疏》，言“斯不然矣”下即言“窃以璞言为然”。以武帝不当在《尔雅》前，故知“学者”之说“斯不然矣”，知其不然矣，则当知其然者，故言“窃以璞言为然”，文意连贯，不可中断。“窃以璞言为然”固非郭璞语，则“斯不然矣”亦非郭璞语可知。实则“斯不然矣”一句，《诗》《书》《左传》三疏常见，皆条举前人或说之矛盾，多反诘之辞，讫，称“斯不然矣”，下为解惑，述正解。又本节发首（引文 12）曾说疏言“窃以”当出旧疏。然则此亦当为二刘语耳。若然，此《诗》疏言“窃以”云云，正合二刘常法；至《左传》《书》疏于“斯不然矣”下竟无解说，仅言“是解衡霍二名之由也”了结者，岂出孔颖达等整理之笔与？今不得定知，存疑。

公彦撰疏与孔颖达同时或稍后，而其专门礼学，渊源北朝，方法态度与孔疏大异。《礼记正义》性质特别，以皇侃旧疏为本，而经孔颖达等编订。孔颖达等学术又受之于二刘，故与《诗》《书》《左传》疏相较，有同有异，错综复杂，考辨较难。本节讨论《诗》《书》《左传》三疏与《论语》《周礼》《仪礼》三疏全然不同，又与《礼记正义》有同有异之特点，且目为二刘学术特点。不言刘炫而言二刘者，《诗》《书》二疏孔序皆并言刘焯、刘炫，与《左传》疏序独举刘炫为本者不同，故泛称二刘也。

或曰：为孔为刘，辨析唯难。本节例证，亦多未有确证可知出二刘者，则何不姑仍旧称，概以孔颖达目之？为何必言二刘耶？曰：刘文淇已发其端，辨别刘孔，并已论定疏文实多刘氏之旧。若言其实，则概称为孔犹不如概目为刘之近是，此一也。孔氏等所为，主为加工删订，况多讥评旧疏之说，自不宜混言，此二也。三经《正义》所见学术态度，与皇侃、贾公彦有截然不同而高明卓绝者。史传多极言二刘学术之卓绝，而不言孔颖达等多所创义。则此等学术特点自当归之二刘，不可归孔颖达等，此三也。本节例证亦有可证其出二刘，非出孔颖达等者，则二刘确有此等特点。至其余例证即或实出孔颖达等手，又不得谓二刘即无此等特点，而反可谓孔颖达等仿二刘之学术，此四也。贾公彦、孔颖达等，于二刘为后辈。今欲讨论孔、贾之学术，自以辨别刘孔为便。既可推溯至二刘，则当为其说，不必避难而因仍旧名，此五也。若谓此等特点可归二刘，则孔颖达等编订《正义》之大概，稍可以言。大抵《诗》《书》二疏以因袭二刘为主，《左传》疏缘刘炫专难杜注，孔颖达等反驳辩论者较多，至《礼记》则因袭皇侃旧疏与孔颖达等改编者相半。知此则读诸经义疏更为便利，此六也。以此六事，本节且据三经《正义》推论二刘学术特点。读者若觉不便，则本节所述“二刘”字眼径改“三经《正义》”读之，未尝不可也。

大概论之，二刘学术与旧学不同之特点，可以谓之现实、合理、文献主义。

（引文15）

襄二十四年疏：“正义曰：《汉书·律历志》载刘歆《三统》之术，以为五月二十二分月之二十乃为一交。以为交在望前，朔则日食，望则月食；交在望后，望则月食，后月朔则日食；交正在朔，则日食既，前后望不食；交正在望，则月食既，前后朔不食。而二十一年九月十月频月日食，此年七月八月频月日食。……今七月日食既而八月又食，**于推步之术，必无此理**。盖古书磨灭，致有错误。

“刘炫云：汉末以来八百余载，考其注记，莫不皆尔，都无频月日食之事。**计天道转运，古今一也。后世既无其事，前世理亦当然**，而今有频食，于术不得有。交之所在，日月必食。日食在朔，月食在望。**日月共尽一体，日食少则月食多，日食多则月食少**。日食尽则前后望月不食，月食尽则前后朔日不食。以其

> 交道既，不复相掩故也。
>
> “此与二十一年，频月日食，理必不然。但其字则变古为篆，改篆为隶；书则缣以代简，纸以代缣；多历时代，年数遥远，丧乱或转写误失其本真。先儒因循，莫敢改易；**执文求义，理必不通**。后之学者，宜知此意也。”（1978下—1979上）

刘文淇说“刘炫云”以上亦皆刘炫旧文，盖然也。案：刘炫此说，所以非杜预。杜预《长历》云：“自古已来，诸论《春秋》者多违谬。或造家术，或用黄帝以来诸历，以推经传朔日，皆不得谐合。……天行不息，日月星辰各运其舍，皆动物也。**物动则不一**，虽行度大量可得而限，累日为月，累月为岁，以新故相考，不得不有毫毛之差。此自然之理也。故《春秋》日有频月而食者，有旷岁而不食者，**理不得一**。而**算守恒数**，**故历无有不差失**也。……学者固当**曲循经传日月食，以考晦朔**也。以推时验，而见皆不然，各据其学，以非《春秋》，此无异度己之迹而欲削他人之足也。”今为评论：两家论说，均深得理，以其逻辑性言，殊不可以优劣断。今述杜预意谓自然现象甚为复杂，人类智慧本不可尽知一切。算术可言天象之大概，而不足以知其一切运动，其实从未有一历法推得一切准确。然则与其拘泥算术小慧，毋宁固信经典记载。伟哉，君子之言也。刘炫自知直言“推步之术，必无此理”，不足以破杜说。于是更立两说：一谓近八百年来竟无其事，则春秋古时亦当无其事，以其天象运动古今一故也。此据近事推论古事，是为现实主义。今既如此，古亦当然，并无保证，但人多信之。又一说谓日月共尽一体。此则自造模式，演说道理。亦绝不足证其真实，但因其说形象，人多信之。盖刘炫邃于历术，此说当为其所深信，非专为攻杜而发者也。然世之经师非皆通历术，不通历术则杜说实胜，是以“先儒因循，莫敢改易，执文求义”。刘炫破之，非误也，且言之有理，不易反驳。但若不通历术者，或仍固执杜说，亦不可谓误也，又是情理之自然，不可厚非。于是乎刘炫多为世人所仇恨，亦自然之势也。

（引文16）

《诗·公刘序》笺下疏：“案《谱》以公刘当太康之时，韦昭之注《国语》以不窋当太康之时。不窋乃公刘之祖，不应共当一世。

“太康，禹之孙；不窋，后稷子。计不窋宜当太康，公刘应在其后。《豳谱》欲言迁豳之由，远本失官之世。不窋以太康之时失稷官，至公刘而窜豳，其迁豳之时不必当太康也。

“又《外传》称后稷勤周十五世而兴，《周本纪》亦以稷至文王为十五世。计虞及夏、殷、周有千二百岁，每世在位皆八十许年乃可充数耳。**命之短长，古今一也**。而使十五世君在位皆八十许载，子必将老始生，**不近人情之甚**。以理而推，实难据信。若使此言必非虚

诞，则不窋之与公刘，弥是不共世……”（541 中）

此论周先世，而引后稷至文王十五世之说。依其说，周先世每代在位必在八十年之久，公刘为不窋之孙，中间必经百余年，自不可共当太康之世也。其实千二百年仅十五世，自不可信，是以谯周谓《国语》“世后稷”不过言世为稷官，非指弃其人言。此疏自知不可信，但仍欲据以为说，故只言“难据信”，不便明言不可信耳。而其论不可信，则言“命之短长，古今一也”，与上例“天道转运，古今一也”语意全同。

（引文 17）

昭二十一年：“二至二分，日有食之，不为灾。日月之行也，分，同道也；至，相过也。”疏：“日月之行，交则相食，**自然之理**。但日为君象，月为臣象；阴既侵阳，如臣掩君。圣人因之**设教**，制为轻重：以夏之四月纯阳之月，时阳极盛，阴气未作。正当阳盛之时，不宜为弱阴所侵，以为大忌，此月日食，灾最重也。余非阳盛之月，为灾稍轻……

“刘炫云：此皆**假其事以为等差**，其实灾之大小不如此也。且《诗》云‘十月之交，朔月辛卯，日有食之，亦孔之丑’，先儒以为周之十月，夏之八月，秋分之月也，而甚可丑恶。……明此是先贤寓言，非实事也。”

注下疏曰："日之行天，一日一周；月之行天，二十九日有余已得一周。日月异道，互相交错，月之一周，必半在日道里，从外而入内也；半在日道表，从内而出外也。或六入七出，或七入六出，凡十三出入而与日一会，历家谓之交道。通而计之，**一百七十三日有余而有一交**。交在望前，朔则日食，望则月食；交在望后，望则月食，后月朔则日食。此**自然之常数**也。交数满则相过，非二至乃相过也。传之所言，……皆假托以为言也。"（2098上）

依刘文淇说推之，此疏亦或全出刘炫旧文。此疏依据历学，言其"自然之理""自然之常数"。杜预则以"物动不一，不得不差"为"自然之理"，故讥言"算守恒数，故历无有不差失"。两说欲据"自然之理"是同，唯结论正相反。

（引文18）

《诗·十月之交》疏："日者太阳之精，至尊之物，不宜有所侵，侵则为异。但圣贤因事**设教**，以为等级耳。……计**古今之天，度数一也**。日月之食，本无常时，故历象为日月交会之术，大率**以百七十三日有奇为限**。而日月行天，各自有道，虽至朔相逢，而道有表里。若月先在里，依限而食者多；若月先在表，虽依限而食者少。杜预见其参差，乃云：'日月动物，虽行度有大量，不能不少有盈缩，故有虽交会而不食者，或有频交而食者。’……然日月之食，于算可推而知，则是虽数自当然，而云为异者，人君者，位贵居尊，恐其志移心易。圣人假之灵神，作为**鉴戒**耳。夫以昭昭大明，照临下土，忽尔歼亡，俾昼作夜，其为怪异，莫斯之甚。故有伐鼓用币之仪、贬膳去乐之数，皆所以重天变，警人君者也。而天道深远，有时而验，或亦人之祸衅，偶与相逢。故圣人得因其变常，假为劝戒，使智达之士，识先圣之深情；中下之主，信妖祥以自惧。（2013年补注：此句‘圣人’以下三十二字，袭用僖十五年《左传》杜注语，唯‘知达之主’改作‘智达之士’为小异。）但**神道可以助教，而不可以为教。神之则惑众，去之则害宜**。故其言**若有若无**，其事**若信若不信**，期于大通而已矣。经典之文，不明言咎恶，而《公》家董仲舒、何休及刘歆等以为发无不应，是知言征祥之义，未悟劝沮之方。杜预论之当矣。

“日月之食，大率可推步而知，亦有不依交限而食者。襄二十四年秋七月甲子朔，日有食之，既，八月癸巳朔，日有食之。于法算，前月之日食既，则后月不得食，而《春秋》有之。”（446上）

上节引刘文淇说，此疏与昭七年传“则自取谪于日月之灾”疏同百余字，疑当为刘炫旧文（pp.54—55）。案彼疏云：“此传彼记，皆是劝戒辞耳。日月之会，自有常数。每于**一百七十三日有余**，则日月之道一交，交则日月必食。虽千岁之日食，皆豫算而尽知，宁复有教不修而政不善也。……**人君者，位贵居尊**，志移心溢，或淫恣情欲，坏乱天下。**圣人假之**神灵，**作为鉴戒。夫以昭昭大明，照临下土，忽尔歼亡，俾昼作夜，其为怪异，莫斯之甚。故**鸣之以鼓柝，射之以弓矢；庶人奔走以相从，啬夫驰骋以告众；降物辟寝以哀之，祝币史辞以礼之；立贬食去乐之数，制入门废朝之典；示之以罪己之宜，教之以修德之法：**所以重天变，警人君者**也。而**天道深远，有时而验，或亦人之祸衅，偶与相逢。故圣人得因其变常，假为劝戒，知达之士，识先圣之幽情；中下之主，信妖祥以自惧。但神道可以助教，而不可专以为教。神之则惑众，去之则害宜。故其言若有若无，其事若信若不信，期于大通而已矣。**世之学者，宜知其趣焉。”（2048下—2049上）“人君者，位贵居尊”以下，几乎全同，而“鸣之以鼓柝”以下十句，《诗》疏简为“伐鼓用币之仪、贬膳去乐之数”二句，则昭七年疏文更近原始，可疑《诗》疏据而删简。又案庄公二十五年疏：“古之历书亡矣。汉兴以来，草创其术。《三统》以为五月二十三分月之二十而日月交食；近世为历者，皆以为一百七十三日有余而日一食：是日食者，历之常也。古之圣王，因事设戒。**夫以昭昭大明，照临下土，忽尔歼亡，俾昼作夜，其为怪异，莫斯之甚**。故立求神请救之礼、责躬罪己之法。正阳之月，阳气尤盛……”（1780中）“昭昭大明”六句全同，而其下“故立求神请救之礼、责躬罪己之法”则又与“故有伐鼓用币之仪、贬膳去乐之数”不同。三疏几同文，而改文自如，不留斧凿痕迹，自可疑出刘炫手笔。[①]

就内容言，《诗》疏引杜预“有频交而食”之说，并无驳议，后又谓襄二十四年频月日食为不依交限而食者，与襄二十四年疏必言传文有误者不同，若谓均出刘炫，似为矛盾。今案：前段引杜预语，其上云“古今之天，度数一也”，固为刘炫语气；“交会之术，百七十三日有奇为限”，亦《左传》疏常见之说。“而日月行天”以下，乃所以解释每当交会之时，食有多少不同之理。而其解释用“道有表里”之说，即与昭二十一年疏[②]所述正同。依此说，虽则每当交会时日食有多少之异，而非交会之时则必不容有日食，自不当有频月日食。后乃引杜预，文称“杜预见其参差，乃云”，是知引杜说主为证食有多少不同之事，非谓杜说尽得其理。然则此疏引杜预，其上文皆似刘炫语，即引杜预语，亦未必非出刘炫笔，不足深疑也。至后段“日月之食”以下，则可以疑出唐人手笔。上文先述日月行天之理、推算之术，中间称“然日月之食，于算可推而知”，承前启后，次述圣贤假日食鉴戒之义，大段文章无间断矣。至此反言“日月之食，大率可推步而知，亦有不依交限而食者”，重论前提问题，

① 此仍有疑者，《诗》疏云“杜预论之当矣”，不知据何书何文？而《礼记·昏义》疏云：“杜预以为假日食之异以戒惧人君，其言若信若不信，不可定以为验也。”（1682上）颇似据《诗》《左传》疏所共见“圣人得因其变常，假为劝戒，……若信若不信，期于大通而已矣”一段文字。然则此一段文字岂出杜预与？但若诚杜预语，刘文淇《左传》专家岂可不知而以为刘炫说耶？今不知，存疑。

② 见上（引文17）。

不成文章之体。且襄二十四年疏（引文 15）云“天道转运，古今一也”，“频月日食，理必不然”，刘炫之言也。则此言“有不依交限而食者”，并谓《春秋》有频月日食者，必非刘炫之意，当出唐人手笔。然而据此补笔，反更可证上文之出刘炫。[①]

综观诸文，二刘所重在古今不易之事实，深信历术原理[②]，而极知天谴灾异为圣贤设教之方，并非事实也。

（引文 19）

昭三年晏子曰“箕伯、直柄、虞遂、伯戏，其相胡公、大姬已在齐矣”，杜注：“四人皆舜后，陈氏之先。胡公，四人之后，周始封陈之祖。大姬，其妃也。言陈氏虽为人臣，然将有国，其先祖鬼神已与胡公共在齐。”

疏曰：“言箕伯四人，其皆助胡公、大姬，神灵已在齐矣。**神之在否，不可测度**，而晏子为此言者，以陈氏必兴，姜姓必灭，示已审见其事，故言先神归之。其实**神归以否，非晏子所能知也**。”（2031 中）

此疏明言鬼神不可知，释说晏子之言非言其实，而借喻为

---

① 案：此云“有不依交限而食者”，谓非交会之时而食；上云“依限而食者多”，或云“虽依限而食者少”，谓其交会之时，或食或否。语言类似而其实不同。

② 推算数据，则古疏今密，未可拘泥。

言而已。与上（引文 18）等所见天谴灾异为圣贤设教之方，并云“神道可以助教，而不可以为教。神之则惑众，去之则害宜”等说，甚相符合。

二刘亦不信纬书怪异之说，可见其合理主义精神一贯。

（引文 20）

《书·咸有一德》“受天明命”，传“所征无敌，谓之受天命”，《正义》：“天道远而人道近。天之命人，非有言辞文话，正以神明佑之，使之所征无敌，谓之受天命也。纬候之书，乃称有黄龙、玄龟、白鱼、赤雀，负图衔书，以授圣人。正典无其事也。汉自哀平之间，纬候始起，假托鬼神，妄称祥瑞。孔时未有其说，纵使时已有之，亦非孔所信也。”（165 下）

《书·泰誓上》序“惟十有一年”，《正义》：“纬候之书言受命者，谓有黄龙、玄龟、白鱼、赤雀，负图衔书，以命人主。其言起于汉哀平之世，经典无文焉。孔时未有此说，《咸有一德》传云‘所征无敌，谓之受天命’，此传云‘诸侯并附，以为受命之年’。是孔解受命，皆以人事为言，无瑞应也。”（179 下）

此盖可见二刘喜好《伪孔书》之意[①] 以及现实合理主义之态

① 孔传《书》《孝经》皆二刘所最喜好，见诸书记载。

度，不必以为出唐人也。[1] 又如"筮短龟长"之论，可见二刘之合理主义与贾公彦等态度迥别。

（引文21）

僖四年"卜人曰：'筮短龟长，不如从长。'"杜注："物生而后有象，象而后有滋，滋而后有数。龟象筮数，故象长数短。"孔疏："'筮数'以上皆十五年传文。……龟以本象金、木、水、火、土之兆以示人，故为长；筮以末数七、八、九、六之策以示人，故为短。《周礼·占人》'掌占龟'，郑玄云'占人亦占筮，言"掌占龟"者，筮短龟长，主于长者'，亦用此传为说。案**《易·系辞》云：'筮之德，圆而神；卦之德，方以智。''神以知来，智以藏往。'然则知来藏往是为极妙，虽龟之长，无以加此。圣人演筮以为《易》，所知岂短**于卜。卜人欲令公舍筮从卜，故云筮短龟长，非是龟能实长。杜欲成筮短龟长之意，故引传文以证之。若至理而言，卜筮实无长短。"（1793中）

《书·洪范》"龟从筮逆"，孔传"龟筮相违"，孔疏："此经龟从筮逆，其筮从龟逆，为吉亦同，故传言龟筮相违，见龟筮之智等也。若龟筮智等，而僖四年《左传》云'筮短龟长'者，于时晋献公欲以骊姬

---

① 然有宋以来，不喜注疏者，每以多纬书说为口实，近诬也。《五经正义》及贾氏《二礼疏》自多引述纬书，而此等处即见非薄纬书之言，他更不见尊重纬书之说者。

为夫人，卜既不吉而更令筮之，神灵不以实告，筮而得吉，必欲用之。卜人欲令公舍筮从卜，故曰‘筮短龟长’，非是龟实长也。**《易·系辞》云：‘筮之德，圆而神；卦之德，方以智。’‘神以知来，智以藏往。’然则知来藏往是为极妙，虽龟之长，无以加此。圣人演筮为《易》，所知岂**是**短**乎。明彼长短之说乃是有为言耳。”（191下）

《曲礼上》“凡卜筮日”，孔疏：“案《易·系辞》云：‘定天下之吉凶，成天下之亹亹者，莫大乎蓍龟。’又云：‘蓍之德，圆而神；卦之德，方以智。’‘神以知来，智以藏往。’又《说卦》云：‘昔者圣人幽赞于神明而生蓍。’据此诸文，蓍龟知灵相似，无长短也。所以僖四年《左传》云‘筮短龟长，不如从长’者，时晋献公卜娶骊姬不吉，更欲筮之，故太史史苏欲止公之意，托云‘筮短龟长’耳，实无优劣也。若杜预、郑玄，因‘筮短龟长’之言，以为实有长短。故杜预注传云‘……’是也。象所以长者，……故为长；数短者，……故以为短也。又郑康成注《占人》云‘……’是郑及杜预皆以为龟长筮短。”（1251下）

《月令·孟春》“命太史衅龟、筴、占兆，审卦吉凶”，注“筮短，贱于兆也”，孔疏：“《左传》僖四年：‘……’杜元凯注云：‘……’是筮短龟长之事也。”（1381上）

《春官·占人》“掌占龟”，注“占人亦占筮，言

> ‘掌占龟’者，筮短龟长，主于长者”，贾疏：“按《左氏》僖四年传云：‘……’是龟长筮短之事。龟长者，以其龟知一二三四五天地之生数，知本；《易》知七八九六之成数，知末。是以僖十五年传‘……’如《易》历三圣而穷理尽性，云短者，以其《易》虽穷理尽性，仍六经并列；龟之繇辞，譬若谶纬图书，不见不可测量：故为长短。马融曰云‘筮史短，龟史长’者，非郑义也。”（805中）

僖四年疏与《洪范》疏，论旨无异，且中间五十余字全然同文，盖出二刘也。其说虽引《系辞》为证，其实据常情为本，以为《易》筮圣人所作，《周易》为经典；龟卜则已失其传，并无其书，当无《易》筮短于龟卜之理。然则“筮短龟长”自是卜人有为而言，非筮实短于龟。杜注只欲证成传文，不可以为得实之说。《礼记》疏不同于此。《月令》郑注既明称“筮短”，故其疏直述“筮短龟长之事”而已。《五经正义》以不破注为例，不得不尔，不可据此以论《礼记》疏之与《左传》《书》疏之间学术有不同。但《曲礼》疏则因经有卜筮之事，于解释经注之外，广论有关卜筮问题，可谓卜筮之综说，于经注无所拘束，最可考见《正义》所持学说。案此《曲礼》疏，上半说“筮短龟长”为假托之辞，实无优劣，与僖四年、《洪范》二疏同旨。但下半又言杜预、郑玄说则以为实有长短，斯乃与二疏异趣。此亦可证僖四年、《洪范》二疏非孔颖达等创说，而原出于二刘。至若贾公彦，乃专述郑注之言，郑云“筮短龟长”，故述其说。但因已有“圣人演筮以为《易》，所知岂短于卜”之疑义，故强为解释，谓《易》虽出圣人而为经典，仍与五经并列，不若龟之繇辞，不可测量也。疑者以为《周易》圣经，筮不当短于龟；释者反谓《周易》不过经典，不若谶纬图书之神秘难测。贾公彦必为此牵强之说者，既有疑义，并有“实无优劣”之说，不得不为之也。贾公彦之学术，则以郑注为根本，探讨郑注说之体系化，即试图使郑玄学说体系更为完整、更少矛盾。是以《大卜》贾疏云：“大卜所掌，先《三兆》、后《三易》、次《三梦》者，筮短龟长，梦以叶卜筮，故以先后为次。”（802中）为释经《三兆》《三易》《三梦》之次序，援引“筮短龟长”为说。《占人》注明据“筮短龟长”为说，贾公彦无须更论其说得实与否；《大卜》卜筮之次序可用“筮短龟长”解释，更可证“筮短龟长”说之有道理：故《大卜》疏即引据“筮短龟长”为说。与此相较，则二刘以现实、常情为根本，必先自己考论事实当如何，据其结论反观先儒之说。若先儒之说与己不合，则为之解释或评析，如此云“筮短龟长”为卜人假托之辞，又云杜预证“筮短龟长”之言，并非其实，皆是也。可见二刘最重事实，绝不拘泥先儒说，更不为专门郑学，若就其本质而言，与贾公彦之学术全然不同。

摒弃附会，知之为知之，不知为不知，亦可谓合理主义精神之一端。

（引文22）

《书·顾命》“赤刀、大训、弘璧、琬琰在西序，大玉、夷玉、天球、河图在东序”，疏：“此西序、东序各陈四物，皆是临时处置，未必别有他义。下二房各有二物，亦应无别意也。”（239下）

又“大辂在宾阶，面；缀辂在阼阶，面”，传“大辂，玉；缀辂，金”，疏：“地道尊右，故玉辂在西，金辂在东。”（240上）

《礼》有玉辂、金辂，玉贵于金，既有明文，等差显白。玉辂在西阶，金辂在东阶，则玉辂在右[①]，是地道尊右，可以为说，初无嫌疑。至于东西序房四物、三物，则或东或西，无条理可言，故疏云“无别意”。当时义疏家有无为之附会，说或东或西之理者？今未考得，但自容有其事。疏言“别无意”，所以杜绝附会之说也。此与皇侃《论语疏》之每见附会，不可同日而语。

（引文23）

《诗·大明》笺“问名之后，卜而得吉，则文王以礼定其吉祥，谓使纳币也”，疏：“此笺上有‘问名’，‘卜而得吉’即纳吉也，‘定其吉祥’为纳币也，下有‘亲迎’，是四礼见矣。无纳采与请期者，诗人之作，举

① 因皆南面，故以西为右。

其大纲，非如记注能备言其事。上笺云‘求昏’者，即纳采也。唯请期之文不见耳。既亲迎，明请之可知也。

“六礼，纳采、纳吉、纳征三礼言‘纳’，余不言‘纳’者，以‘问名’‘请期’‘亲迎’皆须复名而后可言。其名既复，不须以‘纳’配之。采也，吉也，征也，三者皆单。是夫氏于女之礼，故加‘纳’，见行之于彼也。”（507下）

此疏“六礼”以下，解释传笺之外，自发一问。其实《昏礼》六礼之名目，此诗只见“亲迎”，笺始言“问名”“纳币”[①]，六礼仅见其三，则三言“纳”，三不言“纳”，与传笺全无关系，牵连涉之而已。牵连而别发此论，当是特所欲言。此亦所以摒弃附会之说。案《士昏礼》疏云：“纳采言‘纳’者，以其始相采择，恐女家不许，故言‘纳’。问名不言‘纳’者，女氏已许，故不言‘纳’也。纳吉言‘纳’者，男家卜吉，往与女氏，复恐女家翻悔不受，故更言‘纳’也。纳征言‘纳’者，纳币帛则昏礼成，复恐女家不受，故更云‘纳’也。请期、亲迎不言‘纳’者，纳币则昏礼已成，女家不得移改，故皆不言‘纳’也。”（961中）可见贾公彦《仪礼疏》一一凭据礼节意义而说其言“纳”之与不言，与《诗》疏之意正相反。虽未可断言《诗》疏既知《仪礼疏》之说，而欲为箴砭，但其必

① 纳币即纳征。

有意排斥类此附会之说，则可以无疑矣。[①] 然《诗疏》说，“采”“吉”“征”单言不成词，故须配一“纳”字；“问名”“请期”“亲迎”须两言始可言，自然已成词，不须更配“纳”字。语词之自然，别无意义可言。是排除附会义理，代之以语言之自然。此则又为《诗》《书》《左传》三疏常见之说，所以疑为二刘之说也。如：

（引文 24）

《书》“仲虺之诰”，疏：“《康诰》《召诰》之类，二字足以为文，‘仲虺诰’三字不得成文，以‘之’字**足成其句**。《毕命》《冏命》不言‘之’，《微子之命》《文侯之命》言‘之’，与此同。犹《周礼·司服》言‘大裘而冕’，亦**足句**也。”（161 上）

此言诸“之”字、“而”字，初无义意，专为成文足句而配者也。［2013 年补注：又如《吕刑》“墨罚之属千，……大辟之罚其属二百”疏（250 中下）］单字配字之说，自非二刘首创，如《尧典》“瞽子”孔传云：“舜父有目，不能分别好恶，故时人谓之瞽，配字曰瞍。”意谓时人称舜父为瞽，故称舜为“瞽子”，若独言舜父，则通常配瞍字为“瞽瞍”。但二刘特好为此说，与当时诸义疏家不同。又常见有言“文势”者：

① 贾公彦撰订《仪礼疏》，自在二刘之后，亦当在《正义》之后，但其说多本北朝以来旧说，必非贾公彦自创。《仪礼疏》此说当在《诗疏》之前，不可以成书先后为疑。

（引文25）

《书·尧典》“九族既睦，平章百姓”，传：“百姓，百官。言化九族而平和章明。”疏：“经传之言百姓，或指天下百姓。此下句乃有‘黎民’，故知百姓即百官也。平章与百姓，其文非九族之事。传以此经之事，**文势相因**，先化九族，乃化百官，故云‘化九族而平和章明’，谓九族与百官，皆须导之以德义，平理之，使之协和；教之以礼法，章显之，使之明著。”（119中）

《召南·羔羊》序：“《鹊巢》之功致也。《召南》之国化文王之政，在位皆节俭正直，德如羔羊也。”疏：“经先言羔羊，以服乃行事，故先说其皮；序后言羔羊，举其成功，乃可以化物：各自为**文势之便**也。”（289上）

此外如《皇皇者华》疏每言“为文之势”“观其文势”“上下文势”（407上中下），又如或言“立文之势”（510上）、“作文之常势”（535上）等莫不皆据文法自然以释经注文辞之参差不同，亦所以摒绝附会穿凿也。又如《行苇》疏言“经直言‘莫远’而笺言‘无远无近’者，以作者句有所局，不得远近并言，举远则近可知矣”（534中）等，亦据立文之势而释经言远不言近之由，虽不见“文势”等字，方法态度固无不同。据事情自然而摒绝附会穿凿，是《诗》《书》《左传》疏所常见之学术态度，而为皇侃《论语疏》、贾公彦《二礼疏》

所不见,《礼记正义》偶见一二而已，故疑其出二刘也。

二刘读书精敏，于古书语例颇多心得，疏中偶言，欲以启世人之蒙，亦可见睥睨世人之意。

（引文 26）

宣十二年“可胜既乎”，疏：“重物不可举者谓之不胜，用之不可尽者亦言不胜。**史传多有其事，今人无复此语，故少难解耳**。”（1882 中）

成十一年疏：“**世人多疑**娣姒之名，皆以为兄妻呼弟妻为娣，弟妻呼兄妻为姒，**因即惑**于传文，不知何以为说。今谓……”（1909 中）

襄公二年“马牛皆百匹”，疏：“《司马法》‘丘出马一匹、牛三头’，则牛当称头，而亦云匹者，因马而名牛曰匹，并言之耳。**经传之文，此类多矣**。《易·系辞》云‘润之以风雨’,《论语》云‘沽酒市脯不食’,《玉藻》云‘大夫不得造车马’，皆从一而省文也。”（1929 上）

《诗·葛覃》传“中谷，谷中也”，疏：“中谷、谷中，倒其言者，**古人之语皆然，诗文多此类**也。”（276 中）

《书·大诰》疏：“此经云‘猷大’，传云‘大道’。**古人之语多倒**，犹《诗》称‘中谷’，谷中也。”（198 中）

二刘思考不拘于经文传注，综考诸多古文事例，其间规律自可见，此可视为历史语言学之态度，与专作义疏之学者固不相同。是以其论古音亦具卓识。

（引文 27）

《书·太甲上》“阿衡”，孔传“阿，倚”，疏：“古人所读，阿倚同音，故阿亦倚也。”（164 上）

襄二十九年疏：“‘多见疏’，犹《论语》云‘多见其不知量’也。服虔本作‘只见疏’，解云‘只，适也’，晋宋杜本皆作‘多’。古人‘多’‘只’同音。张衡《西京赋》云：‘炙炮伙，清酤多；皇恩溥，洪德施’，‘施’与‘多’为韵，此类众矣。”（2005 上）①

襄十年疏：“古人读‘雄’与‘陵’为韵，《诗·无羊、正月》皆以‘雄’韵‘蒸’，韵‘陵’，是其事也。”（1948 上）

昭七年疏：“张升《皮论》云：‘宾爵下革，田鼠上**腾**；牛哀虎变，鲧化为**熊**；久血为磷，积灰生**蝇**。’傅玄《潜通赋》云：‘声伯忌琼瑰而弗古兮，昼言诸而暮**终**；嬴正沈璧以祈福兮，鬼告凶而命**穷**；黄母化而为鼋兮，鲧殛变而成**熊**。’二者所韵不同，或疑张升为‘能’。著作郎王劭云：‘古人读“雄”与“熊”者，皆于陵反。张升用旧音，傅玄用新音。张升亦作“熊”

① 案今本《文选》“多”作“夥”，李注引《广雅》“夥，多也”，并谓音支。颇疑张衡原作“多”，后人欲与“施”字音协，故加“支”旁为“夥”字。高步瀛《文选李注义疏》引汪师韩、宋翔凤、孙志祖三家之说，可参。

也。'案《诗·无羊》与《正月》及襄十年卫卜御寇之繇，皆以'雄'韵'陵'，劭言是也。"（2049 中）[①]

案:《太甲》及襄二十九年疏所言，"施""只""倚"支韵字与"多""阿"歌韵字相通，是顾炎武古音第六部"'五支'之半"与"七歌"同属，段玉裁所谓"古弟十七部之字，多转入于支韵中"者。襄十年疏说出昭七年疏引王劭说，一也。刘文淇言昭七疏引王劭者，非孔颖达等始引之，而为刘炫所引，其说盖是。王劭说"雄""熊"东韵字，古音当读于陵反，读蒸韵。或谓傅玄赋以"终""穷""熊"为韵，皆东韵；张升乃以"腾""熊""蝇"为韵，"腾""蝇"登蒸韵字，[②]无乃登韵"能"字讹为东韵"熊"字乎？王劭答谓古人读"雄""熊"字皆读于陵反，读蒸韵。张升东汉人，所据古音，故"熊"与"腾""蝇"登蒸韵字为韵；傅玄晋人，所据新音，故"熊"与"终""穷"东韵字为韵。此说精辟至极，自应为之特笔大书。今之言古音学史者，必言陆德明"古人韵缓，不烦改字"以及沈重"协韵"之说，以为南北朝末期，学者多方探讨，不限一途，勤则勤矣，而因不具历史观点，不知古今音有不同，终不得摆脱当时语音体系而考索古音真相。"韵缓""协韵"二说，诚为当时通论，故昭

---

① 案："皮论"，钱大昕以为当作"反论"，严可均以为当作"友论"，不可论定，姑仍旧本。（2013 年补注：段注《说文》"能"字引亦作"反论"。孙志祖《脞录》"反论语"条亦以作"反"为正。）

② 登、蒸，《广韵》同用。

十二年“有酒如淮，有肉如坻”，刘炫以为“淮坻非韵，淮当作潍”，《正义》驳刘曰：“古之为韵，不甚要切，故《诗》云‘泛彼柏舟，在彼中河；髧彼两髦，实维我仪’，又云‘为絺为绤，服之无斁’，仪河、绤斁尚得为韵，淮坻相韵，何故不可。”（2062上）坻、潍，脂韵；淮，皆韵。脂、皆二韵同属顾炎武古音第二部，段玉裁古音弟十五部，“淮”字实不烦改。但陆德明、孔颖达等以为古人韵缓，则亦未为得，非知古音而云尔。然则王劭、二刘之古音说，据不同时代韵文实事，归纳而立体例，方法科学，历史观点十分突出，与当时通行之“韵缓”“协韵”等说，非同日而可言者。今之言古音学史者，又谓吴棫、陈第为清代古音学之先驱。实则王劭、二刘之音学，未成体系，未见著书，有让于吴、陈，至见识之精审，则可许在其上也。陈言“时有古今，地有南北”，备受学者重视，脍炙人口，岂不见王劭不仅辨别古今，且已知后汉为古音、晋为今音，与今日学者上古音、中古音之大概界限，若合符节，何精辟之至也。顾炎武《唐韵正》备录襄十年疏、昭七年疏，而《音论》未及王劭、刘炫一字，后之学者皆以《音论》为古音学史之纲要，而多不习《唐韵正》，遂不知隋代即有王、刘之音学。王劭论古音，虽复未成体系，自非一时即兴之说，故《史记·周本纪》“赧王延立”，索隐曰：“《尚书中候》以赧为然，郑玄云：‘然读曰赧。’王劭案：‘古音人扇反，今音奴板反。’”此王劭语，亦分古音今音为说。盖王劭与刘炫自当有切磋讨论之宜，而其学术态度亦颇相通。传统义疏学家，不通诗文[①]，必不得博考汉以后诗文用韵，又囿于讨论经传文字之范围，不得超出韵缓、协韵两说之外，自然也。王劭以博通文献著，史传所称，亦不拘旧学传统，敢于创说。《曲礼》正义云："隋秘书监王劭，勘晋宋古本，皆无'稷曰明粢'一句，立八疑十二证，以为无此一句为是。……王劭既背《尔雅》之说，又不见郑玄之言，苟信错书，妄生同异，改乱经籍，深可哀哉。"（1269 中）多勘书本，条列诸多疑事实证，敢为改经，以致孔颖达等攻驳，颇与二刘类似。当知二刘学术亦与时代应运而兴，颜之推、王劭等人之与二刘之间，不可否认有共同趣向也。（2013 年补注：隋代风气请参拙著《北京读经说记》所收《〈毛诗正义〉的历程》。又，刘知几以刘炫为己宗，赞赏王劭，思想立场相近。2017 年补注：请参三联书店即刊拙著《学术史读书记》。）

上面所述可见，二刘论说常以罗列各类实事为证，而其范围又甚广泛，故亦常见引汉以来史事为说者。此亦皇侃、贾公彦等旧义疏家所不为。如《舜典》疏论浑天仪而云："江南宋元嘉年，……太史丞钱乐铸铜作浑天仪，传于齐梁。周平江陵，迁其器于长安，今在太史台矣。"（127 上）又昭二十一年疏云："此无射之钟在王城铸之，敬王居洛阳，盖移就之也。秦灭周，其钟徙于长安，历汉、魏、晋，常在

① 如《颜氏家训》曰："俗间儒士，不涉群书，经纬之外，义疏而已。吾初入邺，与博陵崔文彦游，尝说《王粲集》中难郑玄《尚书》事。崔转为诸儒道之，始将发口，悬见排蹙，云：'文集只有诗赋铭诔，岂当论经书事乎。且先儒之中，未闻有王粲也。'"

长安。刘裕灭姚泓，又移于江东，历宋、齐、梁、陈，其钟犹在。东魏使魏收聘梁，收作《聘游赋》云‘珍是淫器，无射高县’是也。及开皇九年平陈，又迁于西京，置太常寺，世人悉共见之。至十五年敕毁之。”（2097上）又如襄二十九年“子其不得死乎，好善而不能择人”，疏：“昔有当涂贵邳国公苏威尝问曰：‘知人是善，然后好之。何以言其不能择人？’有曰：‘好善，仁；择人，鉴。虽有仁心，鉴不周物，故好而不能择也。’刘炫以此言亦有所切于彼。”（2006上）后见刘炫评语，则苏威问答是刘炫所记可知。此等俨然为史家杂记之笔，皇侃、贾公彦等疏绝不可见。又如《诗·韩奕》序笺“梁山，今左冯翊夏阳西北”，疏云：“汉于长安畿内立二郡，谓之三辅：京兆在中，冯翊在东，扶风在西。外郡之长谓之太守，此三辅者谓之京兆尹、左冯翊、右扶风。‘左’‘右’犹外郡之名‘太守’也。计此止须言冯翊耳，不须言左，但《汉书》称冯翊、扶风之人，皆并言左右，故郑亦连言左。范晔《后汉书》始于冯翊、扶风之人不言左右耳，以前皆并言左右，服虔《左传解赞》云‘右扶风贾君’是也。”（570中）有无“左”“右”字，与经注文义全不相干，而《正义》详考史书言不言左右之例，论谓范晔《后汉书》始不言左右，其前皆并言左右。是考历代史书语言习惯，皇侃、贾公彦等义疏家无意为之，恐亦无力为之者。又若上节（引文4），二刘欲论繇辞当韵而云：“郭璞撰自所卜事，谓之《辞林》，其辞皆韵，习于古也。”是据后世俗事以证经典文字。又如襄十九年：“齐侯围高唐。见卫在城上，号之，乃下。问守备焉，以无备告。揖之，乃登。”贾逵、杜预以为齐侯以夙沙卫告诚，揖而礼之，欲生之；卫志于战死，故不顺齐侯之揖而还登城。服虔引彭汪疑贾说，云：“齐欲诛卫，呼而下与之言，固可取之。无为揖之，复令登城。”孔疏为之解释曰：“卫已下城，齐侯不即执取者，或有所隔碍，不得取之。汉末曹操与马超对语，徐晃与关羽对语，皆雠敌交言而不能相取，亦何怪古之人乎。”（1969上中）是引三国故事，以证春秋之事，亦可谓据后世俗事证经典之法。[①] 又如襄二十四年“其次有立言”，疏：“老、庄、荀、孟、管、晏、杨、墨、孙、吴之徒，制作子书，屈原、宋玉、贾逵、扬雄、马迁、班固以后，撰集史传及制作文章，使后世学习，皆是立言者也。”（1979中）累举古今作者，不厌其烦，以共实证，亦非皇侃、贾公彦等义疏之体。

网罗各类事例，分析条理，而谓其无义例者，[②] 亦可以为二刘学术之重要特点。

（引文28）

《诗·螽斯》疏：“传言‘兴也’，笺言‘兴者

① 案：徐晃与关羽对语，见裴注《蜀书》引《蜀记》。

② 综合诸例考之，义疏所谓“无义例”殆皆可以理解为“无义意”。（“义意”亦常见之语，非“意义”之误倒。）如此经言如何与彼经言如何，语言不同，但其间并无深意，即可谓“无义例”。彼此不同，并无规律，即意义无别也。盖杜预等言“无义例”，本就《春秋》经文体例为说，至后世则用之渐泛，未必皆可谓体例。本书凡言“义例”“无义例”，皆沿袭诸疏用词，彼此不同之间无义意可言即为“无义例”。

喻……'，言传所兴者欲以喻此事也。兴、喻名异而实同。或与传兴同而义异，亦云'兴者喻……'，《摽有梅》之类也。亦有兴也不言兴者，或郑不为兴，若'厌浥行露'之类。或便文径喻，若《绿衣》之类。或同兴，笺略不言喻者，若《邶风》'习习谷风'之类也。或叠传之文，若《葛覃》笺云'兴焉'之类是也。然有'兴也'不必要有兴者，而有兴者必有'兴也'。亦有毛不言兴，自言兴者，若《四月》笺云'兴人为恶有渐'是也。或兴喻并不言，直云犹、亦、若者。虽大局有准，而应机无定。郑云喻者，喻犹晓也。取事比方以晓人，故谓之为喻也。"（279上中）

此疏综合诸例，分析归纳传笺说兴之例：计有传言兴笺言喻而实同者，传言兴笺言喻而义异者，传言兴笺不言即不以为兴者，传言兴笺不言而径喻者，传言兴笺略而不言者，传不言兴而笺自言兴者，皆不言兴、喻而言犹、亦、若者，共七例。而其结论，则谓"大局有准，而应机无定"，意谓不可以例论。欲言其无义例，而先分类罗列各类事例，以此实事为据，反谓实无义例。诸事毕见，则余人无可再论其有义例也。

（引文29）

《诗·灵台》"蒙瞍奏公"，传"有眸子而无见曰蒙，无眸子曰瞍"，疏："蒙瞍皆无目之名，就无目之中以为等级。蒙者言其蒙蒙然无所见，故知有眸子而无见曰蒙，即今之青盲者也。蒙有眸子，则瞍当无，故云无眸子曰瞍。

“其瞽亦有眸子，蒙之小别也。故《春官》‘瞽蒙’注郑司农云‘无目联谓之瞽，有目联而无见谓之蒙，有目而无眸子谓之瞍’，亦与此传同也。此则对而为名。其总则皆谓之瞽：《尚书》谓舜为瞽子，《外传》云‘吾非瞽史’，《周颂》有《有瞽》之篇，《周礼》有《瞽蒙》之职，是瞽为总也。《周礼》‘瞽蒙’二字已是为官名，故文不及瞍；此言瞍，不言瞽，各从**文之所便**。《外传》称‘蒙诵瞽赋’，亦此类也。《周礼》上瞽、中瞽、下瞽，以智之高下为等级，不以目为次第矣。”（525中）

瞽有泛言无见者，非释此经注所须也。此疏不厌繁重，罗列《尧典》《周语》《周颂》《周礼》诸文例。对照《周礼》疏，其间差异显然。案《春官·序官》疏：“案《诗》有‘蒙瞍’，案《尚书》有‘瞽瞍’，于此文有‘瞽蒙’。据此三文皆文不具，司农参取三处而为三等解之。诸文皆瞽在上而蒙瞍在下，先郑即以瞽为无目联，当第一。‘无目联’谓无目之联脉，谓之瞽。‘有目联而无见谓之蒙’，谓蒙蒙然有联脉而无见也。云‘有目无眸子谓之瞍’者，谓目精黑白分明而无眸子人者，谓之瞍。”（754上中）贾疏仅举《诗》“蒙瞍”、《尚书》“瞽瞍”及此《周礼》“瞽蒙”共六字之文，以为《周礼》《尚书》皆上言“瞽”，下言“瞍”“蒙”，《诗》

则“蒙瞍”并列，“瞽”终不在下，是故先郑注以瞽为第一。执只文片语，强为其说，虽则巧为立说，言之有条理，奈其理不通达，不免稍嫌牵强，终不如《诗》疏说之具体现实且详备。唯此则学风之不同，不可遽议其间优劣者也。

（引文 30）

《诗・天保》“于公先王”，笺“公，先公，谓后稷至诸盩”，疏：“‘先公谓后稷至诸盩’，俗本皆然，定本云‘诸盩至不窋’，疑定本误。《中庸》注云‘先公，组绀以上至后稷也’，《司服》注云‘先公，不窋至诸盩’，《天作》笺云‘诸盩至不窋’，所以同是先公而注异者，以周之所追王，大王以下；其太王之前皆为先公。而后稷，周之始祖，其为先公，书传分明，故或通数之，或不数之。

“此笺‘后稷至诸盩’，《中庸》注‘组绀以上至后稷也’，组绀即诸盩，大王父也。一上一下，同数后稷也；《司服》注‘不窋至诸盩’，《天作》笺‘诸盩至不窋’，亦一上一下，不数后稷。皆取便通，无义例也。何者？以此及《天作》俱为祭诗，同有先王先公，**义同而注异，无例明矣。**”（412 下）

郑注四经“先公”，或数后稷，或不数后稷，或先古后新，或先新后古，不同。案皇侃《论语疏》、贾公彦《二礼疏》等为疏之体，以经注语言为议论前提，见经注有互不相同者，必欲解释所以不同之理。故《司服》注“先公，谓后稷之后，大王之前，不窋至诸盩”，疏云：“后稷虽是公，不谥为王，……特尊之，与先王同……是以郑云‘后稷之后，大王之前’，不数后稷。……经皆云先公，注或言后稷，或不言后稷者，《中庸》云‘周公成文武之德，追王大王、王季，上祀先公以天子之礼’，后稷既不追王，故注先公中有后稷也。《天保》诗云‘禴祠烝尝’，是四时常祭，故注先公中有后稷。《天作》诗是祫之祭，礼在后稷庙中，不嫌不及后稷，故注不言后稷。各有所据，故注不同也。”（781下）是贾公彦《周礼疏》一一就四处经注解说其或言后稷或不言后稷之理。又案《中庸》注“先公，组绀以上至后稷也”，孔疏：“此经云‘追王大王、王季，上祀先公’，则先公之中包后稷也，故云‘组绀以上至后稷也’。案《司服》云‘享先王则衮冕，先公则鷩冕’，以后稷为周之始祖，祫祭于庙，当同先王用衮，则先公无后稷也，故郑注《司服》云‘先公，不窋至诸盩’。若四时常祀，唯后稷及大王、王季之等，不得广及先公，故《天保》云‘禴祠烝尝，于公先王’，是四时常祀，但有后稷、诸盩以下，故郑注《天保》云‘先公，谓后稷至诸盩’。此皆尽望经上下释义，故不同。”（1628下—1629上）《礼记正义》虽不言及《天作》，但就《中庸》《司服》《天保》三处经注，一一释其或言后稷或不言后稷之义，其说与《司服》疏略同，可以知矣。《礼记正义》与《诗》疏同出孔颖达等编订，而其说不与《诗》疏同，反与《周礼》疏同，当作何解？且观《天作》之疏。彼序“祀先王、先公也”，笺："先公，诸盩至不窋。"疏："诸盩至不窋，于时并为毁庙，唯祫乃及之。此言祀者，乃是时祭，其祭不及此等先公，而笺言之者，因以'先公'之言，广解先公之义，不谓时祭皆及也。时祭先公，唯后稷耳。若直言'先公谓后稷'，嫌此等不为先公。欲明此皆为先公，非独后稷，故除去后稷而指此先公也。或缘郑此言，谓此篇本为祫祭。案《玄鸟》笺云'祀当为祫'，若郑以为祫，亦当破此祀字。今不破祀字，明非祫也。《天保》云'禴祠烝尝，于公先王'，彼举时祭之名，亦兼言公、王；此亦时祭，何故不可兼言公、王也？彼祭亦不尽及先公，而笺广解先公；此何故不可广解先公也？且此诗若是祫祭，作序者言'祫于太祖'，则辞要理当，何须烦文言'先王、先公'也？以此知所言祀者，正是时祭。"（585下）此疏"或缘郑此言，谓此篇本为祫祭"，正谓《司服》疏所述之说。"案《玄鸟》"以下，乃驳难之说。"或"说仅止二句，简之又简，至其驳说则有声有色，接连为反诘之语，大段议论，亦不惜篇幅，何也？是则可疑《周礼》疏所述，实义疏家旧说，旧说《毛诗》者皆为其说，而二刘始破之。《周礼》疏、《礼记正义》皆因袭旧说，未改据二刘说，故《正义》同出孔颖达等删订，而《诗》疏与《礼记》疏不同也。今更评析新旧二说，可谓：旧说以经注文字为前提，专力探讨此等不同文字之间有何条理可言；至二刘则先知其事当无不同，反观其文字差异，遂谓实无义例可言。换言之，旧说探讨文字，二刘探讨事情。又换言之，旧说之理在文字之间，二刘之理在文字之外。以此为旧义疏学与二刘学术之根本差异，盖不甚远。此亦所以谓二刘学术为现实合理主义也。

就经注文之间差异，审核诸例，摒除附会穿凿而判为“无义例”之说，《诗》《书》二疏最为常见，而亦不可谓二疏所特有。上第一章（引文33）皇侃《论语疏》言“随语便，无别义也”，语意颇相似，但《论语疏》一书不排斥附会，不可以此一例概其全书耳。《周礼》《仪礼》疏“无义例”之说绝少见，其仅见者如《周礼·大宰》“大丧，赞赠玉、含玉”，疏：“含玉，始死用之；赠玉，于葬乃用。此文后云含玉者，用之则有先后，此作文先后，无义例。”（650下）案《典瑞》云“大丧，共饭玉、含玉、赠玉”（778下），是先言含玉，后言赠玉。然则先后之间无义例，自可知也。其《周礼》“郑氏注”疏云：“或云注，或云传，不同者，立意有异，无义例也。”（639上）此正所以破旧说穿凿，而有所本。皇侃以为“自汉以前为传，自汉以后为注”，见《礼记正义》（1229下），而《礼记正义》及《仪礼·丧服》疏（1096下）皆非之，《尚书序》疏（116中）说之尤为详尽。然则此说虽见《周礼疏》，不得谓出贾公彦创义。依其皇侃仍为旧说，且《尚书疏》论之最详备，《周礼》《丧服》《礼记》疏皆甚简略，则此新说或出二刘，又未可知也。至若《礼记·祭法》疏云：“虞氏云‘有’者，以‘虞’字文单，故以‘有’字配之，无义例也。……此并熊氏之说也。”（1587中）是则熊安生说“有虞氏”所以有“有”字者，言“虞”单字不便，故配“有”字，实无义例。此说不仅见“无义例”语，且逻辑方法，正与上（引文29、30）《诗》《书》正义无异，而其说确出熊氏无疑，不可谓至二刘始有“无义例”之说。其实“无义例”之说，用之最多，言之最有力者，则杜预《春秋释例》及《经传集解》是也。杜预之意，见《经传集解序》云：“或曰：《春秋》以错文见义。若如所论，则经当有事同文异而无其义也。先儒所传皆不其然。答曰：《春秋》虽以一字为褒贬，然皆须数句以成言，非如八卦之爻，可错综为六十四也。固当依传以为断。”《释例·公即位例》云：“刘、贾、颍又欲为传文生例，云……博据传词，殊多不通。案……此皆同意而别文之验也。传本意在解经，非由文以生例也。若当尽错综传辞以生义类，则不可通。”又《大夫卒例》云：“丘明之传，月无征文，日之为例者二事而已，其余详略皆无义例，而诸儒溺于《公羊》《谷梁》之说，横为《左氏》造日月褒贬之例。”又《氏族例》云：“寻案《春秋》诸氏族之称，甚多参差，而先儒皆以为例。”又《侵伐袭例》云：“言左氏不明义例，不以为义例，则异同详略皆本史也。而诸君区区溺意于乱文，欲于无意之中求义。”类似之言，多不胜举，当知《释例》每讥先儒附会穿凿，无义例处求义例。今不敢论杜氏学术，但“释例”之学，不论作者意之所在，若言其实际意义，则在杜绝附会穿凿。譬若凌廷堪《礼经释例》不为其师翁方纲所重，因其罗列诸例，不足为著作也；而其意义重大，影响深远，则因诸例毕见，后之为说者不可违此诸例而自立体例也。杜预于刘、贾、许、颍诸儒之后，而遍列诸例，则先儒之附会穿凿，不辨自显矣。刘炫治杜注《左传》而专为规杜之说，为唐人所诟病。但唯研究之深刻，始可为攻驳之论，所谓“操吾戈以伐我”者也。《左传》疏少见其自为“无义例”之说者，正因杜预注及《释例》已多言之故。是以或有述杜预说而称“无义例”者，如：

（引文31）

襄公十四年疏：“《释例》云：‘诸侯奔亡，皆迫逐而苟免，非自出也。传称孙林父、宁殖出其君，名在诸侯之策，此以臣名赴告之文也。仲尼之经，更没逐者之名，主以自奔为文，责其君不能自安自固，所犯非徒所逐之臣也。卫赴不以名，而燕赴以名，各随赴而书之。义在于彼，不在此也。’杜言在彼不在此者，义在自出为罪，不在名与不名。以其失国已足罪，贱不假复以名责，故史记随赴而书，仲尼依旧为定也。《曲礼》云：‘诸侯失地，名；灭同姓，名。’记之所言，当据《春秋》为义。灭同姓名，《春秋》既依用之，则失地书名亦是大例，而杜云名与不名无义例者，案……”（1955下）

此杜说以为或名或不名实无义例，而未用“无义例”语，正义述其说乃言“无义例”。又或有《释例》言无义例，而注言似以为有例，刘炫遂驳其注者：

（引文 32）

桓二年“冬，公至自唐”，疏：“僖二十八年公会诸侯于温，遂围许，经书‘公至自围许’；襄十年公会诸侯于柤，遂灭偪阳，经书‘公至自会’：二文不同。《释例》曰‘诸若此类，事势相接，或以始至，或以终致，盖时史之异耳’，无他义也。”（1743 下）[①]

襄公十一年经“公至自会”，注“以会至者观兵，而不果侵伐”，疏：“刘炫云：‘杜《释例》自言“事势相接，或以始至，或以终致，是时史异辞”，何为此注而云不果侵伐？’今知刘说非者……”（1949 中）

刘炫见襄十一年注谓“不果侵伐”，似据经只言“自会”不言侵伐而知。是则与《释例》以为经书“公至自会”等实无义例者自相矛盾，故立说攻杜注。是用杜预《释例》无义例之说而攻驳杜预注之自作体例。[②]［2013 年补注：有补注说者，襄二十九年“公至自伐齐”疏：“往年围齐，今以伐致，传既不说，杜亦不解。……史异辞，无义例。”（1967 下）］“无义例”之说，实为杜预论述之关键，为杜注《左传》作疏，无论赞述与驳难，都不得须臾离此。至于他经，则未必皆有此说，而《诗》《书》正义最常见“无义例”之说。若《禹贡》正义云：“青州‘潍、淄其道’与此‘恒、卫既从’，同是从故

① 《四库》馆臣编录《释例》，据此疏补加“无他义也”一句，疑非。

② 孔颖达反驳刘炫，以为注云“不果侵伐”，非据经文“自会”而知。今不论其是非。

道也；荆州‘云土梦作乂’与此‘大陆既作’，同是水治可耕作也。**其文不同，史异辞耳，无义例**也。”（147上）较之（引文32）桓二、襄十一《正义》述《释例》，其意其言岂或稍异。意者二刘研习杜预之学，学术方法多所取资焉。但此乃出臆测，非有明证，不便妄说。今可言者，二刘常法，列举实事以破弃先儒附会穿凿之说，斯乃与杜预同，而与皇侃《论语疏》、贾公彦《二礼疏》不同，是可无疑义也。

二刘引书，范围广博。《诗》《书》《左传》疏引诗赋颇多，皇侃《论语疏》、贾公彦《二礼疏》及《礼记正义》绝少引用。上（引文27）亦见引张衡《西京赋》等例，他如《禹贡》扬州“岛夷卉服”孔传“南海岛夷草服，葛越”，疏：“葛越，南方布名，用葛为之。左思《吴都赋》云‘蕉葛升越，弱于罗纨’，是也。”（148下）《王风》郑谱“杀幽王于戏”，疏：“《史记》云‘丽山’，《国语》言‘于戏’，则是丽山之下有地名戏。……潘岳《西征赋》述幽王之乱灭，云‘军败戏水之上，身死丽山之北’，则戏亦水名。韦昭云‘戏，山名’，非也。”（330上）以左思赋证孔传，引潘岳以驳韦昭，是专门义疏学者无力为之，亦无意为之者。又如襄公十年“亲受矢石”，孔疏：“《周礼·职金》‘凡国有大故而用金石，则掌其令’，郑玄云：‘用金石者，作枪雷之属。’雷即礧也。兵法，守城用礧石以击攻者，陈思王《征蜀论》云‘下礧成雷，榛残木碎’是也。”（1947中）历引《周礼》、“兵法”、曹植文以考“矢石”当为何物。较之《职金》

贾疏则曰："云'金石者，作枪雷椎椁之属'者，皆谓守城御捍之具。"（882上）仅此一句为疏解。是知贾公彦等旧义疏学，旨在通理，知其为守城御捍之用足矣，既不求其实为何物，又不为广征文献，为之考证；又知二刘之学，与旧时义疏学，为截然不同之学术也。但二刘亦限于引据著名诗文，印证其事——晋人潘岳所作文学作品，何得以为周王史实？二刘广征著名诗赋，欲与经传互相印证而已——未能遍考文籍，考证其实。是以孙诒让等之精博又在二刘之上。贾《职金》疏、襄十年疏、孙《职金》正义，三者相较，其间学术之差异显然矣。至于昭二十六年"咸黜不端"疏："诸本'咸'或作'减'。傅咸为《七经诗》，其《左传诗》有此句，王羲之写亦作'咸'。杜本当然。"（2114下）不仅能引傅咸诗，且以其王羲之书本为据，引书证文之功，可谓至矣。《论语义疏》《仪礼疏》《礼记正义》不引汉以来诗赋，《周礼疏》偶引之，而疑或据类书等转引，是以《考工记》序先郑注"迤读为'倚移从风'之移"，疏引司马相如《上林赋》为释（907上），而《轮人》先郑注"掣读为'纷容掣参'之掣"，疏乃称："此盖有文，今检未得。"（907下）其实《上林赋》"纷容掣参，倚移从风"，两句相连。[①] 是知旧时义疏家以至贾公彦之等，实不谙诵汉赋，偶见引文，亦未尝一检原文，固不可谓彼辈娴习其文也。哈佛燕京《引得》系列中

---

① 贾疏此失，既见《困学纪闻》，清人姜宸英、戴震等又各言之，非有意掠美，即为失检。

有《诗》《三礼》《左传》注疏引书引得，虽复错误极多，[①]尚约略可见各书引书范围之大概，《诗》《左传》二疏引汉以来诗文较多，《仪礼》《礼记》疏所绝无，《周礼》疏偶见一二耳。[②]

引录史书，情形亦同诗文。上言二刘常引汉以来史事为说，并引《书》《左传》疏叙述南北朝至隋时重器移地之说。其余《诗》《书》《左传》三疏引汉以来史书史事者亦常见。（2013年补注：《大雅·召旻》疏有一大段论奄者之害，其文实出范晔《后汉书·宦者传论》。）《舜典》疏云“大隋造《律》”云云（129上），又云“汉及后魏赎罪皆用黄金，后魏以金难得，合金一两收绢十四，……今《律》……”（129中）[③]等。又如《诗》《书》《左传》疏皆引《晋书》[④]等，其例多矣。《论语义疏》不引史书，《三礼疏》偶引《汉书》及其注等，余不多见。如《秋官·职金》“掌受士之金罚、货罚”，注引《书》曰“金作赎刑”，贾疏云：“古者言金，金有两义。若相对而言，则有金、银、铜、铁为异；若散而言之，总谓之金。……但古出金赎罪，皆据铜为金。”（882上）郑注引《书》即伪孔本

---

① 如《仪礼贾疏引书引得》出服虔注《公羊传》、许慎注《仪礼》，《周礼注疏引书引得》出《散文通义》等，皆由不得句读，创造古书，可谓最绝。又上引傅咸《七经诗》等失收亦多。

② 《周礼注疏引书引得》录“左思《吴都赋》”、《礼记注疏引书引得》录“陈思王诗”一条，均出误录《释文》文，非注疏。

③ 未暇详考，不知两“后魏”当如何解。孙氏《秋官》正义引亦如此，则似不以为文有讹误。

④ 或为王隐《晋书》，或非。

《舜典》，其疏自可引汉以来史事为证，如上引孔疏，而贾疏不引，可见孔贾之异。至《礼记正义》于《郊特牲》言“今礼及隋礼”云云（1455中），《昏义》言“今唐礼母见子，但起立，不拜也”（1680上），二言唐礼者，自非皇侃、熊安生之言，若非后人补笔，则当为孔颖达等所述也。

二刘引书范围广博，但引文亦必当有转引者，固不得谓皆出二刘自引。例如《尚书序》疏：“顾氏引《帝王世纪》云：‘神农母曰女登，……（此间今省一百一十九字）……十四月而生尧。’又云：‘舜母曰握登，见大虹，感而生舜。’此言‘谓之三坟’‘谓之五典’者……”（113下）案：“此言”以下论事既异，当非顾氏语。然则此引顾氏，专为引《帝王世纪》，是此疏引《帝王世纪》而转据顾氏也。又如《武成》“散鹿台之财，发巨桥之粟”，疏：“《周本纪》云：‘命召公释箕子之囚；命毕公释百姓之囚，表商容之间；命闳夭封比干之墓；命南宫括散鹿台之钱，发巨桥之粟，以赈贫弱也。’《新序》云‘鹿台其大三里，其高千里’，则容物多矣。此言鹿台之财，则非一物也。《史记》作‘钱’，后世追论以钱为主耳。”（185中）案今本《史记》，《周本纪》作“鹿台之财”，《殷本纪》《齐世家》作“鹿台之钱”。不知二刘所见本如何？但《殷本纪》集解曰：“如淳曰：‘《新序》云鹿台，其大三里，高千尺。’”检《诗、左传引书引得》，亦不见有引《新序》，颇疑二刘据《殷本纪》注转引《新序》者。又《小雅·小弁》“弁彼鸒斯”，疏：“此鸟名鸒而云斯者，语辞，犹蓼彼、萧斯、菀彼、柳斯。以刘孝标之博学而《类苑·鸟部》立‘鸒斯’之目，是不精也。”（452中）罗列单字配语辞之事证，固是二刘常法。此言虽轻鄙刘孝标，亦二刘参用类书之确证也。若襄四年疏：“《说文》云：‘羿，帝喾射官也。’贾逵云：‘羿之先祖，世为先王射官，故帝喾赐羿弓矢，使司射。’《淮南子》云：‘尧时十日并出，尧使羿射九日而落之。’《楚辞·天问》云：‘羿焉弹日，乌焉解羽。’《归藏易》亦云‘羿弹十日’也。言虽不经，难以取信，要言喾时有羿，尧时亦有羿，则羿是善射之号，非复人之名字。”（1933上）《五子之歌》疏（156下）略同。其称“言虽不经，难以取信”，固据尧使羿射日，事属怪诞，二刘不信神异，故谓不经。但襄九年疏自称“世有《归藏易》者，伪妄之书，非殷易也”（1942上），而此引《归藏易》者，岂谓事既不经，不嫌据伪妄之书也？今案《海外东经》郭璞传正引《淮南子》《楚辞》《归藏易》，疑疏文或本此。但今本郭璞传“天问”称“离骚”，“乌焉解羽”作“乌焉落羽”，又不合此二疏，则或据其他类书等，亦不可知也。又如《司马法》传本残缺，而《左传》《诗》疏得引逸文者，实据服虔注等转引，互勘诸疏可以见也。诸如此类，皆不得径视为疏家自引之文。

二刘引书不仅广博，且为精审。伪孔《书序》疏云：“案今《世本》《帝系》及《大戴礼·五帝德》并《家语·宰我问》《太史公·武帝本纪》，皆以黄帝为五帝。此乃史籍明文，而孔君不从之者，孟轲曰：‘信书不如其无书。吾于《武成》，取二三策而已。’言书以渐染之滥也。孟轲已然，况后之说者乎。”（114上）——遍列文籍之与孔序不合者，而引《孟子》为说，既见其博极文献，又见不拘文献之态度。二刘常考各类文献之不同性质，心有成见，绝不一视同仁。如《舜典》疏：“王者所为巡守者，《孟子》称晏子对齐景公云：‘天子适诸侯曰巡守。巡守者，巡所守也。’……《白虎通》云：‘王者所以巡狩者何？巡者循也，狩者牧也。为天子循牧养人。’彼因名以附说，不如晏子之言得其本也。”（127下）《白虎通》说解固以声训为本，此疏言“因名以附说”，正得其要。而谓其不如晏子言之得本，则汉儒所尚重声训，二刘乃嫌其附会牵强，未得其实也。《王制》“天子五年一巡守”，孔疏专引《白虎通》，以为“巡守”义解（1328中），与《舜典》疏全然乖异。是知不取《白虎通》即出二刘之见。是以《白虎通》云“公者通也，公正无私之意也”，昭七疏乃引环济《要略》云“自营为厶，八厶为公，言公正无私也”（2048上），不引《白虎通》为说；《王制》疏引《白虎通》“三皇禅于绎绎之山，……绎绎者无穷之意，……三王禅于梁甫之山，梁者信也，甫者辅也……”，而称“所禅之山，与《管子》不同者，异人之说，未知孰是”（1329中），不以《白虎通》因名附说为不信。《尚书》《左传》疏与《礼记》疏之间，差异显然。又如襄十四年，尹公佗射公孙丁，与《离娄》尹公之佗称“不忍以夫子之道反害夫子”者，其事正相反。孔疏谓：“孟子辨士之说，或当假为之辞。此传应是实也。”（1957中）是以《孟子》所载，多权宜之言，非皆实事。二刘于《大戴礼》亦持审慎之见，谓：“《大戴礼》遗逸之书，文多假托，不立学官，世无传者。”（524下）唯因如此，《曲礼》“大夫士去国”疏引《大戴礼·王度记》“大夫俟放于郊三年，得环乃还，得玦乃去”为说（1258下），《桧风·羔裘》笺“得玦乃去”，疏乃专引《荀卿书》《谷梁》注而不引《大戴礼》（381中）。《公羊传》亦以为汉儒所为，不可轻信：《泰誓》疏“《公羊传》，汉初俗儒之言，不足以取正”（180上），《顾命》疏“《公羊传》，汉世之书”（237下）等言皆是也。《郑志》今不知是否出后人假托，但义疏家皆以为是郑玄真说。但《崧高》疏乃曰：“或以为《杂问志》有云‘……’……《杂问》之志，首尾无次。此言或有或无，不可信也。”（566上）是信《郑志》而不信其中《杂问志》一篇，谨慎且审辨。《陈风·东门之杨》孔疏云：“毛以秋冬为昏之正时。秋冬为昏，无正文也。《荀卿书》云：‘霜降逆女，冰泮杀止。’……荀在焚书之前，必当有所凭据。毛公亲事荀卿，故亦以为秋冬。《家语》云：‘……霜降而妇功成，嫁娶者行焉……’《家语》出自孔家，毛氏或见其事，故依用焉。”又云：“郑以昏姻之月，唯在仲春。……郑不见《家语》，不信《荀卿》，以《周礼》指言‘仲春之月，令会男女’，故以仲春为昏月。”（377下）又，伪孔《书序》疏：“《尚书纬》及《孝经纬》皆云三皇无文字，……与此说不同，何也？……纬文鄙近，不出圣人。前贤共疑，有所不取；通人考正，伪起哀平。则孔君之时，未有此纬，何可引以为难乎。”（113中）又，《伊训》序疏：“刘歆、班固不见古文，谬从《史记》。皇甫谧既得此经，作

《帝王世纪》乃述马迁之语，是其疏也。”（162 下）且不论说之得否，而其必欲讨论不同时期作者与当时文献条件之关系，当称精审。他如“《六韬》之书，后人所作”，见《泰誓》疏（181 下），“《世本》传写多误”，见宣二年疏（1867 中）等，辨别真伪之说，所在多见。《史记》与《诗》《书》《左传》往往不符，所以三疏言马迁之妄者最为常见，不更举例。

鉴别文献性质，本为读书考古之先务，古人自多论说，固非至二刘始为之。仍就注疏所引为例，则如哀十三年疏引郑玄云“不可以《国语》乱周公所定法”，又引傅玄云“《国语》非丘明所作，凡有共说一事而二文不同，必《国语》虚而《左传》实，其言相反，不可强合也”（2171 下）。又如《渐渐之石》疏引《驳异义》云“《尔雅》者，孔子门人作以释六艺之文言，盖不误矣”（500 中），《凫鹥》疏引《郑志》云“《尔雅》之文杂，非一家之注，不可尽据以难《周礼》”（538 中），《乐记》疏引马昭云“《家语》王肃所增加，非郑所见，又《尸子》杂说不可取证正经，故郑言未用”（1534 上）等，汉魏以来儒者多所探讨。而大体情势，南北朝末期，义疏学一则偏重义理，如皇侃《论语义疏》，二则自成专门，如《颜氏家训》所讥，是以不能广泛讨论文籍，精辨文献性质，如贾氏《二礼疏》是也。[①]《伪古文尚书》问题显著，《周礼》《仪礼》疏自亦有论述。《大

---

① 若《伊训》疏引顾氏说：“止可依经诰大典，不可用传记小说。”（162 下）亦似审辨文献之意，但其分文献为经典与传记小说，则仍为经学专门之态度，全不类二刘之博达。

司乐》先郑注“九德之歌,《春秋传》所谓‘水、火、金、木、土、谷谓之六府……’”，贾疏：“此文七年赵宣子曰：‘劝之以九歌，……正德、利用、厚生谓之三事。’注云：‘正德，人德；利用，地德；厚生，天德。’此本《尚书·大禹谟》之言。贾服与先郑并不见《古文尚书》，故引《春秋》也。”（790下）《大射》注：“诸公，大国有孤卿一人，与君论道，亦不典职，如公矣。”贾疏：“《成王周官》云‘立大师、大傅、大保，兹惟三公，论道经邦，燮理阴阳’，是三公论道，无职。此大国立孤一人论道，与公同，亦无职，故云‘不典职如公’也。纵郑不见《周官》，于《周礼》三公亦无职,《考工记》云‘或坐而论道’，亦通及三公矣。”（1029下）此等说汉人未见《古文尚书》，言之犹如口头禅，未经亲身探讨。何以知之？则《地官·序官》“保氏”，贾疏引《郑志》：“赵商问：案《成王周官》‘立大师、大傅、大保，兹惟三公’，……《成王周官》是周公摄政三年事，……郑答曰：……”（698中）贾公彦自引《郑志》，又不曾谓《郑志》为伪作，则郑玄见《周官》，最有明证。而言“纵郑不见《周官》”，何也。是知贾公彦言汉人未见《古文尚书》，不过贩卖之说，不得视为贾氏研究之心得。又如夷狄名目,《职方氏》云“四夷、八蛮、七闽、九貉、五戎、六狄”,《明堂位》有“九夷、八蛮、六戎、五狄”,《尔雅》曰“九夷、八狄、七戎、六蛮，谓之四海”，三者不同。而郑玄笺《小雅·蓼萧》序与《尔雅》同文,《夏官·职方氏》及《秋官·布宪》注引《尔雅》乃作“九夷、八蛮、六戎、五狄”，既与今本《尔雅》不同，又与《诗》笺不同。《职方氏》贾疏引《郑志》调和《职方氏》与《明堂位》之说，而不检《尔雅》，径以《职方氏》注所引《尔雅》为《尔雅》原文，遂谓《蓼萧》序笺不合《尔雅》者，或后人传写者误（862中）。《蓼萧》孔疏则广考郑注诸书，言《雒师谋》《我应》注与《蓼萧》笺同，《职方氏》《布宪》注引《尔雅》相同而与《蓼萧》笺等不同，遂谓《尔雅》本有两本。并云："今李巡所注，'谓之四海'之下更三句云：'八蛮在南方，六戎在西方，五狄在北方。'此三句唯李巡有之，孙炎、郭璞诸本皆无也。李巡与郑同时，郑读《尔雅》盖与巡同，故或取上文，或取下文也。"（420上）意谓郑玄与李巡同时，郑玄所据《尔雅》当如李巡本，作："九夷、八狄、七戎、六蛮，谓之四海。八蛮在南方，六戎在西方，五狄在北方。"《雒师谋》《我应》注及《蓼萧》笺取其上文，故作"九夷、八狄、七戎、六蛮，谓之四海"；《职方氏》《布宪》注九夷之外皆取下文，故作"九夷、八蛮、六戎、五狄"。当知二刘考证文献之博且精，贾公彦等不得望其项背也。

二刘自以博极文献自负，故《诗》《书》《春秋》三疏中，"遍检书传"之说最为常见。如《尧典》疏："遍检今之书传，无尧即位之年。孔氏此传言尧年十六以唐侯升为天子，必当有所案据，未知出何书。"（123中）《皇皇者华》疏："遍检书传，不见训'怀'为'和'。"（407下）僖三十年注"昌歜，昌蒲菹"疏："遍检书传，昌蒲之草，无此别名，未知其所由也。"（1831上）案：遍检书传，自非皇侃、贾公彦等所可得而言,《论语义疏》《二礼疏》不见此说。《礼记正义》乃见一二。如《文王世子》“梦帝与我九龄”,疏:“皇氏云以‘九龄谓铃铎。谓天以九个铃铎而与武王’。遍验书本,‘龄’皆从齿。解为铃铎,于理有疑,亦得为一义。”(1404中)[①]“遍验书本”以下评论皇说,当出孔颖达等手笔。而此“遍验书本”专谓检查此经各种抄本文字异同,非广搜文献之谓也。

二刘学术超绝,亦不免轻慢之失。《毛诗正义序》云“焯、炫等负恃才气,轻鄙先达,同其所异,异其所同”,则其有更改经文之事,不足为怪。昭十二年“有酒如淮,有肉如坻”,刘炫欲改“淮”为“潍”,见上文(p.94)。又如成公十年“居肓之上,膏之下”,刘炫以“释者为膏,连心之脂,不得称膏,以为膏当为鬲,改易传文”(1906下)。二刘所作,义疏也,非订写经本,且义疏之为书,不具经文。则所谓改易,无非言其改易之意而已,自不容有径改原文者。此与孔颖达等讥王劭“妄生同异,改乱经籍”,而王劭只为当无“稷曰明粢”之论说,亦无不同。《汉广》“南有乔木,不可休息;汉有游女,不可求思”,传:“乔,上竦也。思,辞也。汉上游女,无求思者。”《正义》:“经‘求思’之文在‘游女’之下,传解‘乔木’之下先言‘思辞’,然后始言‘汉上’。疑经‘休息’之字作‘休思’也。何则?《诗》之

① 案“皇氏云以”,“云”“以”二字意重。《礼记疏》偶有此例。(2013年补注:参札记“云曰当名词解”,见p. 52补注。)

大体，韵在辞上。疑‘休’‘求’字为韵，二字俱作思。但未见如此之本，不敢辄改也。”（282上）[①] 此《汉广》疏疑经文字误，而“不敢辄改”，稍见谨慎耳。此更有一疑案，可疑二刘改文，事迹恶劣者。

（引文33）

《大宗伯》“五命赐则”，注：“则，地未成国之名。王之下大夫四命，出封加一等，五命，赐之以方百里、二百里之地者。方三百里以上为成国。”贾疏：“但成国之赋有三：若以**出军**言之，《春秋》襄公传云‘成国不过半天子之军’，谓据公五百里而言，以其侯伯为次国二军故也。若以**执圭**为成国而言，可及伯，即下经‘七命赐国’者是也。若以**千乘**为成国言之，唯公及

① “《诗》之大体，韵在辞上”，亦见哀十七年疏，见上节（引文4），而《关雎》疏论之最详，曰：“《诗》之大体，……‘之’‘兮’‘矣’‘也’之类，本取以为辞，虽在句中，不以为义，故处末者皆字上为韵。‘之’者，‘……’之类也。‘兮’者，‘……’之类也。‘也’者，‘……’之类也。‘矣’者，‘……’之类也。‘乎’者，‘……’。《伐檀》‘且涟猗’之篇。此等皆字上为韵，不为义也。然人志各异，作诗不同，必须声韵谐和，曲应金石，亦有即将助句之字以当声韵之体者，则‘……’‘……’‘……’‘……’之类是也。”（274下）综合分析，而罗列各类事例，不仅“之”“兮”诸字每得其事，且亦有语助词入韵例，言论方法颇与上（引文28）《螽斯》疏论传笺言兴例相似。然则此等诸疏盖皆出二刘也。（2013年补注：本书日文版出版后，曾请平山久雄老师指正，平山师赐教函云：敦煌本S.2729《毛诗音》“息”下云“炫以休求韵，疑息当为思”，可证孔疏此说正出刘炫。笔者推论二刘特色，据谓此说出二刘，今蒙平山师以敦煌遗书证成之，知笔者推论不误，不胜欣喜。）

侯，以其伯三百里，不得出千乘，故郑注《论语》云‘公侯之封乃能容之’是也。”（761中）

《明堂位》“封周公于曲阜，地方七百里，革车千乘”，注“兵车千乘，成国之赋也”，孔疏：“案《左传》云：‘成国不过半天子之军。’案《论语》‘千乘之赋，居地方三百一十六里有畸’。诸侯之地，三百里而下未成国也。公则五百里，侯四百里，计地余有千乘，故谓之成国。”（1488下）

《坊记》注“成国之赋千乘”，孔疏：“襄十四年《左传》‘成国不过半天子之军’，谓满千乘则为成国，是公侯之封也。案：千乘之赋……”（1618下）

《大雅·板》“大邦维屏”，笺“大邦，成国诸侯也”，孔疏：“以言大邦则不兼小国，故知为成国诸侯也。《大宗伯》云‘五命赐则’，注云‘则，未成国之名’，又云‘七命赐国’，则伯以上为成国也。襄十四年《左传》‘成国不过半天子之军，周为六军，诸侯之大者三军可也’，《明堂位》注‘成国之赋千乘’，则侯地四百里以上始为成国，其伯未成国也。”（550中）

《左传》襄公十四年“成国不过半天子之军”，杜注“成国，大国”，孔疏：“《周礼·大宗伯》‘以九仪之命正邦国之位，五命赐则，七命赐国’，郑玄云：‘则，地未成国之名。王之下大夫四命，出封加一等，五命，赐之以方百里、二百里、**三百里**之地者。**方四百里**以上为成国。’如郑之言，成国者唯公与侯耳。

> 伯虽与侯同命，地方三百里，未得为成国也。成国乃得半天子之军，未成则不得也。《夏官》序云‘大国三军，次国二军，小国一军’，当以公侯为大国，伯为次国，子男为小国也。诸侯五等，唯有三等之命，伯之命数可以同于侯，其军则计地大小，故伯国之军不得同于侯也。”（1957 下—1958 上）

成国之说，《大宗伯》疏最明晰，可分三种。《夏官序》言“王六军，大国三军，次国二军，小国一军”，虽不明说于公侯伯子男五等为如何，但经学通说固以为周法公为大国、侯伯为次国、子男为小国，若以公侯为大国、伯为次国、子男为小国则夏法也。是以《鲁颂·閟宫》孔疏亦谓周公受七百里之封，从上公之制，故有三军，其后僖公之等皆二军，从鲁侯国之制（617 中），说与《夏官序》贾疏同。[①] 今《明堂位》、《坊记》、《板》、襄十四年四疏皆混同大国三军与千乘之赋，径以公侯二等为成国，是忽视或曲解《夏官序》文。大国三军与千乘之赋已见混同，则三种减其一，故《板》疏一则据《大宗伯》为伯以上，二则据三军及千乘为公侯，是二种也。至襄十四年疏，明引《夏官序》而为之曲解，又引《大宗伯》注而窜改其文，于是三种变一种，成国即公侯之

---

① 襄十一年孔疏引苏氏说，以为僖公实有三军（1949 下），与《诗》孔疏说相反。案：僖公二军、三军，《郑志》已两解。然襄十一年疏说，《春秋》之三军与《礼》之三军，名同而实异。是则即谓僖公三军，亦不可以为侯国三军之证。

制，大功告成，万事大吉。《大宗伯》注文绝不得如襄十四年疏所引，可参孙氏《正义》。窜入“三百里”并改“方三百里”为“方四百里”，又非字误声误之类，则彼所引必出引者有意窜改，不可以为无意之讹误。考之刘炫“聪惠辩博”，“经注易者必具饰以文辞”[①]等特点，又案孔颖达等无须故为此说，致与《诗》疏不合，此疏亦不见唐人改编之痕迹，则颇疑此一窜改亦出刘炫，唯不可得证而定案耳。

二刘自恃才气，漫骂前儒，疏杜注而专为规杜之说，只其一端而已。襄七年疏：“何休《膏肓》执彼难此，追而想之，亦可以叹息也。”（1938 中）批评何休，而言“可以叹息”，是犹孔颖达等批评王劭而言“深可哀哉”（见 p.95）之比。至成十八年疏：“霸者把也，把持王政。其数无定限也，而何休以霸不过五，不许悼公为霸。以乡曲之学，足以忿人。”（1924 中）此则语气讽刺，是属漫骂之类。上引《小弁》疏讥评刘孝标《类苑》（见 pp.110—111），自非解释经传所需，直因刘孝标世称博学，二刘自负，不甘居人后，故必为贬低之言。意谓世人盛称刘孝标之博学，其实彼犹不如我也。隐五年疏：“汉代古学不行，章帝集诸学士作《白虎通义》，因《谷梁》之文为之生说，曰：‘……’案：苗非怀任之名，何云择去怀任？秋兽尽皆不瘦，何云搜索取肥？虽名《通义》，义不通也。”（1726 下）据《通义》书名，嘲笑其“义”不“通”，亦所谓自恃才气，蔑视前儒也。皇侃博引前儒议论，

---

① 《左传正义序》语。

为之评析，从无漫骂之言。贾公彦《二礼疏》不明引前儒之说，自无讥评之语。管见只有一处讥讽之说。《大宗伯》“以血祭祭社稷、五祀、五岳”，郑司农云“五祀，五色之帝，于王者宫中，曰五祀”，郑玄云“此五祀者，五官之神在四郊，四时迎气于四郊，亦食此神焉”，贾疏：“先郑意，此五祀即《掌次》云‘祀五帝’，一也。后郑不从者，案《司服》云‘祀昊天与五帝，皆用大裘’，当在圜丘与四郊上，今退在社稷之下。‘于王者宫中’，失之远矣。且五帝天神，当在上经阳祀之中，退在阴祀之内，一何陋也。”（758 中）读之仍不免奇异之感。

三　结论

《诗》《书》《左传》三经《正义》之学术风貌，是否可归诸二刘，则盖可也。上节事证有可知说之出二刘者，亦有《礼记正义》说与三经《正义》不同者，则知此等学术特点原出二刘。但二刘原文与孔颖达等编修之关系，尚不得知其详。上（引文 14）《诗》《左传》《书》三疏相较，《诗》疏“斯不然矣”下更言“窃以璞言为然”云云，最近二刘原文，《左传》《书》二疏“斯不然矣”下即称“是解衡霍二名之由也”，疑出孔颖达等整编之语。《左传》《书》二疏，文极相似，而《书》疏略简，且《书》经不见“四岳”，而疏云“此云四岳者”，是则可疑《书》疏因袭《左传》疏文而略经删编者。然《尧典》疏：“《释训》云：‘鬼之为言归也。’

《乡饮酒义》云：‘春之为言蠢也。’然则释训之例，有以声相近而训其义者。‘厘，治’‘工，官’皆以声近为训，他皆放此类也。”（121下）文六年疏：“字有声相近而训者，‘鬼之为言归也’，‘春之为言蠢也’，其类多矣。”（1844下）是则两疏说一，而《书》疏详而《左传》疏略。岂其《左传》疏因袭《书》疏耶？（引文18）《诗》疏与昭七年疏大段同文，而中间亦有详略不同。《左传》疏“鸣之以鼓柝，射之以弓矢”以下十句，对仗工整，绝非随意漫言，而《诗》疏以“伐鼓用币之仪，贬膳去乐之数”二句代之，颇疑《诗》疏因袭《左传》疏而经删简。然襄二十九年疏“知是武王制者，以为人子者贵其成父之事”云云（2008上），上无所承，不知谓谁知“是武王制”者。检《周颂·维清》笺云“武王制焉”，其疏与襄二十九年疏同。岂其《左传》疏因袭《诗》疏耶？然则或似《书》疏袭《左传》疏，或又似《左传》疏袭《书》疏；或似《诗》疏袭《左传》疏，或又似《左传》疏袭《诗》疏，不可一概而论。凡此等处，或别有他书，二刘作《诗》《书》《左传》疏分别因袭；或二刘先作某一经疏，后为他经疏，因袭前说；或二刘作《诗》《书》《左传》三疏毕，后又时为修改；或孔颖达等因袭二刘某经疏说，以补他经疏：皆不可知。今既不得见二刘旧疏原文，则不可定论也。要三经《正义》，已经孔颖达等删订，具体文字为当出刘也？为当出孔也？不易辨定。虽然，三经《正义》之主要学术特点已见其出二刘，换言之，三经《正义》与二刘之学术特点应当一致。

然《诗》《书》《左传》三经《正义》之学术风貌，与皇侃《论语义疏》、贾公彦《二礼疏》之间，差异显然。上节务期多举贾公彦《二礼疏》与三经《正义》同说一事者，对照观之，但亦未得条条必得贾公彦说为之对照。又，如上节言三经《正义》常引汉以来史事为说者，亦或因《书》《传》本为史书之故，《周礼》制度、《仪礼》仪节，无须多言史事。如上节见《东门之杨》疏分说毛公、郑玄与荀卿、《家语》之关系；而《地官·媒氏》“仲春令会男女”疏无虑一千字，全引《圣证论》，稍为删编而已，更无疏家之言者；亦或因《诗》疏必为毛、郑两说，与《周礼》专主郑玄不同之故。当谓所释之书既不同，疏释亦当不一，不得并列对照见有差异即以为是疏家学术之差异也。但其基本方法、态度之不同，乃贯穿全书之精神，无论释何书何事，未尝或异。就此基本特点而言，三经《正义》之学术风貌与皇侃、贾公彦判然有别，更无疑义。

上节言二刘学术特点为现实、合理、文献主义。若为皇侃、贾公彦等旧义疏学混言其特点为之对照，则可谓思维、推理、经注主义。旧义疏学，为传统学术，而二刘等蔑视此传统学术背景。为旧义疏学者，见昏礼六礼或言纳，或不言纳，必思其间有无条理可言，是为学术传统。今人见贾公彦“纳采，恐女家不许，故言纳”等说，必当以为穿凿无可取。此因今人不在此传统中，故不知贾公彦何必为此牵强之说也。二刘知此传统而且知此不过一时传统，可以忽视甚至打破。二刘出自卑贱，又值世乱，不负任何传统，故敢破坏旧学传统，畅言皇帝新衣实无其物。二刘所以打破传统之根据，乃为现实。《天保》《天作》皆祭先王先公之诗，而注言不同，事既同也，又何义例可言？现实为根据，是需知识。条理可以思考得之，而现实不可思考而得，必须得之于知识。专门义疏家不谙汉赋，不广考古文押韵，望文为说，冥思苦索，不过“韵缓”“协韵”，而以为已得其说；二刘多记诵诗赋，故得言古人“多”“只”同音。二刘每论一事，皆得罗列各类事例，是旧义疏家所不可为。实事俱在，各类毕举，又何义例或义理可言？事实如此，是以为知。可谓二刘以知识取代旧义疏学之思考。但此亦可见二刘学术之轻薄。二刘欲以知识求胜，博则博矣，而思考为少。上节已论二刘往往引汉以降诗文印证经传，虽广博胜过专门义疏学者，终不如孙诒让等之精博（p.108）。何则？二刘颇重诗赋名篇，或引之不顾时代先后相隔遥远，又得一名篇可以印证即以为足，不更为探索故也。旧义疏学追求经注各文之相互印证，二刘拓宽范围，至于诗赋，如此而已。又《关雎》疏论“韵在辞上”，“之”“兮”“也”“矣”“乎”各举一证（见 p.118 注①）；《螽斯》疏说传笺说兴之例，归纳七类，各举一证。又每堆累书证，常至五六种之多[①]。此等竟以立目齐备、例证具足为能事，机械作为，不见滴点思考。是以若谓旧义疏学为君子之学[②]，则二刘学术可以谓之胥吏之学。君子之学不敷

① 上 p.111 引伪孔《书序》疏罗列五种书名，亦其一例。

② 大夫以上为君子，今言“贵族”近是。

实用，多胡说、废话，而或见精美；胥吏之学颇中实用，多不留议论余地，而令人厌恶。故谓二刘用知识打破旧义疏学传统，且为之颇彻底有力，而未能建立新传统。知识足以破坏传统，而不足以建设；非思考则无以为建设也。

二刘学术之出现，亦即旧义疏学之衰亡。或谓唐朝编定《五经正义》以为功令，学术僵化，经学始衰，非也。二刘打破旧义疏学传统，以后义疏学已不得更为义理、义例之思考探讨，此所以义疏学之不得不衰亡。是以二刘以后，孔颖达、贾公彦等只为编订整理旧疏而已，更无所创立也。若然孔颖达编订《五经正义》，学术方法已同二刘，而贾公彦《二礼疏》仍多旧义疏学内容者，盖《二礼》离郑学不可以言，而旧义疏学研究郑学最得精密，“现实、合理、文献主义”与《二礼》之学本不相容耳。（2013年补注：《谷梁》疏引旧疏，往往是附会之说，杨氏或驳之，或不置可否。）

第三章 《礼记正义》简论

一 《礼记正义》性质复杂

《礼记正义序》云："今奉敕删理，仍据皇氏以为本，其有不备，以熊氏补焉。"案：此盖言其实。如《乐记》"且夫《武》，始而北出，再成而灭商，三成而南，四成而南国是疆，五成而分周公左、召公右，六成复缀以崇"，《正义》曰："……云'且夫《武》，始而北出'者，谓初舞位最在于南头，从第一位'而北出'者，次及第二位稍北出者。熊氏云：'则前云"三步以见方"，是一成也。作乐一成，而舞象武王北出观兵也。''再成而灭商'者，谓作乐再成，舞者从第二位至第三位，象武王灭商，则与前文'再始以著往'为一也。'三成而南'者，谓舞者从第三位至第四位，极北而南反，象武王克纣而南还也。……此并熊氏之说也。而皇氏不云次位。舞者本在舞位之中，但到六成而已，今舞亦然。义亦通也。"（1542 中）此因皇侃无舞者次位之说，故据熊安生为说，至后附皇说两存之，即"其有不备，以熊氏补焉"之事。但《正义》所述，非每说皆称皇氏、熊氏，而不称谁氏者居多。

第二章于（引文 14、21）及（引文 30）下等，举列《礼记正义》文，与《诗》《书》《左传》疏相对照，论证《礼记正义》虽与《诗》《书》《左传》疏同出孔颖达等编订，而学术方法或显绝异，盖因《五经正义》多因袭旧疏，《诗》《书》《左传》疏以二刘为本，《礼记正义》以皇侃为本，故《诗》《书》《左传》三疏学术态度相通，而《礼记正义》独不同。是则《礼记正义》不称谁氏之说者，固当多出皇侃，而其特点与二刘、孔颖达等不同，具有证据，不可疑义。

然亦有《礼记正义》之学术思想及态度不与贾公彦《二礼疏》、皇侃《论语义疏》同，反与《诗》《书》《左传》三疏同者。例如：

（引文 1）

《文王世子》："文王曰：'……我百，尔九十，吾与尔三焉。'文王九十七乃终，武王九十三而终。"《正义》："年寿之数，赋命自然，不可延之寸阴，不可减之晷刻。文王九十七，武王九十三，天定之数。今文王云吾与女三者，示其传基业于武王，欲使武王承其所传之业。此乃教戒之义训，非自然之理。"（1404 中下）

此以人寿为赋命自然、天定之数，不以文王减己三龄增武王三龄为信，而谓此经所云乃教戒之义训、假托之言。较之第二章（引文 18、19）等所见二刘学术特点，颇相仿佛。又如：

（引文2）

《月令》“孟春行夏令则雨水不时”，注“巳之气乘之也”，孔疏：“郑之所注，例亦不同。或一句之下则云某之气乘之，即此‘风雨[1]不时’一句之下云‘巳之气乘之也’。或两句之下则云某之气乘之，故仲春行秋令则‘其国大水，寒气总至’，注‘酉之气乘之’，以二句俱当酉气故也。或有三句之下始云某之气乘之者，故孟春行冬令则‘水潦为败，雪霜大挚，首种不入’，注云‘亥之气乘之’，以三句共当亥气也。气当则言，无义例也。”（1357下）

探讨所谓义例，分析罗列不同类型，每举一例，而后断谓其实“无义例”，与第二章（引文28）以下所论二刘“无义例”说及第二章（p.118注①）引《关雎》疏等罗列类型之法，完全相同。至若：

（引文3）

《月令》“是月也，以立春”，孔疏：“凡四立之月，天子车服之下皆云‘是月’，以其为下立春、立夏、立秋、立冬事重，故云‘是月’。其非四立之月，仲夏即云‘养壮佼’，季夏云‘命渔师’，十一月云‘饬死

① 今本经文作“雨水”，孔疏引述经文或作“雨水”或作“风雨”，前后歧出。

> 事’，十二月云‘命有司大难’，皆不云‘是月’者，或是事为细小，或是事通他月，故不云‘是月’。季冬难事虽大，惟此月为之，亦不云‘是月’者，以年事既终，惟难而已，故不须云‘是月’。或作记之人，辞有详略，不为义例也。”（1355下）

此则前为“义例”之说，“或作记之人”以下乃为“无义例”之说，两说并举，未及裁断。

然则此等疏文定出谁氏？窃疑此等自非皇侃之言，而当出孔颖达等之笔。盖孔颖达等受二刘学风影响极深也。但管见推测，未经论证，不足取信；必当就说之确出皇侃及孔颖达等者，知其立论之人概、基本之态度，始可辨识皇、孔学术之异趣，孔颖达等编撰之法以及《礼记正义》之复杂性质始可以言。本章试图为之，并非所以全面讨论《礼记正义》耳。

二　皇侃科段说

第一章论皇侃《论语义疏》，谓皇侃多创科段之说，又以阐说经文前后字句之关系为常。皇侃疏解《礼记》亦当如此。皇说科段之最显者，当举《乐记》。

> （引文4）
>
> 《史记·乐书》正义称：“皇侃云：‘此章有三品，

故名为《乐本》，备言音声所起，故名《乐本》。夫乐之起，其事有二：一是人心感乐，乐声从心而生；一是乐感人心，心随乐声而变也。'”[①]

《史记正义》又云："此《乐本章》第二段，明乐感人心也。人心即君人心也。乐音善恶由君上心之所好，故云生于人心者也。”[②]

又云："此《乐本章》第三段也。前第一段明人心感乐，第二段明乐感人心，此段圣人制正乐以应之。此段自有二重：自'凡音'至'反人道'为一重，却应第二段乐感人心也；又自'人生而静'至'王道备矣'为一重，却应第一段人心感乐也。”[③]

又云："此第三段第二重也。人初生未有情欲，其至静禀于自然，是天之性也。”[④]

又云："此第二章名为《乐论》。其中有四段，此章论礼乐同异也。夫乐使率土合和，是为同也；礼使父子殊别，是为异也。”[⑤]

以下《史记正义》每章每段辨明科段，今不备录。案第二条以下《史记正义》均不称皇侃，而第一条引皇侃说既言《乐

---

① 中华书局点校本《史记》(1959)第1179页。下引《史记》页码皆据此本。
② 同上书，第1182页。
③ 同上书，第1184页。
④ 同上书，第1186页。
⑤ 同上书，第1187页。

本章》分三品，与第二条以下所说符合，则第二条以下亦出皇侃说可知也。案《史记正义》又言：“此《乐情章》第三段，明识礼乐本者为尊，识末者为卑。黄钟、大吕之属，故云非谓也。扬，举也，谓举楯以舞也。”[1] 而《史记索隐》云“扬与钖同，皇侃以扬为举，恐非也”，《礼记正义》亦云“皇氏云：‘扬，举也；干扬，举干以舞也’”（1538上），此亦《史记正义》说出皇侃之旁证。又案《史记·乐书》《别录》《礼记·乐记》十一篇编次皆不同，而《史记正义》所述皆以《礼记》为本。如《史记正义》有云：“此第六章名《乐象》也。本第八，失次也。”[2] 其实依《史记·乐书》编次，该章不得数第六，《礼记·乐记》乃可次第六，而其序为第八者，《郑目录》述《别录》之说也。此云本为第八，今为第六，明据《礼记》为说。又云：“此第十章名为《乐化章》第十，以化民，故次《宾牟贾》成第十也。”[3] 其实《史记》次序《宾牟贾》更在后，《乐化》第十次在《宾牟贾》第九之后者，《礼记》乃然。又，《礼记正义》引录皇侃分章之说，虽甚简略，仍与《史记正义》所说符合。然则《史记·乐书》正义所载科段说，实出皇侃《礼记》疏，可无疑义。但此自非谓《乐书正义》之文皆仍皇氏之旧。如云：“施，式豉反。此第六章《乐象法章》第五段，不以次

---

① 中华书局点校本《史记》，第1204页。

② 同上书，第1210页。

③ 同上书，第1218页。

第而乱升在此段，明礼乐用别也。庾蔚之云云……”[①] 案皇侃为义疏，例不为反切注音，“施，式豉反”一句疑非出皇侃。又，该段文字，于《礼记》即在所谓《乐象章》第四段之下，无由言乱次，《史记》始乱在所谓《乐施章》第三段下。然则“不以次第而乱升在此段”一句自据《史记》言，固非出皇侃可知。然其言此段为“第六章《乐象法章》第五段，明礼乐用别也”，又引“庾蔚之云云……”者自当出皇侃，应当分别观之。今综考《史记正义》《礼记正义》之言，表列皇氏《乐记》科段说，当如下：

第一章《乐本章》，内分三段：

一、明人心感乐

二、明乐感人心

三、明圣人制正乐，内分二重：

（一）应第二段乐感人心

（二）应第一段人心感乐

第二章《乐论》，内分四段：

一、论礼乐同异

二、谓乐功

三、论礼与乐唯圣能识

四、谓礼乐之情

① 中华书局点校本《史记》，第1201页。案：“此第六章”，点校本作“此第六段”，文意不通，今以意改。以其未详考证，记此示慎。

第三章《乐礼章》，内分三段：

一、明礼乐齐，其用必对

二、明礼乐法天地之事

三、明天地应礼乐

第四章《乐施》，内分三段：

一、明施乐以赐诸侯

二、明施乐须节

三、明礼乐所施各有本意

第五章《乐言》，内分三段：

一、言人心随王之乐

二、明前王制正乐化民

三、言邪乐不可化民

第六章《乐象》，内分五段：

一、明淫乐正乐俱能成象

二、明君子所从正乐

三、明邪正皆有本，非可假伪

四、证第三段乐本之事

五、明礼乐用别

第七章《乐情》，内分三段：

一、明礼乐情达鬼神

二、证礼乐达鬼神之事

三、明识礼乐之本可尊

第八章《魏文侯》，子夏三答文侯之问，而第一答又分三段。

第九章《宾牟贾问》，问答自成章句。

第十章《乐化》，内分四段：

一、明人生礼乐恒与己俱

二、明礼乐不可偏用，各有一失

三、明圣人制礼作乐之由

四、明圣人制礼作乐，天下服从

第十一章《师乙》

如此编次，既与《郑目录》述《别录》不同，又与《史记·乐书》无关，是皇氏自就《礼记·乐记》编定第几章之目，分科别段者也。[1] 案所谓第二章《乐论章》第一段下孔颖达等《正义》云："皇氏云'从"王道备矣"以上为《乐本》，从此以下为《乐论》'，今依用焉。此十一篇之说，事不分明，《郑目录》'十一篇略有分别'，仔细不可委知。熊氏云：'十篇郑可具详。依《别录》十一篇所有《宾牟贾》，有《师乙》，有《魏文侯》；今此《乐记》有《魏文侯》，乃次《宾牟贾》《师乙》为末。则是今之《乐记》十一篇之次，与《别录》不同。推此而言，其《乐本》以下亦杂乱，故郑"略有分别"。'案：熊氏此说不与皇氏同。"（1529 中下）[2] 是分订十一篇，其于事也别无凭据，熊氏直疑编次杂乱，盖未敢定论也。然则皇侃专据文义，以意拟订篇章，且每章细分科

① 虽复不知皇氏说有无所承。

② "十篇郑可具详"，今不解其义。岂文有讹误耶？

段，并各言其旨要，当谓颇具特色，而与《论语义疏》之科段说相通。

至孔颖达等编《正义》，独取皇侃分十一章、拟定篇名之说，不取每章内分段及其旨要之说。《郑目录》既言十一篇之目，后之说此经者不得不为之说，孔颖达等自然取皇氏说，而不取其下之科段也。皇侃说科段，每言本章分几段，第一段言何事，第二段言何事，科段之间结构分明。孔颖达等每章亦分节段，亦言每节所言之事，然初无本章分几段、第一段言何事、第二段言何事之说；一章分几节，并不成有机结构。

今更就第一《乐本》、第二《乐论》两章，比较皇、孔之不同，则《乐本章》皇侃分为三段，而第三段更分二重；孔颖达等分此章为八节，初无层次之分。孔颖达等分八节，每言本节经文所言之事：第一节言："此论人心感于物而有声，声相应而生变，变成方而为之音，比音而为乐，展转相因之势。"第二节言："此一节覆明上文感物而动之意，结乐声生起所由也。"第三节言："上文云音从人心生，乃成为乐。此一节明君上之乐，随人情而动：若人情欢乐，乐音亦欢乐；若人情哀怨，乐音亦哀怨。"第四节言："此一节论五声宫商角徵羽之殊，所主之事上下不一，得则乐声和调，失则国将灭亡也。"第五节言："前经明五者皆乱，骄慢灭亡。此一节论乱世灭亡之乐。"第六节言："此一节明音、乐之异，音易识而乐难知，知乐则近于礼。又明礼乐隆极之旨、先王所以礼乐教人之意。"第七节言："此一节论人感物而动，物有好恶，所感不同，若其感恶则天理灭，为大乱之道。故下文明先王所以制礼乐而齐之。”第八节言：“此一节以下至‘乐云’，广明礼乐相须之事。”综观此八条，皆删要经文而得所言事之条目，不更为抽象概括，附会说条理，虽亦或言与其上下节之间关系，要不离经文一步。如第六节，《正义》说“明音、乐之异”，“又明礼乐隆极之旨、先王所以礼乐教人之意”，谓本节所言凡有三事，并列其目而已，三事之间毫无条理关系，更无所谓一节要旨。又，第八节言“下至‘乐云’”，则所指范围包括第二《乐论章》及第三《乐礼章》，第一章第八节不与上七节接连，而与下第二章、第三章串联。当知孔疏虽取皇侃拟订分章篇目，但其于经文，小不拘皇氏分科别段，大不为皇氏分篇拟目所囿，而独自观看经文。孔疏专意分析经文所述之事，不为抽象，不为附会，故其分节则经文内容之自然分段，其言大段落则或通贯至他章，以其皇氏所为分章科段并非经文内容之自然分节故也。

皇侃分科段之目如上所表举，其第一段当孔疏第一、第二节，第二段当孔疏第三、第四、第五节，第三段第一重当孔疏第六节，第三段第二重当孔疏第七、第八节。经相比对，可见皇侃说之抽象性质。至第三段分二重，以为各与第一段、第二段相应，则尤可见其附会倾向。其实此等当谓皇侃立论精彩巧妙之处，皇侃当曾为之颇费斟酌，不嫌附会牵强，而为之具有层次之有机结构。观此等说，断不可以其牵强附会而不足取，因皇氏未尝不知其牵强附会也。明知其牵强附会而固为此说，则另有所见，另有所期。盖皇氏之意，旨在建立精致巧妙、委曲复杂而层层关联之有机结构。

皇氏追求于经文之外，建立条理结构，初不以牵强附会为嫌，此即皇氏科段之说，与本书第一章所论《论语义疏》特点完全一致。而孔颖达等排斥皇氏之附会，专就经文所述之事，分析经文，则与本书第二章所论二刘之学术态度相通。皇侃倾向于经文之上创造建立逻辑论理之结构，二刘、孔氏倾向于经文之下分析罗列现实事实之细目，此其不同也。

第二章《乐论》，孔疏分六节，第一节不说所言何事。第二节言："此一节明礼乐自内自外，或易或简，天了行之得所，则乐达礼行。"第三节言："此一节明礼乐与天地合德，明工用之，相因不改，功名显著。"第四节言："此一节申明礼乐器之与文并述作之体。"第五节言："此一节申明礼乐从天地而来，王者必明于天地，然后能兴礼乐。"第六节言："此一节明礼乐文质不同，事为有异。"皇侃分段之目，如上表所列。其第一段当孔疏第一节，第二段当孔疏第二节，第三段当孔疏第三、第四节，第四段当孔疏第五、第六节。相比其目，亦可见皇侃分段及言其要旨，颇为抽象概括。

然此一章尤可注意者，孔疏中仍存皇侃分段之说。

（引文5）

《乐论章》第一段"乐者为同，礼者为异；同则相亲，异则相敬"，孔疏曰：

“‘乐者为同’者，此言《乐论》之事。谓上下同听，莫不和说也。

“‘礼者为异’者，谓尊卑各别，恭敬不等也。

“此章凡有四段：自此至‘民治行矣’为第一段，论乐与礼同异。将欲广论，先论其异同也。自‘乐由中出’至‘天子如此则礼行矣’为第二段，论乐与礼之功。论同异既辨，故次宜有功也。自‘大乐与天地同和’至‘述作之谓也’为第三段，论乐与礼唯圣人能识。既有其功，故宜究识也。自‘乐者天地之和’至‘则此所与民同也’为第四段，论乐与礼

“使上下和合，是为同也。礼使父子殊别，是为异也。

“‘同则相亲’，无所间别，故相亲也。

“‘异则相敬’，有所殊别，故相敬也。”（1529 下）

案：此见孔颖达等编撰之踳驳。“此章凡有四段”以下，四段起止及其要旨之说，与《史记正义》所说符合，而且下经《正义》却分六节为说，绝无涉及四段说之言。是知此实皇侃说，《正义》另分六节为之疏解，而仍留皇侃四段说，又无所折中，是孔疏编撰草率，以致混乱。

又案此疏云：“第四段论乐与礼使上下和合，是为同也。”然“使上下和合，是为同也”者，“乐”则然也，非“礼”之谓，亦非“乐与礼”之事。又，“礼使父子殊别，是为异也”，所以释经“礼者为异”，而为下文“有所殊别，故

相敬也”所承。然则“使上下和合，是为同也”，当为经文“乐者为同”之解，下为“无所间别，故相亲也”所承。是知“第四段论乐与礼”与“使上下和合，是为同也”之间，当有脱文。“使上下和合”，“使”上当有“乐”字，无论矣。依上文例之，参《史记正义》云“第四段谓礼乐之情也”，知“第四段论乐与礼”下当有“之情”等字，为第四段之要旨，而其下更当言其与第三段之关联，唯其说已不可得而知也。

若然，此云“〔乐〕使上下和合，是为同也；礼使父子殊别，是为异也”，所以释经“乐者为同，礼者为异”，而上文“‘乐者为同’者，谓上下同听，莫不和说也；‘礼者为异’者，谓尊卑各别，恭敬不等也”，亦正所以释“乐者为同，礼者为异”，是为重复，而且解释不同。又，一章分为四段之说，退在释经“乐者为同，礼者为异”两句之下，亦为可怪。今考四段之说固出皇氏，而其下“〔乐〕使上下和合，是为同也；礼使父子殊别，是为异也”，与《史记正义》于第一段云“夫乐使率土合和，是为同也；礼使父子殊别，是为异也”者相合，亦当为皇侃之说。然则上云“‘乐者为同’者，此言《乐论》之事，谓上下同听，莫不和说也；‘礼者为异’者，谓尊卑各别，恭敬不等也”者必非皇氏说，当为孔颖达等所为。[①] 要之，此经孔颖达等分六节为说，不取皇侃四段之说，而误录其文，混入疏中，故前后龃龉，且

① 不知孔颖达等说另有所承与否？又，“此言《乐论》之事”，犹言“此下为《乐论章》”。因上文言“依用”皇氏拟定章目，而其“事不分明”，“仔细不可委知”，故此又就经文重言：“此言《乐论》之事。”

见讹脱，是见孔颖达等编撰之草率。[①]

今更以此疏四段之说与《史记正义》说相较，则此疏每段必言前后段之间论理关系，如言“将欲广论，先论其异同也”，“论同异既辨，故次宜有功也”等，均不见《史记正义》。其实《史记正义》所载，第一章言第三段分二重与第一、第二段相应，见上科段表；于第三章第三段言“前圣人既作礼乐，此明天地应乐”；第四章第一段明施乐以赐诸侯，第二段明施乐须节，则言“既赐之，所以宜节也”；第四章《乐施》，第五章《乐言》，则言“前既以施人，人必应之，言其归趣也”；于第五章第二段言“前言民随乐变，此言先王制正乐化民也”；于第五章第三段则言“将言邪乐之由，故此前以天地为譬”；第六章第四段“证第三段有本不伪之由”，第五段“明礼乐之用，前有证，故明其用别也”；第六章《乐象》，第七章《乐情》，则言“象必见情，故以乐主情”；于第七章第二段言“前既云能通鬼神，此明其事也”。凡此等皆就前后章、段、重之间，言其前后论理关系者。当知《礼记正义》所见第二章四段之间前后论理之说，不过《史记正义》偶失载，其实亦出皇侃，不可以其不见《史记正义》而疑为孔颖达等所加也。据此知皇侃疏解《乐

---

① 今不知脱文出于孔颖达等编书时，抑传抄中讹脱？但即谓传抄讹脱，亦由原书行文灭裂，抄写者不得其义之故也。[2013 年补注：《丧大记》“祥而外无哭者，禫而内无哭者，乐作矣故也”，《正义》云“二处两时不哭，是并有乐作故也”；注“祥逾月而可作乐，乐作无哭者”，《正义》云“皇氏以为祥之日鼓素琴，乐作之文释二处两时无哭，与郑注违，皇说非也”。（1581 中下）上疏袭用皇疏，至下疏非之。]

记》，每注意前后章节科段间之论理关系，此又与本书第一章所论《论语义疏》之特点完全一致。

通观《乐记》第一、第二章，可见孔颖达等嫌皇侃科段说之附会造作，不取其分段结构说，而另据经文所述之事为其节段。但分订篇目既从皇侃，亦偶留皇侃分段结构前后关联之说，故印象较混乱，所以谓《礼记正义》性质复杂。然《礼记正义》全书皆专据经文所述事为标准之节段，亦常见批驳皇侃前后关联之说，则孔颖达等之学术态度及倾向可谓显明。此更举一例为证：

（引文6）

《杂记下》："子贡问丧，子曰：'敬为上，哀次之，瘠为下。颜色称其情，戚容称其服。'请问兄弟之丧，子曰：'兄弟之丧，则存乎书策矣。君子不夺人之丧，亦不可夺丧也。'

"孔子曰：'少连、大连善居丧，三日不怠，三月不解，期悲哀，三年忧，东夷之子也。'

"三年之丧，言而不语，对而不问；庐、垩室之中，不与人坐焉；在垩室之中，非时见乎母也不入门。

"疏衰皆居垩室，不庐。庐，严者也。"

孔疏："'三年'至'入门'"〇正义曰：

"皇氏云：'上云"少连、大连"及此经云"三年之丧"并下"疏衰"之等，皆是总结上文"敬为上，哀次之"及"颜色称其情，戚容称其服"。'

“今案：别称‘孔子’，是时之语，不连子贡之问。此‘三年之丧’以下自是记者之言，非孔子之语。前文‘颜色称其情’谓据父母之丧，此下文‘疏衰’谓期亲以下，何得将此结上‘颜色称其情’。皇说非也。”（1561 中下）

案：皇侃以为记文前后连贯，“孔子曰少连、大连”云云、“三年之丧”云云、“疏衰”云云，皆所以覆申上经“敬为上，哀次之”，“颜色称其情，戚容称其服”之义。孔疏非皇说，谓上经“敬为上，哀次之”“颜色称其情，戚容称其服”，是孔子答子贡问，言父母之丧；“孔子曰少连、大连”云云，与答子贡不同时；“三年之丧”以下更非孔子语，且“疏衰”云云又与父母之丧无关。但皇侃岂不知“孔子曰少连、大连”云云非所以答子贡？岂不知“疏衰”云云与父母之丧无关者？知之也。知之，固为此说。当知皇侃此说，非谓“孔子曰”以下亦皆孔子答子贡之语，而是谓此数段记文，前后内容之间，有论理关联可言，如此而已。孔疏驳论，貌似得理，其实全不足以服皇氏。孔疏言“皇说非也”，犹言其不喜皇说而已，逻辑上未尝证明皇说之非。皇侃说经文前后之间，有条理可言；孔疏论此经前后所言之事各异，互不相干：两者不同，在乎一欲于经文之外建立论理结构，一欲排除经文所述事实以外之一切。此乃两者趣向之不同，断非可以谁是谁非为论者也。［日文版（引文6）增补如下一例：《曲礼》“礼闻取于人，不闻取人”，注“谓君人者。取于人谓高尚其道，取人谓制服其身”（1231 上）。孔疏先详引熊说，即普通解释，后引皇说以为人君取师受学之法，是皇氏以此经与下经“礼闻来学，不闻往教”相关联为说。以其附会，故孔疏不径用，引熊说为正解，犹附皇说于后。]

总结本节所论：皇侃《礼记疏》有科段之说，于经文前后之间，每论其间论理关系，且不嫌牵强附会，而以论理关系之精巧有结构为宗旨。此等特点，与本书第一章所论《论语义疏》完全一致。孔颖达等力主排斥附会，解说经文，专就经文所述事实为说。故多不取皇侃科段之说，另据经文内容分为节段。又，详言驳难皇侃科段说之牵强者，亦属常见。此等倾向、态度，与本书第二章所论二刘学术风貌完全符合。然《礼记正义》中亦偶存皇侃科段之遗说，故谓《礼记正义》性质复杂。

三　孔颖达等取舍标准

孔颖达等参据旧疏，编定《正义》，而其取舍旧说之间，自有体例、标准与先儒不同者。

（引文 7）

《郊特牲》首章孔疏：“皇氏于此经之首，广解天地百神用乐委曲及诸杂礼制，繁而不要，非此经所须；又随事曲解，无所凭据：今皆略而不载。其必有所须者，皆于本经所须处，各随而解之。他皆仿此。”（1445 中）

《大传》“谓弟之妻妇者，是嫂亦可谓之母乎”，注“复谓嫂为母，则令昭穆不明”，孔疏：“既以子妻之名名弟妻为妇，若又以诸父之妻名名兄妻为母，则上下全乱，昭穆不明，故不可也。郑注《丧服》亦云：'弟之妻为妇者，卑远之，故谓之妇。嫂者尊严之，是嫂亦可谓之母乎。'言其不可也，故言乎以疑之。是弟妻可借妇名，是兄妻不可借母名，与此注正合，无相违也。而皇氏引诸儒异同，烦而不当，无所用也。"（1507中）

孔颖达等讥评皇侃委曲讨论先儒论说异同，或繁文旁论杂礼仪节，均与经注文义无关。孔颖达等一以释述经注文义为本旨，故一概摒弃此等论说。或言"繁而不要，非此经所须"，或言"烦而不当，无所用"，虽就体例而言，然论其态度则专注经注文义所言事实，排斥先儒于经注文字之外所作，与上第二节所论正相通。至若：

（引文8）

《王制》注"虞夏之制，天子服有日、月、星辰"，孔疏："《尚书·皋陶》云'予欲观古人之象，日、月、星辰、山、龙、华虫，作会；宗彝、藻、火、粉、米、黼、黻，絺绣'。……日、月、星辰取其明。山者安静养物，……龙者取其神化，……华虫者谓雉也，取其文采，又性能耿介……大意取象如此。而皇氏乃繁文曲说，横生义例，恐非本旨。"

孔疏又云："注《司服》云：'衮之衣五章，裳四章，凡九也；鷩之衣三章，裳四章，凡七也；毳之衣

> 三章，裳二章，凡五也；希之衣一章，裳二章，凡三也。’……衮之衣五章，鷩衣、毳衣者三章，希衣一章，衣法天，故章数奇；裳法地，故章数偶。以下其数渐少，则裳上之章渐胜于衣，事势须然，非有义意。皇氏每事曲为其说，恐理非也。”（1326中下）

此等亦皆言皇侃“繁而不要”。但孔颖达等谓“皇氏乃繁文曲说，横生义例”，或谓“事势须然，非有义意，皇氏每事曲为其说”，则皇氏不嫌附会，致力建立条理结构之说，孔颖达等嫌其牵强，谓其实无义例，极力攻驳皇氏说，犹与本书第二章所论皇侃与二刘异趣正同。此当可见孔颖达等学术，多沿二刘所开学术风气。然孔颖达等如此态度，自不限于皇氏，于其余诸儒亦犹如此。是以《檀弓下》“大夫之适长殇，车一乘”，孔疏：“诸侯及大夫之子，熊氏云：‘人臣得车马赐者，遣车得及子。若不得车马赐者，虽为大夫，遣车不得及子。’案：此经云‘大夫之适长殇，车一乘’，则大夫之身五乘；下云‘大夫五个，遣车五乘’：二文正同。但此总为殇而言之，故言其子；下文为晏子大俭，故举国君及大夫之身：本无及子、不及子之义。横生异意，无所证据，熊氏非也。”（1298下）是也。

今既谓孔颖达等学术态度沿袭于二刘所开风气，则上第一节（引文1、2、3）等所见《礼记正义》论述风格不与皇侃同而与二刘同者，自不足怪也。二刘竭力驳斥先儒附会之说，孔颖达等亦然。

（引文9）

《明堂位》注“《周礼》‘春祠、夏禴，祼用鸡彝、鸟彝；秋尝、冬烝，祼用斝彝、黄彝’”，孔疏：“皇氏、沈氏并云：‘春用鸡彝，夏用鸟彝，秋用斝彝，冬用黄彝。春属鸡，夏属鸟，秋属收禾稼，冬属土色黄，故用其尊。’皇氏等此言，文无所出，谓言及于数，非实论也。种曰稼，敛曰穑，秋时不得称稼。《月令》季秋‘草木黄落’，冬即色玄，不得用黄彝也。下‘追享、朝享，用虎彝、蜼彝’，追享谓祈祷也，朝享谓月祭也，若有所法，则四时不同，何以独用虎、蜼。……是知皇氏等之说，其义非也。”（1490下—1491上）

《乐记》“钟声铿，……鼓鼙之声讙……”，孔疏：“皇氏用崔氏之说，云：‘钟声为兑，石声为乾，丝声为离，竹声为震，鼓鼙为坎。’妄取五方之义，弃其五器之声，背经违注，曲为杂说，言及于数，非关义理，又无明文，今并略而不用也。”（1541下）

《明堂位》皇氏谓每时专用一彝，附会五行之说；《乐记》皇氏论乐器之声，附会卦气五方之说：委曲为附会之说，两疏一也。孔颖达等批驳，则云“言及于数”“无明文”，攻其涉玄术，非事实，并无根据，两疏口气亦一也。

总之，就《礼记正义》明称皇氏者观之，皇氏疏释《礼记》，仍以讲通条理为宗旨，为之不嫌涉附会，与本书第一章所论《论语义疏》特点正相同。孔氏等编订《礼记正义》，据皇侃《礼记疏》为蓝本，多所因袭，故第二章论《礼记正义》有其学术态度与二刘不同者，实皇侃与二刘之不同也。然就《礼记正义》孔颖达等批驳皇氏等说观之，则知孔颖达等以释说经注所述事实为主，断绝枝蔓旁及之说，摒弃经注之外附会说理之论，是与第二章所论二刘学术风貌正相同。然则皇氏之与孔颖达等，学术态度可谓正相反，而《礼记正义》以皇侃为本，经由孔颖达等剪裁，是有孔氏等自为之说者，亦有孔氏等驳难皇氏说者，又有孔氏等暗袭皇氏旧文旧说者，此即《礼记正义》性质之所以复杂难明也。

四　孔疏专据一家说

孔颖达等编撰《礼记正义》之学术态度，颇与二刘相仿佛，如上二节所见。然尚有一点，孔颖达等与二刘截然不同者，所谓“疏不破注”是也。疏不破注，常语也。孙诒让《周礼正义略例》云“唐疏例不破注，而六朝义疏家则不尽然”，自注云：“孔氏《礼记正义序》称皇侃时乖郑义，《左传正义序》称刘炫习杜义而攻杜氏，是也。”孙氏之言，可谓通论。《左传正义》中，刘炫规杜，孔颖达等驳刘之说，数以百计，刘炫不专据本注，最有显证。《礼记正义》孔颖达等讥皇侃乖违郑说，亦属常见。是知《左传正义序》《礼记正义序》所言，自属事实；而“疏不破注”乃孔颖达等撰定《正义》时始立之标准，亦可知也。

（引文 10）

《月令》季冬“命有司大难”，孔疏：“皇氏又云：‘以季春“国难”下及于民，以此季冬“大难”为不及民也。’然皇氏解《礼》，违郑解义也。今郑注《论语》‘乡人难’云：‘十二月命方相氏索室中，驱疫鬼。’郑既分明云十二月乡人难，而皇氏解季冬难云不及乡人，不知何意如此。”（1383 下）

案：皇氏说今不得其详，不知何以为此说。或仅就季春“国难”之文，以为季春下及国民，季冬变言“大难”，不言“国难”则不及于民，不可知也。孔颖达等驳皇说，则以为《乡党》“乡人难”，郑注“十二月”云云，则季冬十二月之难，“乡人”与焉，是及于民也。是以孔颖达等讥评曰：“皇氏解《礼》，违郑解义也。”然则孔颖达等之意，不止谓必遵本注，而谓必遵郑氏一家之说，不论《礼注》与《论语注》也。

（引文 11）

《月令·郑目录》疏：“其间分为天地说有多家，形状之殊，凡有六等：一曰盖天，文见《周髀》，如盖在上。二曰浑天……三曰宣夜……四曰昕天……五曰穹天……六曰安天……注《考灵耀》用浑天之法。今《礼记》是郑氏所注，当用郑义，以浑天为说。按郑注《考灵耀》云云……”

又云：“然郑四游之极，元出《周髀》之文。但日与星辰四游相反。春分日在娄，则娄星极西，日体在娄星之东，去娄三万里，以度言之十二度也。则日没之时，去昏中之星近校十度；旦时日极于东，去旦中之星远校十度。……此皆与历乖违，于数不合，郑无指解，其事有疑。但《礼》是郑学，故具言之耳。贤者裁焉！”（1352上中）

《三年问》“然则何以至期也”，注：“言三年之义如此，则何以有降至于期也？期者谓为人后者、父在为母也。”孔疏：“郑意以三年之丧，何以有降至于期者。故云为人后者为本生之父母及父在为母期事，故抑屈，应降至九月、十月，何以必至于期？以其本至亲，不可降期以下，故虽降屈，犹至于期。今检寻经意，父母本应三年。‘何以至期’者，但问其一期应除之义。故答曰‘至亲以期断’，是明一期可除之节。故《礼》期而练，男子除绖，妇人除带。下文云加隆故至三年，是经意不据为人后及父在为母期。郑之此释，恐未尽经意。但既祖郑学，今因而释之。”（1663下）

《月令》疏言“《礼记》是郑氏所注，当用郑义”，谓当遵用郑玄一家之说，非只谓专守本注之说，是以引据郑玄注《考灵耀》为说。孔氏等又言“郑无指解，其事有疑，但《礼》是郑学，故具言之耳”，则其说郑玄本《周髀》为之，自非《礼记》注说，而且“与历乖违”，极可疑义。然孔氏等仍述郑玄说，不以其可疑而别据他说，以其“《礼》是郑学”之故也。至《三年问》，则孔颖达等明知郑玄注说并非经意，且详为辨说，然而直因“既祖郑学”之故，其释经文仍遵郑说。可见孔颖达等之意，既取郑玄注《礼记》，为之疏解，则当专据郑玄一家之说。并非以为郑说无误，又非仅遵本注之谓。

《礼记正义》言“《礼》是郑学”者，除上引《月令》疏外，又有二例。《明堂位》“六年朝诸侯于明堂，制礼作乐”，疏称“周公制礼摄政，孔郑不同”，下各细述孔郑说武王崩至周公致政成王之年次，末云：“《礼》既是郑学，故具详焉。”（1488下）《杂记上》注“大功以下，大夫士服同”，郑意此经“大夫为其父母兄弟之未为大夫者之丧服如士服，士为其父母兄弟之为大夫者之丧服如士服”，是斩衰、齐衰之服大夫士异，大功以下乃同也。疏引《圣证论》王肃以丧礼自天子以下无等之说及马昭答王肃语，并述张融评说。后称“《礼》是郑学，今申郑义”，解析王说，见其说不足以证郑非，而且指摘王说之短。最末谓杜预、服虔说“并与郑违，今所不用也”（1550下）。二疏皆讨论郑说，非专论本经注义。又皆以郑说之外更有别解，且别解亦非全不可通者。然疏家必欲申郑说而不取别解，于是称“《礼》是郑学”，谓既取郑注《礼记》为本，为之疏解，自当专述郑说也。陈澧《东塾读书记》据此三疏言“《礼》是郑学”，以为是孔颖达等推崇郑玄《三礼》学卓绝之语，自非孔疏本意。陈氏又疑“《礼》是郑学”之语，“不知出于孔冲远，抑更有所出”，则当知此等皆孔颖达编定《正义》时所立标准，绝非别家之说也。

［2013年补注：案《唐书·礼仪志》载薛颀等言“今《三礼》行于代者皆郑玄之学，请据郑学以明之”，黎干答云“虽云据郑玄”云云，是谓礼说有体系性，欲驳其说，需论体系内矛盾，否则不足以服人。《唐书》此番争论，可谓“《礼》是郑学”之最佳注脚。又如《系辞下篇》“盖取诸离”，疏：“韩氏……于义未善矣，今既遵韩氏之学，且依此释之也。”（86中）其意亦与“《礼》是郑学”同。］

《左传正义》除屡言刘氏规杜之非外，亦有宣言即未知杜说义为必是而仍以从杜为正者，其意正与上（引文11）《礼记正义》诸文相同。

（引文12）

隐三年“郑伯之车偾于济”，疏：“案：检水流之道，今古或殊。杜既考校元由，据当时所见，载于《释例》。今一皆依杜，虽与《水经》乖异，亦不复根寻也。”（1724上）

案：彼杜注不言济之水道，而杜氏《释例》有说。可见孔疏“一皆依杜”，亦非只谓专遵本注，而谓既用杜注《左传》为之疏解，自当遵用杜预一家之学，与《礼记正义》遵用郑玄一家之学，正同。又案：昭七年注“濡水出高阳县”，疏云：“今案高阳无此水也。水源皆出于山，其出平地，皆是山中平地。燕赵之界，无泉出者，未知杜言何所按据？”（2047下）其意竟疑杜注，与隐三年疏言“不复根寻”者适相反，故刘文淇以昭七年疏出刘炫，隐三年疏出唐人，其说盖是也。

《左传正义》又有进而明言讲经当各依其注家之旨者：

（引文13）

僖三十三年疏："郑玄解《礼》，三年一祫，五年一禘。杜解《左传》都不言祫者，以《左传》无祫语，则祫禘正是一祭。故杜以审谛昭穆谓之禘，明其更无祫也。古礼多亡，未知孰是，且使《礼》《传》各从其家而为之说耳。刘炫云：以正经无祫文也。唯《礼记》《毛诗》有祫字耳。《释天》云'禘，大祭也'，则祭无大于禘者。若祫大于禘，禘焉得称大乎。"（1834下）

案：刘炫于此乃为从杜攻郑之说。至《正义》云"使《礼》《传》各从其家而为之说"，实为孔颖达等撰定《正义》之凡例。故《礼记正义》一概遵用郑玄一家之说，《左传正义》一概遵用杜预一家之说，不使混淆，且不以两疏持说不同为嫌也。盖六朝义疏为谈辨之学，求其言之通理辨析，不求其得事实。故崔灵恩申服难杜，虞僧诞申杜难服，世并行焉。是当时不以谁得事实为准，谁是谁非为断，求其讲理高明而已也。至二刘则肆力攻驳谈辨讲理之学，依据明文实证，讨论现实，堆累事例，一一讥斥先儒所说皆非事实。孔颖达等承二刘之后，深知二刘书证事例之学攻难六朝论理谈辨之学极为有力，谈辨之学已无前途。事实已替代论理为释经之标准，则必当言谁说得事实，谁是谁非。然二刘之学，实无根基，罗列书证非出熟虑，欲为甲说即可举列三五事例，欲为乙说亦未尝不可以举列三五事例，且为人浮躁浅薄，故“轻鄙先达，同其所异，异其所同”[①]，论说无定准，固不成一家之学说体系。是以二刘书证事例之学为后世所遵，至其具体学说则未见全然因袭也。孔颖达等于是掇拾先儒遗说，取舍之际，姑立一标准，乃谓专述注家学说。六朝义疏谈辨论理之学，本不以学说是否得事实为论说准绳；二刘随意讥评先儒，学说未成体系；是以至孔颖达等始为遵守注家学说之体例也。若贾公彦《二礼疏》亦专述郑玄一家之学者，《二礼》之学即为郑氏一家之学，南北朝义疏家皆为探索研究郑学，郑学之外，无所谓《二礼》之学，与孔颖达等编排取舍先儒众说时，始立体例，专述注家之说者，意义全不相同。

五　孔颖达等权衡谨慎

孔颖达等取舍旧说，亦颇见谨慎，故全书频见存疑两存之说。如：

（引文 14）

《乐记》“天子夹振之”，注“夹振之者，王与大将夹舞者振铎以为节也”，孔疏：“《武》乐在庭，天子尊极，所以得亲夹舞人为振铎者，熊氏按：‘……何以不得亲执铎乎。此执铎为祭天时也。’皇氏云：‘武

① 《诗正义序》语。

王伐纣之时，王与大将亲自执铎以夹军众。今作《武》乐之时，令二人振铎夹舞者，象武王与大将伐纣之时矣。’皇氏此说稍近人情通理，胜于熊氏；但注云‘王与大将夹舞’者，则似天子亲夹舞人，则皇氏说不便。未知孰是，故备存焉。”（1542下）

《丧大记》“吊者袭裘，加武，带绖”，注“小敛则改袭而加武与带绖矣；武，吉冠之卷也；加武者，明不改冠，亦不免也”，孔疏：“贺氏以为加素弁于吉冠之武，解经文似便，与郑注‘不改冠’其义相妨。熊氏云：‘加武带绖，谓有朋友之恩，以绖加于武。连言带耳。’然熊氏以武上加绖，与‘带绖’文相妨，其义未善。两家之说，未知孰是，故备存焉。”（1574中）

《奔丧》“哭父之党于庙，母、妻之党于寝”，注“《逸奔丧礼》曰：‘哭父族与母党于庙’”，孔疏：“此母党在寝，《逸奔丧礼》母党在庙者，皇氏云：‘母存则哭于寝，母亡则哭于庙。’熊氏云：‘哭于庙者是亲母党，哭于寝者盖慈母、继母之党。’未知孰是，故两存之。”（1655下）

此等皆孔颖达等慎于取舍，不强为断者。盖当时异说纷纭，而诸家均未得确证，不得不如此耳。

更可注意者，上来讨论孔颖达等嫌皇侃等旧说多牵强附会，大肆删去枝蔓旁及之说，学术倾向颇与二刘相同。然就此等皇侃曲说之处，孔颖达等存去其说，颇见审慎权衡。

（引文 15）

《祭义》“先王之所以治天下者五”节，孔疏：“此一节论贵德及孝弟之事。皇氏云：‘此亦承上夫子答子赣之辞毕，广明孝弟之义。’今以皇氏说未知然否，或是说杂录之辞。”

又“子曰立爱自亲始”节，孔疏：“此一节明爱敬之道。皇氏云：‘因上答子贡之问，别爱敬，语更端，故别言‘子曰’。自此以下皆展转相因，广明其事。’今谓记者杂录，以事类相接为次，非本相因之辞也。”（1594 中）

此见皇侃上下经文关联之说。案此经上文仲尼答子贡毕，更有数段均广论孝弟之事。至此“先王之所以治天下者五”节，则非专言孝弟，然皇侃必欲联系上下，故谓“此亦广明孝弟之义”。孔颖达等见此节所言“贵有德、贵贵、贵老、敬长、慈幼”五事，与上数节每称“孝子”不同，故疑此记者杂录厕在此，与上文无关。但其谓此五事为广论孝弟之事，非全不可通，故仍称“皇氏说未知然否”，以示谨慎。“子曰立爱自亲始”，称“子曰”更端，别言爱敬之事，则与上文不连，皇侃说如此，孔颖达等自无异词。至谓此下诸节皆“展转相因，广明其事”，则下经言祭祀诸事，虽同属一类，“记者杂录，以事类相接为次”而已，其间本无关联可言。皇侃强为关联，谓经文辗转相因为说，是以孔颖达等断然否定其说。可见孔颖达等于皇侃上下关联之说，亦非一概否定，而皆经审慎权衡也。

（引文 16）

《玉藻》“史进象笏”，孔疏：“熊氏云：‘按下大夫不得有象笏，有象字者误也。’熊氏又解与明山宾同云：‘有地大夫，故用象。’皇氏载诸所解皆不同，以此为胜，故存之耳。”（1475 中下）

此处皇侃繁文详载诸儒异说，与第三节（引文 7）《大传》疏云“皇氏引诸儒异同，烦而不当”者类同，而孔颖达等于此则详审皇侃所载诸儒各说，见其中明山宾说与熊氏或解同，取而录之，并不一概摒弃不用。

（引文 17）

《坊记》首节孔疏：“但此篇凡三十九章，此下三十八章悉言‘子云’，唯此一章称‘子言之’者，以是诸章之首，一篇总要，故重之，特称‘子言之’也。余章其意稍轻，故皆言‘子云’也。

“诸书皆称‘子曰’，唯此一篇皆言‘子云’，是录记者意异，无义例也。

“但此篇所坊，体例不一：或数经共论一事，每称‘子云’‘以此坊民’；或有一经之内，发初言‘子云’，唯说一事，下即云‘以此坊民’结之；或有一经之内，虽说一事，即称‘民犹犯齿’‘民犹犯贵’‘民犹犯君’；或有每事之下，引《诗》《书》结之者；或有一事之下，不引《诗》《书》者。如此之属，事义相

似，体例不同，是记者当时之意，无义例也。”（1618中）

《表记》首节孔疏：“称‘子言之’，凡有八所。皇氏云：‘皆是发端起义，事之头首，记者详之，故称“子言之”。若于“子言之”下，更广开其事，或曲说其理，则直称“子曰”。’今检上下体例，或如皇氏之言，今依用之。”（1638中）

《坊记》疏论彼经言“子云”不言“子曰”者无义例，以及三十九章体例各异，罗列各类体例，而谓其实无义例，如同（引文2、3、8），即二刘以及孔颖达等学术风格。然其论首章意重，故特称“子言之”，余章意轻则仅言“子云”，是则以文辞不同即有义例。盖皇氏旧疏当已为此说，孔颖达等不排斥而因袭之。《表记》“子言之”“子曰”互见，与《坊记》独篇首一见“子言之”者不同。皇侃讨论义例，以为“子言之”皆发端起义，其下更为广论则称“子曰”。案《坊记》疏说亦与此说合：“子言之”为更端之言，故《坊记》篇首一见，下则均称“子云”，其理一也。所以更疑《坊记》疏“子言之”之说即出皇侃也。孔颖达等则学术态度偏重事实，倾向排除“横生义例”之说。然于此说乃审核“检上下体例”，见皇说虽未必事实，亦未必全无理，故“依用之”。

要孔颖达等学术特点，排斥附会论理之说，不取横生枝蔓之论，倾向固明显。而当其剪裁皇侃等旧疏，又审慎考虑，不一概排斥旧说，甚或自知未必事实而仍取旧说。是则孔颖达等奉敕官撰，态度谨慎，非二刘专以攻驳先儒为能事者比也。

六 结论

《礼记正义》以皇侃《礼记疏》为蓝本，故其中部分内容，学术态度与二刘相反，如本书第二章所论。但因经由孔颖达等撰定，而孔颖达等深受二刘学术之影响，故亦有部分内容，学术态度与二刘正同。

本章第二节讨论皇侃《礼记疏》之科段说，以为其说特点与《论语义疏》之科段说正相同，连同经文前后论理关联之说，一如第一章讨论《论语义疏》所述。孔颖达等嫌其说多附会，于经文无所根据，故多不取，而别为节段。但又或取其分章订篇之说，或偶误存皇说之言，故印象杂乱。《礼记正义序》云"皇氏虽章句详正，微稍繁广"，此之谓也。孔颖达等自为节段，纯据经文所言事实，排斥皇氏之附会论说，专述经文所言之事，此等态度亦与二刘相同。

第三节论孔颖达等坚持排斥皇侃旧疏枝蔓旁及之繁言，并常攻驳皇侃附会之说。此亦可见皇侃《礼记疏》之学术态度与《论语义疏》相同，而孔颖达等编订《正义》之学术态度与二刘相通。《礼记正义序》云"虽体例既别，不可因循，今奉敕删理，仍据皇氏以为本""体例既别，不可因循"，盖谓此等根本态度之全然不同与。

第四节讨论孔颖达等疏不破注之特点。六朝义疏学于经注之外探讨论理，非所以讨论事实，故无所谓破不破。二刘破坏谈辨通理之学，创为现实书证事例之学。二刘学风风靡一世，解释经注必求其事实。然先儒异说纷纭，二刘专为攻驳先儒，欲言事实，无从定案。于是孔颖达等定例，疏释某氏注，一概从某氏一家之说为标准。此一体例，既与六朝义疏不同，又与二刘不同，实可以谓孔颖达等撰定《正义》之新特点。《礼记正义序》讥皇侃“既遵郑氏，乃时乖郑义，此是木落不归其本，狐死不首其丘”，《左传正义序》讥刘炫“习杜义而攻杜氏，犹蠹生于木而还食其木”，两序极言其非者，良有以也。

第五节更论孔颖达等编撰态度谨慎，虽其根本态度与二刘相同，不一概否定先儒学说，审慎权衡，可取即取，并不拘泥，无二刘蓄意讥驳先儒之失。此亦孔颖达等所以与二刘不同也。

《三礼》以《礼记》最难治，况其注疏，是难中之难。前人读《礼记正义》多疏忽，是以阮刻《十三经注疏》本讹误脱衍多不胜举，《校勘记》又极浅薄简略，几不堪卒读，而其后至今亦无更订校本可读者。若欲读通此书，必先精通清人所论经注大义，次研究书中所引贺循、熊安生、崔灵恩等诸家学术，并旁通史籍所载历代议礼之论，次乃考订文字，始得卒业。近来校读《仪礼疏》，时常参考《礼记正义》，于全书体例及皇侃、孔颖达二家学术之大概，若有所知，遂为简论。不知有所当与否也。

第四章　佚书验证

上第一章专据《论语义疏》讨论皇侃之学术。今本《论语义疏》原出日本刊本，固非皇侃当时旧貌，而大致内容信出皇侃，今有敦煌残卷可证，不足为疑。至第二章论二刘学术，第三章论《礼记正义》，皆据《五经正义》探讨皇侃、二刘、孔颖达等学术特点，而引用举例或以《诗》《书》《左传》正义互见者为出二刘，或互参《礼记正义》《史记正义》而推定皇侃说，虽不敢故为诡论，要多管见推测之言。本章讨论《礼记子本疏义》《孝经述议》两种佚存残帙，就皇侃、刘炫原书复述其学术特点，验证上三章所论。

一　《礼记子本疏义》

日本早稻田大学现藏《礼记子本疏义》残卷，仅存第五十九卷，为《丧服小记》之一半。大抵原为日本某寺庙传藏，其的为何寺，无从考知。后由一僧人出卖，经东京琳琅阁书店，为田中光显所购，转归早稻田大学。十年前曾考此卷流传，长年流落，案头无资料，今不更缕述。

田中光显得此卷后，即制玻璃版影印，精美至极，唯流传绝少。后有罗振玉石印本，附罗氏跋文，流传颇广，但印制粗糙。石印工艺简单，墨色单一，无浓淡之差，原卷虫蛀与笔画墨点无别，又有一二字迹不清者。据玻璃版可知，原卷行间字旁多有抄手所记删除、倒乙等符号，而石印本无从辨识。或有论者只见石印本，以为此卷抄写讹误极夥，其实抄手已多自为表识指正，但石印本不见耳。因玻璃版难得一遇，世人竟不知此卷别有玻璃版，是为可惜。（2013 年补注：如今早稻田大学图书馆于其网页免费公布全卷彩色图像，极便阅览。）

罗振玉跋云："卷端已断缺，书题及撰人名不可见，末书'丧服小记子本疏义弟五十九'。书中每见'灼案'字。考《陈书·郑灼传》言'灼少受业于皇侃，尤明《三礼》，家贫钞义疏，以日继夜'云云，则此卷者郑灼所钞之义疏，而'灼案'诸条则灼钞时所增益也。"又云："《日本现在书目》：'《礼记子本义疏》百卷，梁国子助教皇侃撰。'《信西书目》亦有'《礼记子本疏》两帙'，此目例不注著者人名，其为皇侃疏无疑。两书称名并与此卷合，惟'疏义'目作'义疏'耳。"案：罗氏考史传及日本书目，谓此即皇侃《礼记子本疏义》残卷，卷中"灼案"之语当出皇侃弟子郑灼，是郑灼抄皇侃《礼记》疏时益以己言者。此盖不易之说，可无疑义。罗氏又云："此卷用纸质松而薄，色窃黄，与唐代麻纸滑泽坚厚而色褐或深黄者大异。予见西陲所出六朝人书卷轴皆然。又以书体断之，出六朝人手无疑。卷中不避陈隋诸帝讳。灼卒于陈，而在梁已官西省，其家贫写书殆当梁世，必不在官成之后，则此卷者或即灼所手书耶？"案：

罗氏谓抄写此卷出六朝人手，并据不避陈隋讳而疑此卷或即为梁时郑灼所抄原卷，其说非也。今案此卷“生不及祖父母、诸父、昆弟，而父税丧，己则否”下言刘智、蔡谟“以‘弟’为长字”。参《通典》卷九十八引刘智曰“昆弟，相连之语，易用为衍”，小字注“衍，剩也”；又引蔡谟曰“吾谓此直长一‘弟’字耳”，小字注“长音直两反”。言“衍”言“长”，其义一也。然则此卷言“长字”，或是避梁讳之遗意，未可知。又，“男子免而妇人髽”下云“男括发，前去冠縰”，“为父母、长子稽颡”下云“前稽颡后拜”“前拜后稽颡”等，皆当言“先”而言“前”，《礼记正义》均作“先”，则可疑其避陈讳也。若然则此卷抄写当在陈以后，或谓唐初抄本，未必为误。

胡玉缙跋罗氏影印本，见《许庼学林》，亦见《续修四库提要》。胡氏云：“《礼记》孔疏以皇氏为本，以熊氏补所未备。今孔疏述经大率见于此书，盖袭取皇疏，则知此亦钞皇疏也。……诸志无有称皇疏为《子本疏义》者，‘子本’二字殆即灼以之为区别以示谦。日人藤佐世《见在书目》‘礼记子本义疏’下称‘梁皇侃撰’，盖灼非句句疏解，其说即附皇疏中，故仍题侃名。观‘庶子不为长子斩’节孔疏，大率袭取灼说，则知孔所据皇疏，兼及此本也。……书中称‘灼案’者三，称‘灼’者四，称‘贺玚云’‘贺云’者各一，‘庾云’者六—— 即蔚之，‘崔云’者三—— 即灵恩，称‘或问’者九，称‘问’者一，皆灼引成说及设为问答以畅其旨。”案：胡氏以此残卷与孔疏比较，孔疏文字已多见此卷，则知此卷即皇侃旧疏。其说是也。至其谓孔疏亦有取于灼说，并谓引录贺、庾诸家说亦出灼手，则未见其是。下据罗氏石印本节录此卷“庶子不为长子斩，不继祖与祢故也”节，语义必不可通者略为校订，用（ ）示删，〔 〕示补，并试为标点，不拘常规，又多设分段，以便分析。

（引文1）

但经记文混，政不知几世之适得遂兹极服？

马季长注《丧服》云：“此为五世之适，父乃为之斩也。”郑注此云：“言不系〔祖〕祢，则长子不必五世矣。”

郑既有“不必”之言，故解者或云曾适，或曰祖适，或言祢适。而**庾云：“用恩则父重，用义则祖重。父之与祖各有一重，**故圣人制《礼》，服祖以至亲之服，而《传》同谓‘至尊’。**己承二重而为长子〔斩〕，若不系祖则不为长子斩也。”**

灼依庾说而广之云：“己身是祖适者，乃得重服其长，何以然？祖是父一体，己亦是父一体。既三人为体，所以‘亲亲’不分以一为三，明义无可别，必须身是祖适，乃得重己之长耳。若己于祖为庶，虽于父为适，则不得重长。”

而郑不明言世数者，郑是马融弟子，不欲正言相非，故依违而曰“不必”也。

然孙〔系〕于祖，乃为长子三年，而此不云“庶

孙不得为长子”，必云“庶子”者，“孙”语通远，嫌或多世。今欲明此祖非远，故言“子”以示近也。

且甚有条例。前云“庶子不祭祖者”，亦是言子以对祖也。又郑注前，亦微为此张本，云“凡正体于上者谓下正者犹为庶也”是也。

一难解：**既义须系祖，言“不系祖”自足。又云“祖与祢”者**，更成烦重，何以然也？

庾云：“既义系于祖，则不须及祢。更〔言‘不继祖与祢’者〕，疑‘不系祖’之言是道庶子之长，故此《记》跱言‘不系祖与祢’，以明据庶子言之也。”

灼谓庾言当矣。祢是父庙之名。若单言祖，则嫌此死长子不系祖。今既云祢，是知非指死长子。

而郑注《丧服经》引此文云：“《小记》曰‘不系祖与祢’，此但言祖，容祖祢共庙者也。”寻郑意，《小记》所言是有二庙者，所以祖祢跱言；而《丧服》所言是含明祖祢共庙。举祖则祢可知，故言容。容，含也。

灼又疑：《小记》既祖祢跱言，而《服经》举祖，祢可知。而郑必云“容共庙”者，下士唯祢一庙，无祖庙，寄祢庙而祭之。(灼)〔郑〕嫌其或传系有异，今欲明虽祖祢共庙，而传重重长与各庙不殊，故特〔言“容共庙”〕也。

或问曰：**郑注《丧服》云“言为父后者而后为长子三年”，则为长三年者，何得限是祖后者耶？**

答曰：气味郑注，非谓止系父而重也。**政是礼有**

适子者，无适孙。己虽是祖正，若父犹在，则己未成适。未成适，则不得重长。重长必是父没（没）〔后〕，故云“为父后”而又云“后为长三年”也。

案：此一段孔疏大同，而有删节（1495下—1496上）。今引文凡相同内容亦见孔疏者，用黑体字示之，不论文字之间稍稍不同或编辑节文也。审读此段，知郑灼每抄皇疏一段毕，辄就其发己一言，而其言皆简短且浅显。抄录庾说“用恩则父重，用义则祖重”云云毕，郑灼辄“依庾说而广之”，其说主言祖父己三人一体，犹如上经“亲亲以三为五”不言“以一为三”，三人一体不可分故也。所谓广庾说，其实偶记上疏所讲三人一体之说而已，无所发明。其下“而郑不明言世数者，郑是马融弟子，不欲正言相非，故依违而曰不必也”，《丧服》贾疏说同（1101上），则是义疏家相传之说。句首言“而”，虽是承上启下之辞，此不当连郑灼语读之，而当是皇侃原撰语言。是以孔疏上下皆同，独不录“灼依庾说而广之”之言也。又，“灼谓庾言当矣”以下，亦上抄皇侃原撰所引庾说毕，遂下批语，而其无所发明亦与上同。其下“而郑注《丧服经》”云云，所论事异，亦不与郑灼语相属，自当为皇侃原撰之文。要不可以其有“而”字即谓必不可与上文断隔，当知郑灼随文加批语，插入之言自当与上下断隔观之。皇侃解释毕，“灼又疑”又为灼说，自问自答，并无深义。其下“或问曰”“答曰”，亦皆皇侃原书耳。

如此，则孔疏所取，不外皇侃原撰，未尝涉及郑灼之言可知。又，此引庾说而后有灼言，初不嫌庾说为郑灼所引。若谓郑灼引庾说，则何不言“灼案庾云”？此卷所引庾、贺诸家说，皆亦见孔疏，而独郑灼语未见采录，是此诸家说为皇侃所引，最可明证。胡氏误混皇侃原撰之与郑灼案语，一谓郑灼说为孔疏所取，孔疏所据皇侃旧疏亦当有此郑灼所抄之本；二谓郑灼说详赡精致；三谓此卷引录庾、贺诸家之说，皆出郑灼手，孔疏转据郑灼所引；四谓此书当谓郑灼所撰，唯因郑灼谦虚，不著己名，仅以书名加“子本”二字以示其意：凡此等之说，皆非也。今谓：郑灼案语之与皇侃原文，虽或不易划分明白，但犹不妨知其大限。综观一卷，知竟无一处可证是郑灼之说为孔疏所取者。亦知郑灼案语皆简短浅显，殊不足重要。又知卷中所引诸家之说，当皆出皇侃征引，非郑灼所引。若然，则此卷自当称是皇侃所撰，郑灼间加批语而已，不可据此等批语遽目为郑灼所撰。至“子本”之名，盖据此书抄写体例而言。义疏之为书，本皆单行，不具经注。是以徐遵明“每临讲坐，必持经执疏，然后敷陈”[①]，即赵宋刻本犹为单行，所谓单疏是也。然今此卷经注具备，不可不谓此书特例。书写体式，每录经注一小段，下空一格直接写其疏；其无疏，则竟录经注。如此则疏文紧从在所释经注之下，犹子之从母也。案支敏度《合维摩诘经序》云：“余是以合两令相附，以明所出为本，以兰所出为子，分章断句，使事类相从，令寻之者瞻上视下，读此案

---

① 见《魏书》。

彼，足以释乖迂之劳，易则易知矣。”[①] 支敏度汇合支恭明、竺叔兰两种译本，以便省览，犹如马融“欲省学者两读，故具载本文”[②] 之意，而以支恭明译本为“本”，竺叔兰译本为“子”。此书名“子本”，岂非谓以经注为本，疏义为子，分章断句，事类相从之意？今既破胡说，且为推测如此，然固无确证，亦不敢定论也。

要之，此卷虽有郑灼抄写时所加案语，除其以外，犹即为皇侃《礼记》旧疏原本，为孔疏所本者。其名为《子本疏义》，盖因其合写经注之故，非为内容有异于皇侃原书也。

此卷之有益经学者，胡氏已多言之。今更举其所遗，则“齐衰恶笄以终丧”，段玉裁据注“笄所以卷发，带所以持身”，谓“恶笄”下当有“带”字；王念孙据《丧服》疏等，谓“带”字当在“恶笄”上，而《唐石经》以下始误脱。今案此卷经文正无“带”字，皇侃特释经无“带”字而注连言带之义，可知段、王二家推论俱失。又，“礼，不王不禘”，注：“禘谓祭天。”诸本俱如此，诸家亦无校说。案孔疏言“以承上文‘王者禘其祖之所自出’，故知谓郊天也，非祭昊天之禘也”，则注自当云“禘谓郊天”，必不可泛言“祭天”。今此卷正作“郊天”。凡此等亦皆胡氏所谓“一字千金”之比，而非本书旨意所在，今不可详论也。以上检讨罗、胡二跋，简述《子本疏义》之为书如此。

---

① 见《出三藏记集》。案：“明”谓支恭明，“兰”谓竺叔兰。
② 语见《毛诗正义》引。

上第一、第三章讨论皇侃科段及前后论理关联之说，并论孔颖达等嫌其附会，多为删削。今检此卷，即可得其显证。

经文“男子冠而妇人笄”下，此卷曰：“因妇有终丧之笄，故此以下明男女冠笄恒相对也。吉时男子有冠，则女子吉笄也。若亲始死，男去冠，女去笄。若成服，为父，男则六升布为冠，女则箭筱为笄；若为母，男则七升布为冠，女则榛木为笄。故云男冠妇笄也。”孔疏则以经“男子冠而妇人笄，男子免而妇人髽”为节段，曰：“此明男子妇人冠笄、髽免相对之节。但**吉时男子**首**有**吉**冠**，**则女**首**吉笄**。是明男女首饰之异，故云‘男子冠而妇人笄’。**若亲始死，男去冠，女则去笄。若成服，为父，男则六升布为冠，女则箭筱为笄**；若**为**母，**男则七升布为冠，女则榛木为笄。故云‘男子冠而妇人笄’也。**”（1494上）两相比对，孔疏因袭皇侃，最为明显。而疏首皇侃云“因妇有终丧之笄，故此以下明男女冠笄恒相对”，意谓经文上云“齐衰恶笄以终丧”，今云“男子冠而妇人笄”，是因上言终丧之笄，故今言冠笄相对，是言上下经文间之论理关联。孔疏不取此言，自为节段，言经文所言之事，云“此明男子妇人冠笄、髽免相对之节”，不论其与上节之关联。此即皇侃每必欲言经文上下论理关联，孔疏不取其说之例。

《小记》自“亲亲以三为五”至“不为女君之子服”，孔疏凡分八节，论事繁杂，本无条理可言，而皇侃仍有贯通条理之大科段说。案孔疏于经“亲亲、尊尊、长长”下言：“皇氏云：‘“亲亲”结上“以三为五”，“尊尊”结上“王者禘其祖之所自出”，“长长”结上“庶子不祭祖”。’按郑注云‘言服之所以降杀’，为服发文，记者别言其事，非是结成上义。上文自论尊祖敬宗，不论服之降杀，皇氏说非也。”（1496中）据此知皇侃以经“亲亲以三为五”至“亲亲尊尊长长”孔疏凡分七节者为前后相关联，而孔疏斥其为附会，无当于义。今考此卷，则知皇侃科段前后连关之说，规模宏大，非常人可得以想象，极尽附会之能事，而犹言之成理，读之不禁叹为绝艺。皇侃《礼记疏》之所以风靡一世，而为孔颖达等称其“体例既别”，其不在此乎。案：皇侃说之关键，在发明附会《大传》“服术有六”之说。彼言“服术有六，一曰亲亲，二曰尊尊，三曰名，四曰出入，五曰长幼，六曰从服”，注云：“亲亲，父母为首。尊尊，君为首。名，世母、庶母之属也。出入，女子子嫁者及在室者。长幼，成人及殇也。从服，若夫为妻之父母、妻为夫之党服。”依皇侃说，《小记》“亲亲以三为五，以五为九，上杀，下杀，旁杀，而亲毕矣”为言“亲亲”；“王者禘其祖之所自出以其祖配之，而立四庙，庶子王亦如之”及“别子为祖，继别为宗，继祢者为小宗，有五世而迁之宗，其继高祖者也，是故祖迁于上，宗易于下，尊祖故敬宗，敬宗所以尊祖祢也，庶子不祭祖者明其宗也”并“庶子不为长子斩，不继祖与祢故也”通为言“尊尊”；“庶子不祭殇与无后者，殇与无后者从祖祔食，庶子不祭祢者明其宗也”为言“长幼”。其次“亲亲，尊尊，长长，男女之有别，人道之大者也”，“亲亲，尊尊，长长”所以结上文，“男女之有别”为言“名”，而“出入”寓焉。其次“从服者所从亡则已，属从者所从虽没也服，妾从女君而出则不为女君之子服”为言“从服”。经文至此，六术具备。皇侃此说极为牵强附会，自然为孔颖达等攻驳排斥，但孔疏只言皇侃以“亲亲，尊尊，长长”为所以结上经，不更言皇说之全貌，微此残卷，后人将无以知皇氏之意也。

今更为之细考，则皇说自有论理不清之处，孔疏亦有为皇说所误者。“王者禘其祖之所自出以其祖配之”下，《子本疏义》言：“前明‘亲亲’，此辨‘尊尊’而尊也。”“前明‘亲亲’”谓经上文“亲亲以三为五”至“而亲毕矣”皆论“亲亲”之事。必言此者，亦皇侃欲明经文前后关联故也。此下经文言天子立庙及大夫以下大宗、小宗之事，以其诸侯、大夫之适孙尊为大宗、小宗，则谓之“尊尊”，虽属牵强，犹不无理据。然“庶子不祭祖者明其宗也”，孔疏云：“此犹尊宗之义也。庶子、适子俱是人子，并宜供养，而适子烝尝，庶子独不祭者，正是推本崇适，明有所宗，故云明其宗也。”（1495下）《子本疏义》与孔疏同，知孔颖达等全袭皇侃，而有一字不同，意义大异：孔疏“此犹尊宗之义也”，此卷作“此犹尊尊之义也”，是也。案郑注此经云“明其尊宗为本也”，则孔疏作“尊宗”，本注语也；而此卷作“尊尊”亦未尝为抄写讹误，因皇侃以为此经上下皆论《大传》所谓“尊尊”之义。然则孔颖达等不顾皇侃原意，袭用其言，而改“尊尊”为“尊宗”以就注语也。又其下经“庶子不为长子斩，不系祖与祢故也”，《子本疏义》“此亦尊义也，然此所明与《丧服》中义同而语异”以下，孔疏亦同文，是知此疏孔袭皇疏。然此卷作“尊义”，孔疏作“尊宗”。郑注上经云“尊宗以为本”，注此经云“尊先祖之正体”，则孔疏作“尊宗”自无疑义。若此卷作“此亦尊义”，则或原作“尊尊”，抄写讹误，或皇侃自嫌此经言“尊尊”太牵强，故言“尊义”，不可知也。又下经“庶子不祭殇与无后者”，《子本疏义》云：“此明‘长幼’也。是言幼，不云长者，长是成人，故略之也。”孔疏独无此说，而以下疏释全与此卷同，是则孔疏袭皇侃，而嫌此说言“长幼”直为附会，于经文无所当也。又下经“亲亲，长长，尊尊”，孔疏曰：“亲亲，谓父母也。尊尊，谓祖及曾祖、高祖也。长长，谓兄及旁亲也。不言卑、幼，举尊、长则卑、幼可知也。”（1496中）此疏说歪曲不畅。若如此说，则“亲亲，长长，尊尊”犹言“亲疏，长幼，尊卑”，岂其然也。“举尊、长则卑、幼可知”，则当单言“尊，长”，不知何以重言为“尊尊，长长”也。今参《子本疏义》，始知孔疏所以为此说。《子本疏义》曰：“〇‘**亲亲**’〇结前‘亲亲以三为五’之属也。〇‘**尊尊**’〇结前‘王者禘’以下。〇‘**长长**’〇结前‘庶子不祭殇’以下也。不云幼者，而云‘长长’者，幼由‘长长’而见。且前唯云幼，故此唯云长，互相成。”[①] 案《大传》“服术有六”有“亲亲”“尊尊”“长幼”，而无“长长”。皇侃欲为比附“服术有六”，必须言此经所以不云“长幼”而言“长长”之由，故云“幼由‘长长’而见”，意谓言“长长”而幼者可见，不必言

① 案：原卷经文字上画朱线，上下空格，今用黑体字及〇代之。

"长幼"。又云"前唯云幼，故此唯云长，互相成"，意谓上经"庶子不祭殇"专言幼者之事，此经言"长长"不言幼者，互相成。然依此皇说，"长长"亦为动宾结构，与"亲亲""尊尊"句式无异，皇氏说"长长"犹言"长幼"，但未言"长长"上"长"字与"长幼"之"长"同。孔颖达等不取皇说，不附会"服术有六"，是以"尊尊"不据《大传》注"君为首"之说，而谓"祖及曾祖、高祖"。虽然，犹因皇说"幼由'长长'而见"而误解之，以为本当云"长幼"而言"长长"，是以"长"见"幼"。并推之"尊尊"，以为本当云"尊卑"而言"尊尊"，以"尊"见"卑"也。是孔疏说歪曲不畅，实由不取皇说大义而撷取其末义，且读皇说不甚解，以致论理不通。此亦可谓孔颖达等编撰粗糙之迹也。

《小记》杂录服制小义，而"不为女君之子服"下，忽见"礼，不王不禘"一句；其下则"世子不降妻之父母"，又言服制。孔疏论此言："此经上下皆论服制，记者乱录不禘之事，厕在其间，无义例也。"（1496 中）据第四章所论，皇侃每为前后关联之说，不嫌牵强，而孔颖达等竭力排斥附会牵强之说，则此言"无义例"者当出孔颖达等笔。孔颖达等既特为此"无义例"之说，则可以推测旧说或有附会论理，以"不王不禘"与上下连关者，唯不知其是否必出皇侃耳。今案《子本疏义》云："○**'礼，不王不禘'**○此以下明贵贱丧祭降杀不同也。贵者降沬[①] 故从天子而起也。"是知皇侃

① 案：此不知何字？

以此节与下“世子不降妻之父母”以下连关，以为皆贵贱降杀不同之事。以其《大传》言“礼，不王不禘”与“王者禘其祖之所自出，以其祖配之”连文，故后之论者多谓此句当在上文“王者禘其祖之所自出”之上，今本错乱在此。但皇侃欲于今本经文次序之上构筑前后论理关系，故言此明贵贱降杀不同；孔颖达等排斥附会，直欲疏解今本经文所言之事，故言记者杂录在此，无义例；后人欲知古本真相，故据《大传》推测，以为此亦当如《大传》：三说不同，各有旨意。盖各家学术，目的、方法既皆不同，若有以谁是谁非为论，或欲必言各家得失者，不知学术之为何物，不足与论也。

以上论皇侃科段前后关联之说毕，下更散论皇孔特点之一二。“男子免而妇人髽”下，《子本疏义》曰：“絻者以布广一寸，亦自项而向前，交于额上，翻双末，还后，以掩紒也。名为絻者，絻，免也。若着之则成服，脱之犹是一寸布，以其可着可免，故曰絻也。髽者，形有多种：有麻，有布，有露紒也。其形乃异，而同谓之髽也。所以谓髽者，妇人着之则髽髽可憎，[①] 因为名耳。今辩男女并何时应着此絻髽之服：……”孔疏则曰：“免者，郑注《士丧礼》云：‘以布广一寸，自项中而前，交于额上，却绕紒也。如着幓头矣。’髽者，形有多种：有麻，有布，有露紒也。其形有异，同谓之髽也。今辩男女并何时应着此免髽之服：……”（1494上）“何时应着此絻髽之服”以下，孔疏大段论述亦与此卷全

① 案：此句未详何意？

同，是此疏全袭皇侃旧疏也。然两者相校则知，孔疏删省皇侃两段文字，即“名为絻者，絻，免也，若着之则成服，脱之犹是一寸布，以其可着可免，故曰絻也”以及“所以谓髽者，妇人着之则髽髽可憎，因为名耳”，皆用声训解释絻、髽之名。上第二章论二刘排斥附会，驳难《白虎通》“巡者循也，狩者牧也”等说“因名比附，不如晏子之言得其本”（见 p.112）。孔颖达等排斥附会亦与二刘同，故此疏上下皆袭用皇侃旧疏，而独删其因声释名之说也。

上第一章论《论语义疏》，言皇侃义疏文辞秀巧（见 p.30）。今就《子本疏义》亦可见其一斑。如上（引文 1）“或云曾适，或曰祖适，或言祢适”，“云”“曰”“言”必变言之，孔疏无此例。又，“以五为九”下《子本疏义》曰：“缘祖故亲高祖，藉孙故亲玄孙。上加曾祖、高祖二祖，下足曾、玄两孙，以四就五，故为九也。”孔疏乃曰：“以曾祖故亲高祖，以曾孙故亲玄孙。上加曾、高二祖，下加曾、玄两孙，以四笼五，故为九也。”（1495 上）是皇侃“缘”“藉”变文言之，孔疏一之为“以”；皇侃“加”“足”变文，孔疏亦一之为“加”。又如“上杀”下《子本疏义》曰：“夫亲迩则服重，戚远则衰轻”是亦皇侃变言“亲”“戚”。凡此等皆变言为对仗成文，修辞之最简单者，而皇侃为之，孔颖达等去之耳。［2013 年补注：《丧服》疏（1115 中）“‘下言’二字及‘者谓妾自服其私亲也’九字总十一字，既非子夏自著，又非旧读者自安，是谁置之也？”此贾疏换言“著”“安”“置”。］

总结本节所论：《礼记子本疏义》除去少量郑灼案语

外，可以视为皇侃《礼记》疏原本，为孔颖达等《正义》所本。两相比对，知孔颖达等因袭皇侃者居多，而有所不取。皇侃于此亦为科段前后连关之说，而其说尤显牵强附会。孔颖达等一切不取此等说，而偶讥其非经文事实，但又不详言皇说之全貌。孔颖达等或不甚了解皇侃本意，只见其为附会而不取其说，但又据用皇说语言，稍加改变而为己说，以致论理混乱，义不甚通。皇侃又有附会声训为说者，不为孔颖达等所容，竟被删削。又，皇侃留意文章，言辞修饰，孔颖达等全去修饰。然则《礼记子本疏义》可证本书三章之论未失甚远。

二 《孝经述议》

刘炫《孝经述议》中土早佚，今有林秀一先生编刊《孝经述议复原研究》，是林先生十数年专心探索之结果，宜可宝重。此书复原《孝经述议》五卷，卷一、卷四为影印日本抄本残卷，原卷为日本经学世家清原氏世代传藏者；其余三卷林先生于日本旧传《孝经》类诸书抄本中钩稽编辑，据云已得原书十之七八矣。五卷均有林先生对勘诸抄本所作《校勘记》。《复原研究》一书于1953年日本出版，限印三百部，流传不广。林先生之后，未闻有讨论《孝经述议》者，直至1996年中华书局刊行《孝经译注》，始见转录刘炫《述议序》而已。今承学友盛情，以《复原研究》复印件相赠，可据讨论刘炫学术也。（2013年补注：如今京都大学图书馆于其网页免费公布卷一、卷四全部彩色图像，极便阅览。）

（引文2）

《书·吕刑》题下孔注“后为甫侯，故或称《甫刑》”，孔疏曰：“《礼记》、书传引此篇之言，多称为‘《甫刑》曰’，故传解之：‘后为甫侯，故或称《甫刑》。’

“知后为甫侯者，以《诗·大雅·崧高》之篇，宣王之诗，云‘生甫及申’，《扬之水》为平王之诗，云‘不与我戍甫’，明子孙改封为甫侯。不知因吕国改作甫名，不知别封余国而为甫号？

“然子孙封甫，穆王时未有甫名，而称为《甫刑》者，后人以子孙之国号名之也。犹若叔虞初封于唐，子孙封晋，而《史记》称《晋世家》。

“然宣王以后改吕为甫，《郑语》史伯之言，幽王之时也，乃云‘申、吕虽衰，齐、许犹在’，仍得有吕者，以彼史伯论四岳治水，其齐、许、申、吕是其后也。因上申、吕之文而云‘申、吕虽衰’，吕即甫也。”（247中）

《吕刑》或作《甫刑》，注疏谓吕侯后世改为甫侯故也。《缁衣》孔疏（1647下）说同。然《诗·崧高》孔疏乃曰：“《尚书》作《吕刑》，此作甫侯者，孔安国云：‘吕侯后为甫侯。’《诗》及《礼记》作‘甫’，《尚书》与《外传》作‘吕’，盖因燔《诗》《书》，字遂改易，后人各从其学，不敢定之故也。”（566中）虽引孔注为说，不即以时之先后为论，而谓后人各从其学而已，则旨意实有不同。但《诗》《书》二疏均以二刘旧疏为蓝本，《礼记正义》则据皇侃为本。然则《缁衣》疏与《书》疏同旨，《诗》疏反与《书》疏不同者，不可不以为疑也。今得《孝经述议》，此疑斯解矣。

（引文3）

《孝经·天子章》述议："孔于《尚书》传云：'后为甫侯，故或称《甫刑》。'斯不然矣。《诗·大雅·崧高》之篇，宣王之诗也，已言'惟申及甫'，《外传》史伯之言，幽王时，乃云'申、吕虽衰，齐、许犹在'，是非先为吕而后为甫也。此'甫''吕'之字，古文异文，事经燔书，各信其学，后人不能改正，两存之耳，非先后异封也。《外传》说'氏曰有吕'，云'为股肱心膂'，则'吕'当是也。"

刘炫云"事经燔书，各信其学，后人不能改正，两存之"，正与《崧高》疏同；而此更明言孔注说先吕后甫之非，并以字当作"吕"为正。是知《崧高》疏只为刘说之一半，《孝经述议》所载始为其说之正。盖因孔颖达等讳言孔注《尚书》之误，删去刘炫非孔之辞，故《崧高》疏前引孔注《尚书》而其下所说乃不与孔同，前后龃龉也。

至若《书》疏，其说虽与《孝经述议》异，亦当是袭用刘炫《尚书》旧疏所具材料，而改变其旨意者也。何以知之？则此《述议》引《国语》“申、吕虽衰，齐、许犹在”，实《周语》东周灵王太子晋之言，而刘炫称为幽王时史伯之言，斯误以为《郑语》文也。《述议》下文又曰：“《外传·郑语》史伯云‘伯夷能当于神以佐尧，故赐姓曰姜，氏曰有吕’，又曰‘申、吕虽衰，齐、许犹在’，《周语》曰‘申、吕、齐、许由大姜’，是申、吕、齐、许皆伯夷之裔胄也。”案：“伯夷能当于神以佐尧”固为史伯语，而“赐姓曰姜，氏曰有吕”及“申、吕虽衰，齐、许犹在”均是《周语》文。此则前后两处皆以“申、吕虽衰，齐、许犹在”为《郑语》文，自不可谓传抄讹误，是乃刘炫记忆之错误，断可知矣。而《书》疏亦云“《郑语》史伯之言，幽王之时也，乃云‘申、吕虽衰，齐、许犹在’”，其误正同。然则《书》疏所据，当皆剿袭刘炫旧疏，最可明证，不可疑义也。若然，孔颖达等《书》疏既出剿袭刘炫《尚书》旧疏，而其说与《孝经述议》不同者，盖刘炫《尚书》旧疏本自有述孔传之说，而更亦有攻驳孔传之语，如《孝经述议》所说。唯因孔颖达等必欲遵守孔传说，故独取述孔之说，不取驳孔传之语，以致《书》疏与《孝经述议》论说大旨不同耳。要之，《吕刑》疏、《崧高》疏、《孝经述议》，其说似显各异，是因孔颖达等删去刘炫批驳孔传之说，其实皆本出刘炫。其《吕刑》疏、《孝经述议》同误《周语》为《郑语》，可以为《吕刑》疏出刘炫之明证，亦可证明《孝经述议》即刘炫原书，绝非伪撰。《尚书正义》经孔颖达等改编，唐人传抄，宋朝校刊，而幸存刘炫误记，未见校正；《孝经述议》流落海外，由日人传抄，已无足本，而林先生辛勤搜索，仅免泯灭：今得比较，可以互证，犹破镜重圆，若合符节，岂不快哉！此亦当知先人“不校不读，校而不改”之训，实不可移也。以上据《吕刑》题名之论，证《吕刑》疏、《崧高》疏本皆出刘炫，孔颖达等删去其非孔传之说，并证《孝经述议》绝对可信。

今更就《述议》，讨论二刘学术特点如下：

（引文4）

孔序“《孝经》者何，孝者人之高行，经，常也”下，述议曰：“但《诗》《书》之名，其名各自成义，虽异文，实是经，不须‘经’配。孝者人行之名，非是作书之号，不可单称为‘孝’，故以‘经’配之，犹老子之《道德经》也。且后世所作，星、箅、卜、相、龟、鹤、牛、马，苟可用之，莫不称经，其源出于此也。刘向《别录》及《汉书·艺文志》皆云：‘夫孝，天之经也，地之义也，民之行也。举大者言，故曰“孝经”。’斯不然矣。‘孝经’犹‘孝书’也。孝为天经，自言孝道之大，安得以为书名。假令不举其大，又可名此书为‘孝义’‘孝行’乎？《左传》子大叔之说礼也，亦云‘天经地义’，辞与《孝经》正同。然则礼亦天经，非独孝也。若以礼之与孝俱为天经，则《春秋》《周易》更无天经之言，岂得不为经也？老子之道经□名之《星经》岂复皆有地义、民行，举大而称经乎？”

孔序“唯曾参躬行匹夫之孝，而未达天子诸侯以下扬名显亲之事，因侍坐而咨问焉，故夫子告其谊，于是曾子喟然，知孝之为大也，遂集而录之，名曰《孝经》”，述议：“炫以为，《孝经》者孔子身手所作，笔削所定，不因曾子请问而随宜答对也。……但虽有其德，而无其位，不可自率己心，特制一典，因弟子有请问之道，师儒有教诲之义，故假曾子之问以为对扬，非曾子实有问也。何以知其然？……此皆孔须曾问，非曾须问孔也。庄周之斥鷃笑鹏、罔两问影，屈原之渔父鼓枻、太卜拂龟，马卿之乌有、亡是，扬雄之翰林、子墨，皆假设客主，更相应答，与此复何所异，而前贤莫之觉也。”

《开宗明义章》孔传“仲尼之兄字伯尼”，述议云：“孔子首似尼丘，故以仲尼为字。其兄之首不必似山，而亦以尼为字者，盖以弟字为尼，故亦俯同之焉。后世此事亦多矣，如陈氏之元方、季方，司马之伯达、仲达，皆其类也。”

《诗》《书》可以单字为名，《孝经》必配“经”字为书名者，汉儒附会说，孝者天经地义，故名“孝经”。刘炫引《别录》《汉志》，即称“斯不然矣”，下为驳难。盖此乃刘炫义疏之常例，故《诗》《书》《左传》正义亦常见“斯不然矣”一句。第二章（引文14）《崧高》疏、昭四年疏、《舜典》疏等，亦见其例。至其驳难，谓此无深意，不可单称“孝”，故配一“经”字而已。配字无义意之说，与第二章（引文23、24）《诗》《书》疏说正同，亦可旁证《诗》《书》疏皆出刘炫。但汉儒附会，以其说理宏富恰当为的，明知是为附会，固非所以探求事实。刘炫但论事实，以驳难汉儒，貌似理胜，实则论说层次不同，不可以服汉儒也。当知刘炫所为，实所以根本蔑视先儒之学术方法，不可谓所以纠正先儒失误，此今读注疏者，必当审知者也。

又，第二章论二刘论证经典文字，常据后世俗事为说，又堆累事例为证（见 pp.95—97）。今《述议》论《孝经》“经”字，罗列《星经》《筭经》《卜经》《相经》《龟经》《鹤经》《牛经》《马经》皆以“经”名为证；论《孝经》为孔子自设问答，并举庄周、屈原、司马相如、扬雄，皆假设客主，更相应答为证；论仲尼、伯尼同取“尼”为字，则举后世陈元方、季方，司马伯达、仲达为证，凡此之等，莫非其事也。

第二章（引文27）下又言二刘及王劭之音学，不拘前儒成说，以通假用韵之实例为据，创定新见，尤可注意。今《述议》不见论说古今韵部，而有言四声别义者。

（引文5）

《三才章》述议云：“‘德行’之与‘施行’，今世借音有平声去声之异，于古则皆与‘行列’之行同音。

据其始为则平声言之，指其成就则去声言之，音虽小殊，而本是一物。”

是谓四声别义为今世借音，古无其别，亦其音学之一端。但刘炫非谓一切否定四声别义说，故庄十八年疏曰：“假、借同义。取者假为上声，借为入声；与者假借皆为去声。”（1773上）盖其间有取舍审辨，要不盲从妄生分别之说也。案《颜氏家训·音辞篇》云：“江南学士读《左传》，口相传述，自为凡例，军自败曰败，打破人军曰败，此为穿凿耳。”此颜氏讥江南学者读“败”字四声别义为穿凿。但颜氏又袭用“好”“恶”两读，亦不废江南“焉”字两音之说，是为审辨，不为一概之论，刘炫亦然也。刘炫排斥附会，不取韵缓、协韵之说而别论古音，与王劭同；不妄信四声别义之说而谓古无分别，与颜之推同：盖一代学术风气如此与。

孔序《孝经》“使者至鲁，辄以人事请索”，刘炫引《家语序》“因公卿大夫私以人事求募其副”等语，谓“是安国文章数以‘人事’‘好事’‘往往’为辞也”。是探索一家辞例，亦可谓刘炫学术特色，犹《韩奕》疏探讨冯翊、扶风辞例之比（见 p.96）。

第二章以来屡言二刘学术竭力排斥穿凿附会之说，今就《述议》验证其说。

（引文6）

《开宗明义章》述议云：“此二十二章引《书》者

一，引《诗》者十，其不引者十一。……其不引者，皆文势毕足，不须证故耳。下章所引皆直言‘《诗》云’，而此称‘大雅’，二章指言《书》‘吕刑’之篇名。凡言事之体，莫不详尊略卑，谨初易末。此章始为端首，为二章道天子之事，故特备文焉。或称：‘“雅”者正也，将论一篇之致，取其以正为始；天子，刑法所由，故取“吕刑”为证。’曲为小说，吾无所取焉。”

《丧亲章》述议云：“《间传》云‘三日不食’，此云‘三日而食’者，谓三日之后乃食。文不害意，此之谓也。”

此云“曲为小说，吾无所取焉”，“文不害意，此之谓也”，皆刘炫所以宣言排斥附会穿凿之志意，刘炫轻蔑先儒曲说，自矜通达高明，颇具情感，可以玩味。又，言“文势毕足，不须证故耳”，自亦属所谓“无义例”之说。

明斥南朝诸儒而攻驳其附会之说者，更为常见。

（引文7）

《三才章》“则天之明，因地之利”，述议云：“天言‘则’，地言‘因’者，梁王以为：‘“则”者法拟之名，“因”者仍就之称。“则天”者，孝敬无所不被也；“因地”者，谓随方而教：不得同为一也。地有风俗之殊，君子之化，不求变俗，故有“因”名；天以日月遍照，无有可因之理，唯有可则之义。’斯不然矣。因地之利，谓因取地之宜利以为教，非就地之所利以教民，安得云‘风俗之殊而随方教’也？上云‘天地之经而民是则之’，即则地也。《左传》云‘为君臣上下，以则地义’，地岂不可则乎？上云‘因天之时’，何云不可因也？此皆为语不可重，故变其文，非有别意也。”

案：“梁王”盖即梁武帝①。梁武帝为一代学术之宗主，皇侃之等，皆可谓梁武学堂之门客，是则梁武学术风貌与皇侃无异，不足怪也。梁武说“则天”“因地”，“则”“因”不同之深义，因训诂而及天地之大义，颇有风趣，且论理精密，亦可称为绝艺。但此自非事实，乃附会说理之论，而刘炫一一辩难。当知此非所以于学术内部切磋琢磨，而是不同学术之自我主张。又，此称“斯不然矣”而下为驳难，且其驳难也反复叠为诘难之辞，与（引文 4）论《孝经》配“经”字者正同，可谓刘炫义疏之常例。

① 案：《书》疏引“梁主”说，姚范谓盖出梁武《通史》。昭二十年疏云“后魏之世，尝使李绘聘梁”云云，亦言“梁王”说，而《释文》引称“梁元帝”。《颜氏家训》亦引其说，今人王利器竟称颜之推从梁元帝甚久，故即用其说，不疑其出元帝。然《左传》疏与《北齐书》相参，考其时代，可知其必不可为梁元帝，宜当为梁武帝。且《书》《左传》疏及此《述议》均出刘炫而同称“梁王”，岂可辄指武帝，辄言元帝，自乱其说。窃疑《释文》有误，而尚无确据，记此备考。至“梁王”“梁主”，字画小异，后世版刻不足为据，不可深究。

（引文8）

《开宗明义章》“仲尼闲居，曾子侍坐”下，述议：“炫以为此经夫子自作，据己而道他人，故自称其字而举人之姓。称字不称名，（名）是己之所重，其与人言语，必有所谦卑逊谢，乃可称之；此乃自叙己事，未是对答前人，不可发端先称丘也。遍检传记，诸称丘也，皆是对人之辞。明非对人谈语，不可自称己名。后世以来，于君父之前则称名，朋友之交则称字，是称字轻于称名矣。今夫子假托教诲之义，方与弟子对语，事无所敬，辞非自称，固当宜以字矣。言曾子者，若云与己对语，重而不斥其名，从其常称，故言姓耳。而前世学者皆以《孝经》为他人所录，莫不惑于此言。

“刘向《别录》云：‘上称“仲尼”以冠篇，盖著孝者圣人之法，孔子为曾参陈孝道，为万世法。’然则若称‘孔子闲居’，岂复不知圣人法也？

“江左朝臣各言所见：谢万云：‘所以称仲尼，欲令万物视听不惑也。’《记》云‘孔子闲居’，何独不虑惑哉？……

“车胤云：‘将明一经之义，必称字以正之。直称孔子，恐后世相乱。’然则诸称‘孔子’，岂可皆被乱乎？

“殷仲文云：‘夫子深敬孝道，故称字以说。’然则名尊于字，若其深敬孝道，何以不自称名？……

“近世有沛国刘瓛得重名于江左，掊击诸说，自立异端，云：‘夫名以名质，字以表德。夫子既有尽孝之德，今方制法万代，宜用此表德之字，故记字以冠首。而曾子有道之贤，能受命圣叶，实为可义，故记者书其姓字，明有道宜敬也。’详夫仲尼之尽者，自以圣性能尽，非字尽而名不尽也。仲尼之圣，谁或不知，方待表德之字，以彰孝性之尽乎？制法万代，自出孔子之心；记以冠首，更由录者之意。乃使撰录之人裁量孔子，事非圣人之心，文成记者笔，以此作法，何足可师？若曾之称姓，出于记者，与夫《论语》何以异？闵子等四人侍侧，子路、子贡称其字，闵子、冉子称其姓，岂复特为有道，偏被敬乎？此等不知《孝经》是仲尼自制，故致斯谬耳。”

刘炫所引江左诸儒“仲尼”之说，如为繁重，乃即《颜氏家训·勉学篇》所谓“何必‘仲尼居’即须两纸疏义”。颜氏之言，今始得证，见其实情，快哉。然今此引录犹其一半而已。

案：此刘炫先自为说，“遍检传记”之言、“后世以来”之说，一如第二章所论二刘特点（见 pp.116—117，p.109）。又案：名字轻重之义，义疏家例引《公羊》庄十年“名不若字”为说，刘炫独以后世通俗之法为验，亦可异也。刘向、谢万、车胤、殷仲文、刘瓛诸说，刘炫必一一攻驳，且每为诘问之语。又，引刘瓛必称“得重名于江左”，亦即所以夸耀自己，与《小弁》疏讥《类苑》疏漏，必称“以刘孝标之博学”者（见 pp.110—111），其意正同。读此《述议》，既可见南朝诸儒附会通理之学之为何物，亦可见刘炫现实主义否定南朝学术之意义也。

第二章又论二刘引用文献之广博精审，今于《孝经述议》亦可见此特点。除引书范围广泛外，如《诸侯章》述议言“汉世为古学者皆未见孔传《古文尚书》”，又就孔传《孝经》云“孔说所引诸《诗》，皆与毛意符合，毛差在孔前，孔当见其传也”等，皆探讨立说者与文献之关系。

第一、第三章论皇侃善为科段前后关联之说，而二刘、孔颖达等排斥附会，多不取其说。今《孝经述议》亦有科段说。其一为孔序之科段，分孔序为十段，而每述所言要旨，简述其事而已，不为前后关联之说，不抽象，不附会。至“孝经”题下述议说全经科段，则言及各章前后关联，如云：“天子至于庶人，位有贵贱，孝有大小，故二章至六章每章各说其事。七章以立孝既终，乃总结之。从上至下，势已总结，欲言孝道之大，其辞无以发端，八章乃假称曾子之叹，更说孝道之大，先王化民之事。”然此等皆分析前后章关联，讨论作经者著文之意，亦所以论证此经孔子自撰之说。是则分析文势，非附会论理，与皇侃等不同也。是以言“十一章说父母生养之恩，既大且重；十二章说其居上临下之人，以身范物；十三章说事亲终始之道”等即不说前后关联，若皇侃则必当为说者也。

第二章对照《书》《左传》疏与《礼记》疏，推论二刘多不取《白虎通》（见 p.112），并录《左传》疏言“虽名《通义》，义不通也”，以为二刘漫骂先儒之言（见 p.121）。今检

《述议》凡三引《白虎通》:《卿大夫章》引“《白虎通》云，大夫者，大扶进者也”,《孝治章》引“《白虎通》曰，君者群也，群下之归心也”,《谏争章》引“《白虎通》云，谏必三者，象月三日成魄，臣道就”。案：前二条皆片言只语，且为常说，或凭记忆，或据类书，不足深论。至后一条乃庄二十四年何休注《公羊》文，实非《白虎通》。案《公羊》疏亦仅举《乡饮酒义》为说，不言《白虎通》，则殆亦非《白虎通》佚文，当为刘炫误记。全书引《白虎通》，仅此而已。若论刘炫不引《白虎通》者，则《孝治章》引环济《要略》云“公者无厶也”云云，置《白虎通》略同文而特引环济，与昭七年疏正同（见 p.112）。又案《开宗明义》章述议云：“致事以后，君有特命，乃驾而造朝，车不常用，故悬之。韦孟诗曰：‘悬车之义，以洎小臣。’然则古之礼制必有悬车之言，不知元本出何书也。”案：悬车，《白虎通》亦有明文。《白虎通》自非经典，或不足以为“元本”，但刘炫旁引韦孟诗[①]，而不引《白虎通》，则何轻视之甚。《曲礼》孔疏论致事，则备引《白虎通》为说（1232下），其间差异显然。又《广至德章》述议云：“郑玄《乐记》注以三老五更各一人，以三五为名耳。养老之礼，希世间出。汉明帝永平二年始尊事三老，兄事五更，以李躬为三老，桓荣为五更。是郑玄以前已有以一人为说者也。魏高贵乡公甘露三年云云……吴、蜀、晋、宋皆无其事。后魏高祖孝文皇帝大和十七年云

① 案：此诗见《汉书》。

云……各用一人，从郑说也。”历引汉魏以来故事为说，亦即刘炫之学术特色。但《白虎通》既有明言曰“三老五更几人乎，曰各一人”，刘炫何置之不论，而旁引汉魏以降故事？总之，刘炫之轻视《白虎通》，可以无疑，足与《书》《左传》疏相证，而与第一章所论皇侃重用《白虎通》者（见pp.34—35），正相反也。

总结本节所论：《孝经述议》与《诗》《书》《左传》疏对勘，可证其的为刘炫遗书，亦可窥见孔颖达等删定旧疏之实情。《孝经述议》排斥附会、堆累事实为证、叠用诘问句攻驳先儒、利用文献之广博精审等特点，皆与第二章所论二刘特点相合。《孝经述议》有科段之说，而其说仍以分析经文所述内容，讨论经文编例为宗旨，与皇侃科段说之附会论理，演说前后关联者不同。又如刘炫轻视《白虎通》等亦如第二章推论。

三　结论

本章讨论《礼记子本疏义》及《孝经述议》。两种资料皆清人所不见，其于经学可裨益之处甚多，而尤可贵者，此皆皇侃、刘炫之原书，可就讨论其学术。今经讨论，知上第二章所论二刘学术及第一、第三章所论皇侃学术特点，概皆合此两种资料。此又可反证两种资料绝非伪撰。至此，皇侃、二刘、孔颖达等学术态度、风格、倾向之不同，可谓已得其仿佛也。

第五章　贾公彦新义

第二章言二刘打破旧义疏学传统以后，孔颖达、贾公彦等只为编订整理旧疏而已，更无所创立。第三章就《礼记正义》讨论孔颖达等或因袭或删改皇侃旧疏之实情，第四章检讨《礼记子本疏义》，核论其说。又，第三章（引文5）《乐论》科段说及第四章引《丧服小记》“长长，尊尊”孔疏、“吕刑”、“甫刑”名称之论等，皆见孔颖达等袭用旧疏而率意歪曲其说，以致论理混乱之实例。本章专论贾公彦因袭、改变旧疏之实情。

一　《二礼疏》多因袭旧疏

贾公彦《二礼疏》虽皆私撰，与《五经正义》奉敕官撰者不同，而其剪贴旧疏而成书则一，断不可与现今所谓个人著作等同视之。

（引文1）

姚范曰：“凡孔贾之疏，大抵掩取前人之旧，其为己说者正无几耳。又《仪礼·丧服》一篇，自东汉六朝多有专为其义疏者。今《仪礼疏》忽于是编内云：'第七、明郑玄之注：郑氏者，北海郡高密县人云云。'此明系袭前人专解《丧服》之文，未及刊定。"[①]

孙诒让曰："唐修经疏大都沿袭六朝旧本。贾疏原出沈氏[②]，全书绝无援引沈义，而其移改之迹，尚可推案。如《载师》疏引《孝经援神契》一节，本《草人》注'黄白宜以种禾之属'句释义，贾移入《载师》而忘删其述注之文，是其证。"[③]

案：《丧服》疏云："《丧服》所陈，其理深大，今之所释，且以七章明之：第一，明黄帝之时，朴略尚质，行心丧之礼，终身不变。第二，明唐虞之日，淳朴渐亏，虽行心丧，更以三年为限。第三，明三王以降，浇伪渐起，故制丧服以表哀情。第四，明既有丧服，须明'丧服'二字。第五，明《丧服》章次，以精粗为序。第六，明作传之人并为传之意。第七，明郑玄之注，经传两解之。"（1096中）贾公彦于篇首立七章，专论《丧服》一篇，与孔颖达等《周易正义》卷首立八章，为一经总论者，体例正同。马融专注《丧服》，南北朝义疏亦多单为《丧服》疏释者，则贾公彦篇首发此专论，不足异也。然第一卷"郑氏注"题下，贾

① 见《援鹑堂笔记》五十卷本方东树案语引。
② 此谓《周礼疏》据沈重义疏重修。
③ 见《周礼正义略例》。

公彦已释郑玄之为何人以及其书称“注”之义。此第七章重为之，且论说不全同，是知此《丧服》七章之论，当别有所本，必非贾氏自创为之文也。

《载师》“掌任土之法，以物地事”，注“物，物色之，以知其所宜之事”，贾疏：“此言出于《孝经纬》。故《孝经纬援神契》云：‘五岳藏神，四渎含灵，五土出利，以给天下。黄白宜种禾，黑坟宜种麦，苍赤宜种菽，洿泉宜种稻。’所宜处多，故郑云‘之属’也。”（724下）既云“所宜处多，故云‘之属’”，则“之属”自不可谓“之事”之讹，而此注又无“之属”之言。考《草人》注“以物地，占其形色，为之种，黄白宜以种禾之属”，贾疏云：“郑依《孝经援神契》而言也。”（746中）是知《载师》疏本出《草人》旧疏，贾公彦移于《载师》而失于修改，遂遗“所宜处多，故郑云‘之属’也”两句，为无的放矢，不成文义矣。

此皆《二礼疏》袭用旧疏而失于剪裁，至前后轩轾之例，姚、孙两家之说是也。今更表《二礼疏》论说灭裂不通之事，以证贾公彦撰疏初不精审，因而知《二礼疏》之成书，实多赖旧疏。此就《仪礼·乡射》一篇为例，举列贾疏踳驳荒谬之事。

（1）戒宾节“宾出迎再拜”，注“出迎，出门也”，贾疏云：“谓出序之学门，亦如《乡饮酒》出庠门。”（993上）

案：戒宾宾出门，自是出宾家之门，此疏失误不待

《清义疏》、盛世佐、吴廷华、张惠言、黄以周等纷纷指摘而自明。贾公彦据《乡饮酒义》云“主人拜迎宾于庠门之外”，引以释此经，不知《乡饮酒义》自据宾至主人迎宾而言，与此经戒宾不相干也。是乃贾氏草率，比附彼事以释此经，非理解仪节实有异也。

（2）第一番射，司马命去侯，“司马适堂西，不决遂，袒执弓”，贾疏云：“若然，《大射》司马正不射而袒，又复决遂者，彼大射志于射，故司马正虽不射，袒复决遂。”（1000中）

案：“大射志于射”，可以言其与《燕礼》之不同，而不可以言与《乡射》之不同。乡射何尝不志于射也。若《乡饮》疏云：“案：大射主于射，略于乐。乡射亦应主于射，略于乐，所以面鼓，亦是变于君也。”（985中）是言之合理者。今此疏随手拈引“大射志于射”之成说，以言《乡射》与《大射》之不同，实无所当也。

（3）饮不胜者节注“右手执觯，左手执弓”，贾疏云：“此无正文。以祭礼皆左手执爵，用右手以祭，故知此亦用左手执弓，右手执觯可知也。”（1003下）

案：此言“祭礼皆左手执爵，用右手以祭”，固是礼之通例。[①] 但此注云“右手执觯”，与祭荐时左手执觯正相反，

① 可参凌氏《释例》“凡执爵皆左手，祭荐皆右手”条。

岂得引以为证也。

> （4）“献获者于侯”，注“乡人获者贱，明其主以侯为功得献也”，贾疏云：“案《大射》云：‘司马正洗散，遂实爵，献服不。服不侯西北三步北面拜受爵。’注：‘近其所为献。’彼国君礼，使服不——士官——唱获，故就其所为唱获献之。此乡人获者贱，故献于侯，明以侯为功得献也。”（1003下）

案下疏又云：“若《大射》则献与荐具在乏，乃适侯祭之。君礼与此异也。”（1004上）则此云“就其所为唱获献之”，固谓就乏受献无疑。然《大射》既言“设乏各去其侯西十北十”，则“侯西北三步”之位近侯而不近乏，正如《大射》疏言“服不得献由侯所为，故不近乏而近侯献之”（1040下），是知此疏显误也。贾氏何为此显误之说者？则注云“乡人获者贱”，当对《大射》服不氏为士官稍贵而言。乡人获者贱，故于侯受献，然则《大射》服不氏稍贵，不当如此。贾氏以不就侯受献，即应就乏受献，是误也。其实，郑玄意《大射》服不氏近侯所受献，近而不就，是与乡人获者有差耳。贾氏望文为说，拘注文而妄为推论，不顾其不仅与事理乖，且与《大射》疏说自相矛盾。

> （5）旅酬节“主人以觯适西阶上酬大夫”，贾疏云：“旅酬恒执此觯以相酬，故言‘以’。知义然者，上文‘命获者以旌退’，郑注云：‘旌言以者，旌恒执

也。’是也。”（1005下）

案：上退射器节言：“司马命获者以旌退，命弟子退楅，司射命释获者退中与算而俟。”（1005中）弟子言“退楅”，释获者言“退中与算”，而获者独言“以旌退”，辞例不同，故郑特释之云：“旌言以者，旌恒执也。”至此经言“主人以觯适西阶上”者，全经言“以爵”“以觯”者比比皆是，为言之最平实者，绝无含义。贾氏见上注有“恒执”之说，遂引以为此经之释，不知彼注不可以为泛说也。

（6）息司正节“无介”，注“劳礼略，贬于饮酒也”，贾疏云：“谓贬于乡饮酒。《乡饮酒礼》有介，此上正饮酒及此劳礼皆无介，是贬于乡饮酒也。”（1009上）

案：此云“《乡饮酒礼》有介，此上正饮酒及此劳礼皆无介”，其言不误。是以上经戒宾节言“无介”，注云：“虽先饮酒，主于射也，其序宾之礼略。”（993中）然此息司正之仪，《乡饮酒》亦言“无介”，与此经无异，则不得以乡射贬于乡饮酒也。郑意盖谓劳礼略，故乡饮酒正礼有介而息司正则无介；至此乡射礼，饮酒正礼本无介，息司正贬于正礼，固不得有介也。贾说嫌混，可谓以戒宾节之“无介”释此息司正之“无介”者也。

以上《乡射疏》谬误共六事，皆由贾氏草率，援用彼说以释此经，不知两事不同，本不可以彼例此，以致失误。贾氏失审草率如此，而谓全疏皆出贾氏笔，其谁信乎。当知疏文多出旧疏，贾氏剪贴编修而已，且其编修之际，常见失误。

朱熹言"《仪礼疏》说得不甚分明"，而谓"《周礼疏》最好"，[①] 其说不诬。贾公彦一人所撰而彼优此劣不同者，盖因二疏均以袭用旧疏为主，而《周礼》旧疏较《仪礼》远备故也。但既经贾氏重修编订，则《周礼疏》亦不免偶见草率之失，又与《仪礼疏》一也。

（引文2）

《夏采》"大丧，复于大祖"，贾疏："天子七庙，此经直云大祖—— 大庙—— 则后稷庙也。余六庙此不云复。案《祭仆》云'大丧复于小庙'，注云'小庙，高祖以下'，是亲庙四也。其五寝则隶仆复，故《隶仆职》云'大丧复于小寝、大寝'，注：'小寝，高祖以下庙之寝也。始祖曰大寝。'唯二祧无复文者，案《祭法》，亲庙四与大祖皆月祭，二祧享尝乃止。无月祭则不复也。"（694下）

《祭仆》"大丧，复于小庙"，贾疏："其二祧不言复，亦应此祭仆复，但无寝耳。"（852中）

案:《夏采》疏言二祧不复,《祭仆》疏言祭仆复于二祧，两疏矛盾。《夏采》疏据《祭法》二祧无月祭，故知二祧无复，论据明白，当非率尔之言。然《祭仆》疏此云者，盖因

① 见《语录》。

见《隶仆》“大丧，复于小寝、大寝”，而郑注云“天子七庙，惟祧无寝”（852下），遂谓天子七庙，皆复焉，唯二祧无寝，故止五寝而已。可知《祭仆》疏说无据，涉下注文草率为说，非贾氏礼学之正说也。《玉府》疏亦云“王有七庙及寝皆复焉”（678中），亦不细考，大判言之耳。[2013年补注：《春官》“郁人”疏：“郑云‘郁，郁金香草’者，《王度记》谓之鬯，鬯即郁金草也。”（752下）案：注云“郁”，不言鬯，疏释此注而引《王度记》，殊非其宜。观《郁人职》疏、《鬯人职》疏（770中、771中）皆引《王度记》为说，当出旧疏，贾氏遂移以释叙官注。]

要之，《二礼疏》偶见草率，错误比附等说，与全书学术水平不相符合，当谓《二礼疏》中有自创为说者之言，亦有编订成书者之言，非皆一人之说。所谓编订成书者，即贾公彦其人也[①]。是知贾公彦据先儒旧疏，改移编订而成《二礼疏》，而其态度草率，致多谬误，贾公彦之功，不可为多也。

二　新义

然若如上节所论，则《二礼疏》多因袭旧疏，且剪裁多失审，贾公彦何敢以著作自居？世人何以重其书，至隋前旧疏均湮没不闻而贾氏疏独得流传后世？今为推测，一则旧疏不备。案《隋志》，为《周礼》义疏者凡四家，除沈重

---

① 且不论李玄植等协撰者。

《义疏》四十卷外，他三家不著撰人，卷数各为十九、十、九;《仪礼》义疏仅见无名氏二家，二卷之与六卷而已。较之刘炫《尚书》疏二十卷、《诗》疏四十卷，皇侃《礼记》疏四十八卷等，详略悬殊。《周礼》独沈重一家有四十卷，后人皆谓贾公彦取资，或其然也。至《仪礼》，贾公彦《仪礼疏序》所言黄庆、李孟悊他书竟不见其名，《隋志》二家二卷、六卷，绝不可为逐句疏解如今贾疏者。此所以《周礼疏》优而《仪礼疏》劣，如上节所言。据此又知《周礼疏》当多因袭旧疏之文，《仪礼疏》更多贾公彦自为之说。上节论《仪礼疏》疏谬，即以《乡射礼》一篇为例，以其率尔之言尤多，论之可明显故也。至谓何以如此？则盖有由也。案:《乡射礼》前半与《乡饮酒礼》大同，后半与《大射》大同，而《乡饮酒》为饮酒正礼，《大射》尤详尊卑之辨。《乡饮酒》《大射》明，则《乡射》亦明。据此推测，隋前义疏卷帙既甚少，其于《乡射》必当极简略。今贾公彦欲逐句为全书疏解，如刘炫、孔颖达等所为，则无旧疏可以因袭，必须自撰其文。然贾公彦态度草率，多凭联想，随便下笔，未尝详审文义，是以《乡射礼》谬误尤多。此又何止《乡射》一篇为然，《仪礼疏》全书亦即如此，是以谓《仪礼疏》不如《周礼疏》详审也。

然则贾公彦《二礼疏》之所以与隋前各家义疏不同，而为世所重，或在其体例，就全部经注逐句为疏释，颇为详备，可谓其一端。又当知六朝义疏旨在通理，未必以解释经注文义为目的，是以《仪礼》义疏可以二卷为之；至刘炫、孔颖达等，则必欲以得经文正义为准的，故必须逐句为经注疏解：此亦上四章反复所论六朝义疏学与二刘、孔颖达等学术之差别，表现为义疏体例之不同者。第二章论二刘学术，引贾公彦《二礼疏》相对照，谓贾公彦说为六朝旧义疏学内容，与二刘态度正相反，以其（引文 23、30）下所论最为显例。然就此逐句解释经注文之体例而言，贾公彦又与六朝旧疏不同，而与二刘、孔颖达等相同。是贾公彦因袭旧义疏学内容，而其体裁则仿效二刘、孔颖达等，当谓贾公彦时值二刘、孔颖达之后，外形务追隋唐新风，内容仍多南北朝之旧：义疏学演变之殿军，贾公彦之地位如此耳。

但贾公彦《二礼疏》与旧疏不同，不仅在其体例，内容亦非全然因袭旧疏，而有所更改创新。第二章（引文 14）引《大宗伯》《大司乐》疏，论贾公彦所据旧疏当如《大宗伯》疏，而贾公彦见《诗》《书》《左传》疏所引郭璞说，亟于《大司乐》疏补入其说，而未得折中，故论说一左一右，错综混乱；（引文 21）引《占人》疏，论贾公彦因见《书》《左传》疏有筮龟实无优劣之说，故强为六经不若谶纬之怪论：此等皆贾公彦改造补订旧疏之事。虽不可证贾公彦之前必无有为其说者，而为贾公彦所承袭，然即或非出贾公彦其人，其改造补订旧疏则一也。

（引文 3）

《地官·师氏》“以三德教国子：一曰至德，以为道本；二曰敏德，以为行本；三曰孝德，以知逆恶”，注：“至德，中和之德，覆焘持载含容者也。……敏德，仁义顺时者也。……孝德，尊祖爱亲，守其所以生者也。”贾疏曰：“案：此经有至德、敏德、孝德，《老子》亦有三等之德。案《老子道经》云‘道可道，非常道’，河上公云：‘谓经术政教之道，非自然长生之道；常道当以无为养神，无事安民，含光藏曜，灭迹匿端，不可称以道。’又案《德经》云‘上德不德，是以有德’，河上公注云：‘上德，大古无名号之君。德有无上，故言上德。不德，言不以德教民，因循自然，其德不见，故言不德是以有德者也。’又云‘下德不失德，是以无德’，注云：‘下德谓号谥之君。德不及上德，故言〔下德也。〕不失德，以其德见，其功称，是以谓之无德。’又云‘失道而后德，失德而后仁，失仁而后义，失义而后礼’，注云：‘道衰德化，德衰而仁爱见，仁衰而（忿争）〔分义〕明，义衰而聘行玉帛。’又案《握河纪》：‘尧曰，皇道帝德，非朕所专。’又《中候义明》云‘洞五九，礼阏郵’，注云：‘阏，止。郵，过。言五帝后洞三王之世，其治各九百岁，当以礼止过也。’

“案此诸文言之，此‘至德’，覆焘持载含容之德，同于天地，与《老子》‘常道’及‘上德不德’为一物，皆是燧皇已上无名号之君所行，故河上公云‘上德，无名号之君所行’也。此‘敏德’则《老子》云

> ‘可道之道，非常道’‘下德不失德’之德亦一也，故河上公云‘政教经术，有名号之君所行’。以其三皇五帝为政皆须仁义顺时，故郑云‘敏德，仁义顺时也’。若然，《老子》云‘失道而有德，失德而有仁’者，是三皇行‘可道’之道，五帝行‘下德不失德’之德，即尧云‘皇道帝德’，亦谓此道德，于此经同为敏德也。其三王同行孝德耳。
>
> “其《老子》又云：‘失德而有仁，失仁而有义，失义而有礼。’‘礼’专据三王之时，故云‘洞五九，礼罔䣊’。若然，‘仁’‘义’在‘礼’前‘德’后，则五帝与三王俱有仁义，故《礼记》云‘尧舜率天下以仁，而民从之’，又云‘禹立三年，百姓以仁遂焉’，是以仁义关在五帝、三王之间者也。”（730下）

案：贾疏此说，在逐句疏释经注全文之后，更发此论，以《老子》三等之德与此经三德相比附，非常例也。且其说也，以《老子》“常道”及“上德不德”比附此经“至德”，“可道之道，非常道”及“下德不失德”比附此经“敏德”，是为二德。至此经“孝德”，贾公彦仅称“三王同行孝德”，于《老子》初无所当，竟不知所谓“《老子》亦有三等之德”者何据而言。“其《老子》又云”以下更以德、仁、义、礼为等次，以五帝当德，三王当礼，而证论仁之与义，五帝三王具与焉。然若以至德、敏德故，谓五帝当德，则三王亦为敏德，何得五帝为德，三王独退为礼。要此疏比附之说，多牵强而论理灭裂，甚可疑义。今解说其故，则熊安生本有《老子》三等德之说，而未尝附会此经；贾公彦见熊说，遂生搬硬套，比附于此经，不顾其说本不合于此，自致论理灭裂也。案：熊说见《曲礼》孔疏引。其说曰：“此云‘太上贵德’，郑云‘帝皇之世’，则帝皇以上皆行德也。所以《中候握河纪》云‘皇道帝德，非朕所专’，是三皇行道，五帝行德，不同者，但德由道生，道为其本，故道优于德，散而言之，德亦是道，故总云贵德。既三皇行道，五帝行德，以次推之，则三王行仁，五霸行义。五帝虽行德，亦能有仁，故《大学》云‘尧舜率天下以仁’是也。案《老子》云‘道常无名’，河上公云‘能生天地人’，则当大易之气也。《道德经》云‘上德不德’，其德稍劣于常道，则三皇之世，法大易之道行之也。然则可行之道，则伏牺画八卦之属是也，三皇所行者也。‘下德不失德’，河上公云‘下德谓号谥之君’，则五帝所行者也。但三皇则道多德少，五帝则道少德多。”（1232上）熊说条理清晰，论说结构整齐，虽是附会，固不妨为一家之说。［2013年补注：孔序云熊氏“违背本经，多引外义”，此其显例。又如《表记》“事君……可生可杀，而不可使为乱”，疏引熊氏云，可杀者谓臣可杀君，引《春秋》“杀君称君，君无道”，孔云非辞。（1643）案：熊说自非所以解此经，是所谓外义。］又“《老子》三等德之说”，谓之熊说则实然也，其于贾疏乃无所当矣。且贾疏引书亦与熊说雷同。是明贾公彦见熊说而移于《师氏》，断可知也。今取熊、贾二家说之要，表示如下：

<table>
<tr><th>熊安生说</th><th>《老子》</th><th>贾公彦说</th></tr>
<tr><td rowspan="2">大易之气</td><td>“道常无名”</td><td></td></tr>
<tr><td>“常道”</td><td rowspan="2">燧皇已上
无名号之君</td></tr>
<tr><td rowspan="2">三皇</td><td>“上德不德”</td></tr>
<tr><td>“可道之道，非常道”</td><td rowspan="2">三皇五帝</td></tr>
<tr><td>五帝</td><td>“下德不失德”</td></tr>
</table>

<table>
<tr><th>熊安生说</th><th>《老子》</th><th>贾公彦说</th></tr>
<tr><td>三皇</td><td>道</td><td></td></tr>
<tr><td>五帝</td><td>德</td><td>五帝</td></tr>
<tr><td>（五帝）、三王</td><td>仁</td><td rowspan="2">五帝、三王</td></tr>
<tr><td>五霸</td><td>义</td></tr>
<tr><td></td><td>礼</td><td>三王</td></tr>
</table>

贾公彦见熊说有趣，遂欲引用其说，比附于此经，不知彼说不可移于此，以致论理灭裂，斯可谓贾公彦之常病。其失皆在草率失审，窃用彼说以论此事，不知其于义无当，亦不觉已说论理灭裂耳。

（引文4）

> 《乡大夫》“五物询众庶：一曰和，二曰容，三曰主皮，四曰和容，五曰兴舞”，郑注云：“和载六德，容包六行也。……主皮、和容、兴舞，则六艺之射与礼、乐与……”贾疏：“在下谓之载，和在六德之下，故云‘和载六德’。在上谓之包，容则孝也。孝在六行之上，故云‘容包六行’。必知容得为孝者，案《汉

> 书》'高堂生善为容'，容则礼也。善为孝者必合于礼之容仪，故以孝为容者也。"（717上）
>
> 《乡射》"乡射之礼"注引《乡大夫》"五物询众庶"，贾疏云："郑云'和载六德'者，和是六德之下，六德大，故举下以载上也。容为孝者，人有孝行则性行含容，故以孝为容。孝是六行中之大，故举上以包下，故云'容包六行'也。……以和容为礼者，礼之用和为贵。又行礼有容仪，是以汉时谓礼为容，故以礼为和容也。"（993上中）

案：《大司徒》乡三物，"一曰六德，知、仁、圣、义、忠、和；二曰六行，孝、友、睦、姻、任、恤；三曰六艺，礼、乐、射、御、书、数"（707中），郑玄据以为释。今观《乡大夫》《乡射》二疏，其说不同。郑注以"容"当孝，"和容"当礼，则"容"字应兼及二义。而《乡大夫》疏则引《儒林传》，以"容则礼也"之说释"容"当孝之义，且不释"和容"当礼之义。《乡射》疏则有"人有孝行则性行含容"之说，以释当孝之"容"，至其释"和容"乃用"高堂生善为容"之义。同出贾氏编订而两说不同者，盖一则仍旧疏之旧，一则贾氏就旧说而有所改移，非贾氏自为两说。《乡大夫》疏引用《汉书》容犹礼之说，本可以释"和容"当礼之义，而更为孝者合礼容之说，乃以为"容"当孝之义，置"和容"当礼之义不论，可谓迂曲。《乡射》疏引用《汉书》容犹礼之说，即以为"和容"当礼之释，然别创

“人有孝行则性行含容”之说，以释当孝之“容”，则不免巧说无据之感。两疏相较，盖可推测《乡大夫》疏贾氏因仍旧疏，《乡射》疏经贾氏改造旧说与。又案，《儒林传》本作“鲁高堂生传《士礼》十七篇，而鲁徐生善为颂，孝文时徐生以颂为礼官大夫”，则《乐记》疏云“《汉书·儒林传》云孝文时徐生善为容，是善礼乐者谓之容也”（1543中），是其文之正，《乡大夫》疏引文不正，至《乡射》则全不引《汉书》，仅以为汉时故事，亦为《乡射》据旧说改造之旁证。

（引文5）

《冠礼》醮辞“孝友时格”，注“善父母为孝，善兄弟为友”，贾疏云：“《尔雅》文。不言善事父母、善事兄弟者，欲见非直善事兄弟，亦为兄弟之所善者诸行周备之意也。”（957下）

案：注文既出《尔雅》正文，而此疏特以不言“善事”为疑者，盖亦贾氏袭用《周礼》旧疏之成说也。《大司徒》注“善于父母为孝，善于兄弟为友”，疏云：“案《尔雅》云：‘张仲孝友。善父母为孝，善兄弟为友。’彼不言‘于’，此郑云‘善于父母’‘善于兄弟’言‘于’者，凡言孝友，非直甘肴先奉、昏定晨省而已。谓若《礼记·祭义》云：‘孝者先意承志，喻父母于道，国人称之曰：幸哉有子若是！’如此美行，乃所为父母兄弟所善，故郑云‘善于父母为孝，善于兄弟为友’也。”（707下）是彼注作“善于”，与《尔雅》

单作“善”不同，故以有“于”者为被动式解之，谓“父母兄弟所善”也。就语助之微，畅论孝友之深义，巧则巧矣，而非通论也。岂谓必言“善于”始得孝友之真谛？若《大司乐》注云“善父母曰孝，善兄弟曰友”，安得谓其孝友与《大司徒》所言有差。是知《大司徒》疏之说，不过望文发挥之言，不足以论他经注。今贾公彦见《大司徒》旧说之巧，亟移于此《冠礼》，而因此注作“善”与《尔雅》正同，遂率意自立“善事”之言，移“善于”与“善”之差为“善”与“善事”之不同。因其“善事”出贾氏自立为言，事无所承，故言之突如，读者不知何必为此比较。又殊不知“善兄弟”解为何等语法，始可有“为兄弟之所善者诸行周备”之含义，斯牵强之至。是以单读此疏者，必不可得其义。[①] 无论何等贤明，必当参考《大司徒》疏，考知贾氏引用改造先儒巧说之意，此疏始可读也。

（引文6）

《昏礼》亲迎“乘墨车”，注“士乘墨车，摄盛也”，贾疏云：“士乘墨车为摄盛，则大夫当乘卿之夏缦，卿当乘孤之夏篆。已上有木路，质而无饰，不可使孤乘之。礼穷则同也，孤还乘夏篆。又，于臣之外特置，亦是尊，尊则尊矣，不欲摄盛。”（963下）

① 案此疏“欲见非直善事兄弟”，单疏已误“直”为“且”。盖因贾疏论理灭裂，宋人不得其意，遂为此讹。

又“妇车亦如之”，注“亦如之者，车同等”，贾疏云：“凡妇车之法，自士已上至孤卿皆与夫同，有裧为异。三夫人与三公夫人当用翟车，九嫔与孤妻同用夏篆，世妇与卿大夫妻同用夏缦，女御与士妻同用墨车也。”（964上）

案：《春官·巾车》疏云：“若五等诸侯亲迎，皆乘所赐路。以其士亲迎摄盛乘大夫车，则大夫已上尊则尊矣，不可更摄盛换乘在上之车，当乘所赐车，与祭祀同。则王乘玉路可也。”（823下）又云：“王之三夫人与三公夫人同乘翟车，九嫔与孤妻同乘夏篆，二十七世妇与卿妻同乘夏缦，女御与大夫妻同乘墨车。士之妻摄盛亦乘墨车，非嫁摄盛则乘栈车也。”（824上）又云：“若亲迎则士有摄盛，故《士昏礼》主人乘墨车，‘妇车亦如之’，有裧为异耳。王后别见车五乘，此卿孤以下不见妇人车者，妇人与夫同，故《昏礼》云‘妇车亦如之’。但大夫以上尊则尊矣，亲迎不假摄盛换乘上车也。”（825上）《巾车》疏序次男女用车之差既详且析，而于亲迎则谓唯士有摄盛，大夫以上皆不摄盛。然此《昏礼》疏则于夫之车辄云“士乘大夫墨车，大夫当乘卿之夏缦，卿当乘孤之夏篆”，卿大夫皆以摄盛为说，与《巾车》疏不合。于妇车则云“孤妻用夏篆，卿大夫妻同用夏缦，士妻用墨车”，以大夫士摄盛，孤卿不摄盛，又与《巾车》疏不同。然《昏礼》疏自言“凡妇车之法，自士已上至孤卿皆与夫同，有裧为异”，正与《巾车》疏同，而今于夫车以孤不摄盛，卿大夫士摄盛；于妇车以孤卿妻不摄盛，大夫士妻摄盛：是则不仅与《巾车》疏不合，并且自相矛盾。何以然也？则贾氏本当以《巾车》旧说为据，而率意改造，致此灭裂耳。案“乘墨车”，注云“士乘墨车，摄盛也”，只言摄盛，不言大夫以上无摄盛。又，亲迎所服，“主人爵弁”，郑注“大夫以上亲迎冕服”，贾疏云：“卿大夫朝服以自祭，助祭用玄冕，亲迎亦当玄冕摄盛也。……孤卿大夫士为臣，卑，须摄盛，取助祭之服以亲迎；则天子诸侯为尊则尊矣，不须摄盛，宜用家祭之服。”（963下）贾公彦由是，自士乘墨车上推之，则大夫当乘夏缦，卿当乘夏篆。至夏篆，服车五乘极矣，故云礼穷则同，孤亦乘夏篆，与卿同。然其说也，一言以木路质，又言孤特尊，歧出两途，亦可见其随意为说，非审慎考订之说。至“妇车亦如之”疏，文与《巾车》疏相类，盖出因袭彼疏。然《巾车》疏说大夫妻以上皆不摄盛，今乃欲谓大夫以上亦摄盛，而又不知摄盛之限，遂就旧说，仅改大夫妻墨车为夏缦，姑息之说，且不顾与夫车卿亦摄盛之说不合也。当知《巾车》疏说是义疏家之正说，贾氏因袭旧说者；至《昏礼》疏，则贾氏据《巾车》疏而随意改变，自乱其说，迷惑之极也。

	夏篆	夏缦	墨车
《巾车》疏	孤 孤妻	卿 卿妻	大夫、士 大夫妻、士妻
《昏礼》疏	孤、卿 孤妻	大夫 卿妻、大夫妻	士 士妻

（引文 7）

《士冠礼·记》："始冠缁布之冠也。……適子冠于阼，以著代也。醮于客位，加有成也。三加弥尊，谕其志也。冠而字之，敬其名也。委貌，周道也；章甫，殷道也；毋追，夏后氏之道也。周弁，殷冔，夏收。三王共皮弁素积。"

贾疏云："记人以经有缁布冠、皮弁、爵弁、玄冠，故还记缁布冠以下四种之冠以解经之四者。此委貌即解经'易服服玄冠'是也。"

又云："再加当在'周弁'三加之上，退之在下者，欲见此是三代之冠，百王同之，无别代之称也。"（958 下）

案：《礼记·郊特牲》经文与此记同。彼疏云："'委貌'一条论三加始加之冠，'周弁'一条论第三所加之冠，'皮弁'一条论第二所加之冠。在后言皮弁者，以其三王共同，故在后言之。"（1456 中）《礼记》疏以"委貌"当始加之缁布冠，与贾疏当"易服服玄冠"者不同。所以不同者，孔疏说即贾公彦所据旧说，而《冠礼》疏乃贾公彦改造之说。何以知之？贾公彦《仪礼疏序》云："案《士冠》三加，有缁布冠、皮弁、爵弁，既冠，又着玄冠见于君。有此四种之冠，故记人下陈缁布冠、委貌、周弁，以释经之四种。"序中特详述四种冠之说，当是贾氏得意之论。案：士冠三加，缁布冠、皮弁、爵弁，是冠之正礼；"乃易服，服玄冠"，是礼成后，着成人常冠而已。记文"委貌""周弁""皮弁"三条相属，皆言三代之制，而“缁布冠”一条远隔在前，且非所以明三代异制，不可并论，故旧说以缁布冠、爵弁、皮弁当“委貌”“周弁”“皮弁”。贾氏见记“委貌”“周弁”“皮弁”之外，更有“缁布冠”一条，则共有四种，遂改“委貌”当玄冠，以求经记应合。贾疏《仪礼》解释记文，每言“记者记经之不备”，是以贾氏见记有四条言冠，即欲与经四种冠相应。此记“委貌”究当何冠，实不足深辨。郑玄虽别有“玄冠，委貌也”之训，此注只言“其制之异未闻”，而蔡邕又有“缁布冠即委貌冠”之言。当知孔贾不同，实不关训诂名物，直为形式之论。孔疏说，可谓平实。贾疏说本据“经记相应”之观念，附会为之，非出文理自然，是以稍嫌牵强，而贾公彦以此说自矜，颇有与皇侃学术风气相通者。今可不论平实与牵强，当谓两说均可成一家之言。然贾公彦既破旧说，以“委貌”当玄冠，又因仍旧说三冠次序之说，斯见论理混乱，迷惑读者。旧说以“委貌”当始加之缁布冠，则记文“委貌”“周弁”“皮弁”为始加、三加、再加之序，是以特为解释谓皮弁三王共同，故退之在下。今贾氏改以“委貌”当玄冠，则记文先言始加之缁布冠，次言三加以后之玄冠，次言三加爵弁，次言二加皮弁，与加冠次序全不相干，不可独以皮弁居末为疑也。贾氏破旧说“委貌”之义，而仍袭“皮弁三王共同故在后”之说，故为偏颇如此。贾氏编订义疏，本据旧说而改造之，既与旧说不同，又非全然改为新说，是以往往见论理混乱，不明旨意如此。若不参考《郊特牲》疏，《士冠记》疏只见奇怪，竟不可读也。

三　结论

贾公彦当二刘、孔颖达等之后，为《二礼》撰疏，虽称私家撰述，内容多因袭旧疏，出其自说者盖寡。然《二礼》旧疏颇不完备，《仪礼》尤甚，则贾公彦必须自为之说。旧义疏学，重在通理，故卷帙极少亦可成书；贾公彦仿二刘、孔颖达等，就经注文字逐句为说，则自当多补撰其义。然贾公彦撰述态度草率，往往强引彼说以释此经，不知两事本不相干。故贾疏谬失颇多，《仪礼疏》较《周礼疏》更多。凡此等谬说，皆于彼为正当之言，移以说此经，始为谬误。贾公彦又有改造旧说之例，即本出彼经旧说，贾氏歪曲以迁就此经，致论理混乱，一往读之不得其意。如此则必须探得所据旧说，相为对勘，始见贾氏改制之意。

第二章（引文 23、30）下论《仪礼》《周礼》贾疏说是义疏学旧说，为二刘所攻驳，《毛诗》孔疏所述当即二刘说；本章（引文 3、7）下论《礼记》孔疏见义疏学旧说，《周礼》《仪礼》贾疏乃为改移变化之说；又有《周礼》疏存义疏学旧说，《仪礼》疏为改移变化之说者，如本章（引文 4、5、6）。总而言之，孔贾二家之疏，均出重修旧疏，具皆既有义疏学旧说，又有新订之说。然孔疏之新说，或是二刘之说及孔颖达等学二刘排斥附会之说，或是孔颖达等为遵循注家说，迁就改移旧说者；而贾疏之新说，则多见轻率，引彼旧说以释此经，不知彼此之间本不可相通，强为比附，歪曲旧说，致文理滞涩，不易知其意。两家新说，趋向不同，互不相类，贾氏不为攻驳附会之说，孔氏又无强为比附之失。（2013年补注：虽然，孔疏亦不无歪曲皇疏之处，如见pp. 140—141、171—173等。）而其止于表面操作，加工旧说，竟无创立新学说、新学术之力，则两家无所异也。贾氏《二礼疏》之流传后世，在其体例，逐句疏释经注文，颇便学习而已，若谓其学术，则当不如南北朝诸儒之有能自己探索研究也。

如今于贾氏千百年之后，贾氏所据旧疏一概不传，而欲窥知贾氏之意，其难矣哉。只得就贾氏《二礼疏》本身及《五经正义》等，详审比较，分辨说之新旧，探索旧说，追究改变之迹。如此则庶几得知一二说之真相，而不可期望全书文义廓然明白耳。

第六章　贾疏通例

第一章至第四章讨论皇侃、二刘、孔颖达等之不同学术特点，以明贾公彦以前义疏学演变之概况，至第五章论贾公彦之于旧说，既有因袭又有改移之编撰特点。义疏学末期趋于衰亡之大局，孔、贾二家仅续残喘之实情，庶几可得其仿佛，本章则论《二礼疏》所见义疏学之通例，不论南北朝与隋唐无以异者。上为特点，此为常规，合之即见贾疏之大概。

一　义疏学不为实事求是

清人常讥明人不读注疏，以读注疏为学术门径，标榜实事求是之学。今人常以汉唐注疏与宋明理学相对，理学空疏，注疏实学；又或以汉唐注疏为训诂、名物制度之考据学。其实义疏之学绝非所以实事求是，不可与清人学术等同视之。

就上文所述覆言之，则皇侃学术是通理之学，不顾经注原意，自与实事求是无关。第二章见所谓旧义疏学之说为二刘所攻驳者，每有附会义理之言，多涉穿凿，亦非实事求是。至二刘之学术特点，上文论之为现实、合理、文献主义，颇类实事求是，但仍与清人学术大有不同，见第二章结论。孔颖达、贾公彦等不成一己学术，更无论矣。

孙诒让评论《周礼疏》谓："于杜郑三君异义，但有纠驳，略无申证；故书今制，罕核阙如。"[①]"略无申证""罕核阙如"，诚如其说，唯不可以为贾疏之失。何谓？学术不同也。若使此《周礼疏》而为清人著作，庸陋至极，殊不足观；而其实为六朝隋唐之义疏学著作，自不可以实事求是责之。

惠士奇评论《周礼疏》谓："贾公彦于郑注如'飞矛''扶苏''薄借綦'之类，皆不能疏；所读之字亦不能疏，辄曰从俗读，甚违不知盖阙之义。"[②] 案《夏官·司弓矢》注"枉矢者，今之飞矛是也"，贾疏："汉时名此矢为飞矛，故举以为说也。"（856上）《司戈盾》注"藩盾，如今之扶苏与"，贾疏："举汉法以况之也。"（855下）《弁师》注"瑾读如薄借綦之綦，綦，结也"，贾疏："汉时有薄借綦之语，故读从之。亦取结义。薄借之语未闻。"（854下）此皆贾公彦言郑玄举汉事为说，而不知其的为何物。贾公彦明言"薄借之语未闻"，是不知也。但诸注言名物，贾疏概皆不言其为何物，此乃贾疏常例。如《春官·磬师》注"缦读为缦锦之缦"，贾疏："时有缦锦之言，依俗读之也。"（800中）观诸

① 见《周礼正义略例》。

② 盖出《礼说自序》。今未见原书，据《汉学师承记》转引。

例，当知贾公彦意在说得郑玄著注之意，非在名物之实，是以每必言“举以为说”“以况之”“读从之”，而不言其当为何物。旨在说明郑玄何以为此言，有无深意，至其实为何物，亦无所谓。当知义疏学非考古学，非历史学，非名物学，非考据学，贾公彦不言，不仅因其不知，更因其不欲知。后人据此以为贾疏之失，只见自己寡陋，识见狭隘，不知学术随时变化之理耳。岂不见清代经学亦曾被视为反动、封建之糟粕？盖学术无绝对之标准，今日风气趋于追求历史真实之科学研究，亦不过一时风气而已。

义疏学非为名物考据、实事求是之学，上章引文亦皆可证。如第二章（引文13）《书》《周礼》《仪礼》《礼记》《左传》诸疏论甲胄用革用铁，贾公彦专据《考工记》及后世文字从金，以为古用皮，后世用铁；二刘更参《说文》有兜鍪、铠字，即谓秦汉以来用铁。是皆参合条理文献用字之例而已，未尝做历史或考古之探索，绝无究明其实之意。又如第二章（pp.107—108）见《职金》注“用金石者，作枪雷之属”，贾疏仅云“皆谓守城御捍之具”，襄十年孔疏引《职金》及注，并引陈思王文以为证，亦皆限经典文字范围内，绝不为名物、考据之学。是以二刘虽称博识，若谓考古求实，则固不如孙诒让之精博也。

《仪礼·冠礼》“设洗直于东荣，水在洗东”，注“洗，士用铁”，贾疏：“案《汉礼器制度》，洗之所用，士用铁，大夫用铜，诸侯用白银，天子用黄金也。”注又云“水器，尊卑皆用金罍，及大小异”，贾疏：“此亦案《汉礼器制度》，尊卑皆用金罍，及大小异。”（948上）此贾疏谓郑玄所言皆据《汉礼器制度》。清人姚际恒之言曰：“三代鼎、彝、尊、罍之属，尊卑皆用铜，无用铁及金银者。贾氏谓郑按汉礼器，汉亦无是礼器也。”[①]《汉礼器制度》之文，何得以为即汉代礼器实物？当知义疏学本为文字通理之学，绝不用古代礼器实物为之考证，姚氏不知义疏学之为何物，而妄为讥评，轻薄浮佻，吾无取焉。

但实事求是自为求知之一端，古人亦非不知为之。《月令》“反舌无声”，孔疏引蔡云“今谓之蛤蟆，其舌本前着口侧，而末向内，故谓之反舌”，又引麋信曰：“昔于长安中，与书生数十共往城北，水中取蛤蟆，屠割视之，其舌反向后。”（1369上）麋信解剖蛤蟆，验其舌，是实事求是之显例。然其后义疏学家专为文字语言之探索，不更为如此实验也。

盖清人常谓当代学术远胜前代，颇以自负，故视古代学术犹不能摆脱有清一代学术之偏见。例如清人治《礼》，最重礼图。是以陈澧云“郑贾作注作疏时，皆必先绘图。今读注疏，触处皆见其踪迹”[②]。又如黄以周云：“《周礼疏》，《新旧唐书》并著录称五十卷，今通行本止四十二卷，检其疏文首尾完具，则所少八卷非其图欤。”[③] 今案此皆据自己治学之法推测古人，自为之说耳。《周礼疏》今有宋越刊八行本，为注疏汇刊之鼻祖，即分五十卷，与日抄单疏本同，是

---

① 见《仪礼通论》。
② 见《读书记》。
③ 见《经说略》。

知四十二卷少八卷者，后之书估随意更改卷帙而已，非内容有遗失。黄以周以所少八卷当图，其说不攻自破。[①] 至陈澧说，是据《仪礼》仪节言，则吾辈今日读《仪礼》注疏，即不需参看礼图，亦不碍理解郑贾文义。不仅如此，贾公彦说亦有绝不可绘图者。

（引文1）

《乡射》第三番司射命拾取矢，“司射先反位”，注：“言先三耦及众宾也。既命之即反位，不俟之也。向不言先，三耦未有拾取矢位，无所先。”贾疏：“案前第二番将射，命三耦拾取矢，‘司射反位’不言‘先’。未有位，无所先，故决之。第二番无位者，以司射之西南有三耦射位，至再番司射反于故位，三耦将移于司马之西南拾取矢之位；未往之时未有故位，三耦既无故位，故司射不得言先，故以此决之也。凡射，《大射》与《乡射》各有三位。此《乡射》无次，有堂西取弓矢袒决遂及比耦之位，又有三耦射位在司射位西南，又有拾取矢及再番射位，是三位。”（1004中）

敖继公云：“此所立者，即其故位。更以司马为节，近故尔。向者司马未在此，故以司马为节。”

黄以周《射礼通故三》：“敖继公、盛世佐、张惠

① 黄氏当未见八行宋本。然其后胡玉缙《四库提要补正》、洪诚先生《训诂学》等则其时当已知有八行本，而仍皆因袭黄说，为不可解。

> 言诸说:《乡射》堂下止有二位。三耦拾取矢，立于司马之西南，即是前番射位。时司马已就位，故经更以司马为节，近故尔。贾疏非。以周案:《乡射》止有二位。比三耦在堂西位，其初射、再射及拾取矢皆在司马西南之位。经于初射云‘司射西南’，为此时司马未定位，故以司射为节。及司马命去侯之后，立于司射之南，其位已定，故经于再射即举司马为文。司马西南即司射西南，是《乡射》止有二射位也。”

案：中之位置，南北以堂深，东西当西序。第一番将射，“司射先立于所设中之西南，三耦立于其西南”。第二番将拾取矢，“司射反位，三耦立于司马之西南”。司马之位，立于司射之南。依注疏说，三耦第一番射位在中之西南之司射之西南；拾取矢位在中之西南之司射之南之司马之西南：二位不同。然若试为之画图，则知此二位实不可以异。[①] 是以敖继公谓二位实同，经文言辞不同而已。

郑注常发经文辞例，而偶或迂曲晦涩，贾疏则必欲通其义例，详为探讨。此实可谓贾疏之宗旨，是以第二番拾取矢“司射反位”下，贾公彦讨论曰：“言‘先反’者，对未反位之辞。俱有位，得言‘先’；若一有一无，不得言‘先’，即此文。是以下文注决此也。若具无，亦得言‘先’，

---

① 一图独画司射，一图并画司射与司马，乃见其一在司射西南、一在司马西南之意。若不画司射、司马，则其庭中位置实无可以异也。

故上云‘司射比三耦于堂西’，云‘司射先立于所设中之西南，东面，三耦皆进，由司射之西，立于其西南，东面北上而俟’，是其皆未有位，亦得言‘先’。”（1001下）意谓第一番将射，司射、三耦皆未尝有射位，故言“司射先立”；第二番拾取矢，司射反其射位而已，而三耦拾取矢之位与第一番射位不同，非反故位也，故经言“司射反位”，不言“先”；至第三番拾取矢则司射、三耦皆反故位，故言“司射先反位”。当知义疏之学，自以文辞观念为主，不关实际如何，是以或嫌烦琐而牵强。然读此等说，固不需参考画图，甚或不可以用图也。

敖继公之地位极其特殊，两千年《仪礼》学历史，于郑学之外独立一帜，分庭抗礼，自成一家者，此人而已。敖说精简，风靡一世，直至乾隆后期，学者以汉学、郑学相标榜，始肆力攻击敖说。其实敖继公之得以不据郑学，别成体系，多赖实事求是之法，是以清人虽恶其推翻郑学，而终不可全废其说。此射位之说，即其例也。[1] 又如《乡射》“乏，参侯道居侯党之一，西五步”，郑注“侯道五十步，此乏去侯北十丈，西三丈”，贾疏云：“侯之正北落西有五步，即三丈也。经云‘西五步’，五六三十，故云三丈也。”（993

① 又当知郑学亦非所以实事求是，清人标榜郑学而以实事求是自诩，则不免陷入矛盾。如胡培翚之诈术，自称撰《正义》四例，其四曰订注，谓辨证郑君偶失，颇似实事求是，当仁不让于师之意。实则心所深讳，常不言郑失而转攻贾疏，其实贾疏祖述郑说而已，又或引先儒驳难郑说之文而改为攻破贾疏之言，卑劣至极。

下）敖继公说：“侯党，指侯之西边而言。西五步谓侯党之西也。”“侯党”之训诂，实多争论，今且不论。此必当知者，若言其物，此侯甚大，上幅四丈，下幅三丈。经云“西五步”，三丈也。然侯身即有三四丈，则必当详明其自侯之何处为三丈。故敖继公言其为自侯之西边更向西三丈。反观贾疏之言，则竟以侯为一地点，初不考虑侯之有幅度。是知贾公彦之说，皆出观念之论，绝非考虑实物者，亦非绘图为考证者也。

要之，义疏学为文字通理之学，《二礼疏》即以讨论疏通郑说为宗旨，与清人实事求是、名物考据之学，判为二途。清人评论贾疏，只知就清人学术标准观之，不知学术标准随时而异，故多谬失之言。

二 通义例为义疏郑学之要旨

郑学为一体系，诸经郑注互相关联，构成一家学术。探讨其间条理，使此学术体系更趋精致，是为义疏郑学之要旨。例如《士冠礼》“所卦者”郑注：“所卦者，所以画地记爻。《易》曰：‘六画而成卦。’”贾疏：“《说卦》文。彼云‘……兼三才而两之，故《易》六画而成卦’，注云‘三才，天地人之道。六画，画六爻。’引之者，证画地识爻之法。”（946中）案《周易集解》引虞翻云“乾坤各三爻而成六画之数”，韩康伯注云“设六爻以效三才之动，故六画而成卦也”。两家均以“六画”为名词，独郑玄注释“画”为动作。《士冠》注引《说卦》，所以证“画地记爻”之事，若据虞翻、韩康伯，绝不得其意，必当据郑玄《易》注，始可以解《士冠》注也。郑注诸经之自成体系如此。下更举郑注《论语》之例。

《士昏礼》郑注“礼不必事，虽知犹问之”，贾疏：“案《论语》云‘无必’，故云不必事也。”（961下）《乡射》郑注“三耦卒射，众足以知之矣，犹挟之者，君子不必也”，贾疏：“案《论语》孔子云：‘君子无必，无固，无我。’以不必即知，故仍教之。”（1002中）《既夕》郑注“虽知事毕，犹请，君子不必人意”，贾疏：“义取‘孔子云无必无固’之言也。”（1153上）案郑注屡见“君子不必”之言，皆谓明知前人有其意而不以为必然，审慎而谦逊。此语出《子罕》，《子罕》何注云“用之则行，舍之则藏，故无专必”，谓自己行为无所固执，与《仪礼》注“君子不必”之意不符。然敦煌新出郑注《论语》即曰：“必，谓成言未然之事。”斯乃符合《仪礼》注诸说。

《载驰》毛传“且狂，进取一概之义”，孔疏：“《论语》云‘狂者进取’，注云：‘狂者进取，仰法古例，不顾时俗。’是进取一概之义。一概者一端，不晓变通。”（320中）案：郑笺不释“且狂”，是与毛同。《子路》集解引苞氏曰“狂者进取于善道”，无所谓“一概之义”，必引郑注《论语》始可以释此传。

《檀弓》“政也，不可以叔父之私，不将公事”，郑注“政，君命所为”，孔疏：“案《论语》注‘君之教令为政，臣之教令为事也’，故云‘其事也，如有政’。”（1312上）案《子路》集解引马融曰“政者有所改更匡政也，事者凡所行常事也”，与《檀弓》注不能合。

郑玄遍注诸经，且诸经注文互相连关，偶或有矛盾，又有《郑志》等调和之说，是以反复讨论诸经诸注，互相证明，以求郑学体系趋向完美，斯乃为义疏郑学之目标。[①] 上（引文1）贾疏据郑注“先”之说，探讨前后经文，订为三位之说及言“先”之条理，是义疏家探讨郑注义例之实例。

（引文2）

《士冠礼》“乃宿宾”，注：“宿者必先戒，戒不必宿。其不宿者，为众宾或悉来或否。”贾疏云：“凡有戒无宿者，非止于此。案《乡饮酒》《乡射》‘主人戒宾’及《公食大夫》‘各以其爵’，皆是当日之戒，理无宿也。又《大射》‘宰戒百官有事于射者，射人戒诸公卿大夫射，司士戒士射与赞者；前射三日，宰夫戒宰及司马’皆有戒而无宿是也。‘射人宿视涤’，此言宿者，谓将射之前，于宿预视涤濯，非戒宿之意也。

“若然《特牲礼》云‘前期二日宿尸’，前无戒而直有宿者，《特牲》文不具，其实亦有戒也。又《礼

① 探讨郑玄学说体系，至今仍极重要，读注疏者更所必需。徐复先生有《郑玄辞典序》一文，而《郑玄辞典》未见出版，撰者唐文先生已经逝世，亦不知稿之存否，令人慨叹不已。（2013年补注：《郑玄辞典》已出版。但其内容未及分析郑学体系，在本质上与《经籍纂诂》无异，令人遗憾。）

> 记·祭统》云‘先期旬有一日，宫宰宿夫人，夫人亦散齐七日，致齐三日’，注云‘宿读为肃，肃犹戒也。戒轻肃重也’者，彼以夫人尊，故不得言戒而变言宿，读为肃者，肃亦戒之义。彼以宿当戒处，非谓祭前三日之宿也。《大宰》云‘祀五帝则掌百官之誓戒’者，谓戒百官使之散齐，至祭前三日当致齐也。’”（947 中下）

案：郑注原意盖谓此经见“乃宿宾”“宿赞冠者”，不见宿众宾，故云“戒不必宿”。然此贾疏论“凡有戒无宿者，非止于此”，是欲以此注“宿者必先戒，戒不必宿”为礼之通例，论证其事。“若然《特牲礼》”以下，举嫌疑宿无先戒之例，一一辨证，或为有戒经不具言，或为经文“宿”实为戒，要皆符合“宿者必先戒”之例。郑注本无意以为礼之通例，只就此经为言，而贾疏欲推广之，以为礼之通例，为之检讨诸经事例，是探索郑学体系化之尝试，义疏郑学之最生动场面。然此说实属尝试，未甚成熟，且稍涉牵强，故终不得完美，而见破绽。案凌氏《礼经释例》谓《乡饮酒》《乡射》主人“速宾”，是先戒后宿，唯《士冠》宿宾于前日，《乡饮酒》《乡射》速宾在当日为小异而已，贾疏以为《乡饮酒》《乡射》无宿，非也。凌氏说固然，而《乡饮酒》《乡射》“速宾”郑注皆云“速，召也”，与《冠礼》注云“宿，进也”者不同，则贾疏以为《冠礼》“宿宾”与《乡饮酒》《乡射》“速宾”不同，虽嫌牵强，尚不无依据。至《特牲》“宿尸”，凌氏据《少牢》“宿尸”，贾疏“其大夫宿、戒两有，士有宿而无戒”（1196下），谓此则“《特牲》有宿无戒，与《士冠》疏文互异矣”。是凌氏言贾疏前后自相矛盾，不得不谓其失。

“宿者必先戒，戒不必宿”，本郑玄望经之言，《冠礼》贾疏有意推广为通例，是义疏家讨论郑学体系化之尝试。然因为其说未能果成通例，为义疏家所共奉，故贾疏《乡饮酒》《乡射》等皆不涉及此例，甚至《少牢》疏，显为违背此列。第五章（引文6）《士昏》疏论亲迎所用车，据郑注“大夫以上亲迎冕服”语推广之，以为大夫以上亦摄盛，遂改移旧说，以致前后自相矛盾，情形亦类此。

其义疏家已经论定为通例者，贾疏反复重申，极可易见。如《冠礼》“请醴宾”，郑注“此醴当作礼”，贾疏：“对上文有‘酌醴’‘受醴’之等不破之。此当为上于下之礼，不得用醴，礼即从醴字。何者？《周礼》云诸侯用鬯，不云鬯宾，明不得以醴礼宾，即为醴，故破从礼也。”（953上）卢文弨《详校》云“士与宾同等，不得云‘上于下’，此句疑有误”，是严元照所谓“以笃老之年校难读之经，欲求其一无可议，难已”者。[1] 仓石《仪礼疏考正》言“此只谓字当作《司仪》注‘上于下曰礼’之礼字耳”，其说是也。今述贾疏意谓：《司仪》注“上于下曰礼，敌者曰傧”（897下—898上），是“礼”之与“傧”皆大夫以上礼宾之名。士卑，不更为二名，无论上下与平敌，统以“礼”名，要其为礼宾之

① 《书仪礼注疏详校后》，见《悔庵学文》。

名，则与大夫以上所谓“上于下曰礼”无异。“礼”既是礼宾之目，《大行人》注“王礼，王以郁鬯礼宾也”（891上）等亦未尝以其用鬯而名为鬯宾，是知不得以此用醴而即以为“醴宾”。贾说当如此。何以知之？则此为通例，义疏屡见其说，更无异说也。《昏礼》“请醴宾”，注“此醴亦当为礼”，贾疏：“亦《冠礼》礼宾为醴字。彼已破从礼，故云亦。此以醴酒礼宾，不从醴者，以《大行人》云‘上公再祼而酢，侯伯一祼而酢，子男一祼不酢’及以酒礼之，用齐礼之，皆不依酒醴为名，皆取相礼，故知此醴亦为礼敬之礼，不取用醴为礼之义也。《秋官·司仪》云‘诸公相为宾，及将币，宾亦如之’，注云：‘上于下曰礼，敌者曰傧。’《聘礼》卿亦云‘无傧’，注云‘无傧，辟君’。是大夫已上尊，得有礼、傧两名，士以下卑，唯称礼也。”（962上）又“赞醴妇”，注“醴当为礼”，贾疏：“《士冠》《内则》《昏义》诸文醴皆破从礼者，案《司仪》注：‘上于下曰礼，敌者曰傧。’又案《大行人》云‘王礼再祼而酢’之等，用郁鬯，不言‘王鬯再祼而酢’而言‘礼’，则此诸文虽用醴礼宾，不得即言主人醴宾，故皆从‘上于下曰礼’解之。”（968上）贾疏反复为说，不嫌重沓，是因其说为义疏家通论，每必详述。是以孔疏亦见此说：《采蘋》毛传“古之将嫁女者，必先礼之于宗室”，孔疏：“父醴女以醴酒礼之，今毛传作礼仪之礼者，《司仪》注云：‘上于下曰礼。’故《聘礼》用醴酒礼宾，作礼仪之礼。”（287中）若然，由其反复重述，互为勘案，则知义疏家通说之大略，知其说而其文始可读，如此则必不致卢氏之懵昧也。

《内则》“道路，男子由右，女子由左”，注：“地道尊右。”（1462下）案钱玄先生《三礼通论》论向位之仪，称“男左女右，以阴阳别”，下引《内则》注而曰：“天道、地道之说见于《周书·武顺解》：‘天道尚左，……地道尚右。……吉礼左还，顺天以利本；武礼右旋，顺地以利兵。’《礼记》所述为一般行路之仪，与武礼无涉，何以行地道？……未详，姑存待考。”郑玄原意如何，尚不可知，但义疏家解释仪节最常用“地道尊右”，其意可以推知。

（引文3）

《玉海·礼仪》卷七十引《三礼义宗》曰：“每朝列位所向不同。……诸侯、孤、卿、大夫皆以地道尊右，故尊者东面，卑者西面。”

《曲礼》“诸公东面”孔疏引崔云：“地道尊右，公故在西也。”（1265下）

《周礼·小宗伯》贾疏：“周人右社稷者，地道尊右，故社稷在右，是尚尊尊之义。”（766上）

《仪礼·冠礼》贾疏：“以其地道尊右，故赞命者皆在右。”（946下）

《仪礼·昏礼》贾疏：“必以西为客位者，以地道尊右故也。”（961中）

《仪礼·昏礼》贾疏：“今以神尊，不统于人，取地道尊右之义，故席西上，几在右也。”（961下）

《仪礼·昏礼》贾疏："案《礼记·少仪》云'赞币自左，诏辞自右'，地道尊右之义，故姆在女右也。"（966上）

《仪礼·乡射礼》贾疏："地道尊右，以西为右，玄酒在右，故云尚之。"（993中）

《仪礼·燕礼》贾疏："以右为上者，……地道尊右故也。"（1017下）

《仪礼·聘礼》贾疏："案《礼记·少仪》云'诏辞自右，赞币自左'，取地道尊右之法。"（1047中）

《仪礼·少牢》贾疏："凡载鱼，……生人死人皆右首。陈设在地，地道尊右故也。"（1199上）

《仪礼·少牢》贾疏："以地道尊右，故二佐食皆在右。"（1203下）

《书·顾命》孔疏："地道尊右，故玉辂在西，金辂在东。"（240上）

《礼记·曲礼》孔疏："地道尊右，既云处末，则末在左。"（1242上）

《礼记·曲礼》孔疏："授在地，地道贵右，主人推客居右。"（1244中）

《礼记·檀弓》孔疏："吉祭载右胖者，徒地道尊右。"（1283下）

《礼记·王制》孔疏："卢云：'左道谓邪道。'地道尊右，右为贵。"（1344下）

《礼记·乡饮酒义》孔疏："所以设玄酒在西者，

地道尊右，贵其质素故也。”（1682下）

此皆崔灵恩以来义疏常言“地道尊右”之例。通观诸例，知所谓“地道尊右”与男左女右、阴右阳左之等全无关系，只就安置地上或于地上行仪，即可谓地道尊右，以其皆在地上也。然何事何物不在地上？当知义疏家滥用“地道尊右”，凡以右为上者，皆引“地道尊右”为说，莫不可也。此亦可谓义疏家思考之常例，已成定式则无往而不利。是以《王制》疏甚至引“地道尊右”以释“左道”，不足异也，今不知《礼记》言“男子由右，女子由左”之思想背景如何，亦不知郑玄注云“地道尊右”之真意，是以钱玄先生以为“未详，待考”。但吾等知崔氏以来义疏家“地道尊右”之意，斯可以读义疏，足矣。

第二章（引文21）下言《大卜》疏用“筮短龟长”以为三兆、三易次序之说，已涉牵强，但因“筮短龟长”为《占人》郑注所依，应可引以为说。若其说不致论理灭裂，则反可证明《占人》注之更为通理。此当为义疏郑学之常态。于是义疏中常见互引郑玄说，且不论与释经有无关系，如《既夕》注“糗，以豆糗粉饵”，贾疏曰：“案《笾人》云‘羞笾之实，糗饵、粉餈’，郑云‘此二物皆粉稻米黍米所为也；合蒸曰饵，饼之曰餈；糗者，捣粉熬大豆，为饵餈之粘着，以粉之耳；饵言糗，餈言粉，互相足’者，此本一物。饵言糗，谓熬之亦粉之；餈言粉，捣之亦糗之。不言互文而云互相足者，凡言互文者，是二物各举一边而省文，故云互文；此糗与粉唯一物，分为二文，皆语不足，故云互相足也。”（1153下）“此本一物”以下，皆所以解释《笾人》注“互相足”之文义，与此《既夕》经注毫无关系。且“此本一物”以下至“捣之亦糗之”，与《周礼》疏全然同文，一字不差。《燕礼记》注“羞笾之实，糗饵、粉餈”，贾疏曰：“《笾人职》云‘……’，注云‘……’是也。糗，熬之亦粉之；其粉，捣之亦糗之：是互相足也。”（1025中）“糗，熬亦粉之”云云，与《笾人》《既夕》疏同，亦非所以释《燕礼记》注也。至《乡射》注“上言‘请坐于宾’，此言‘主人曰’，互相备耳”，贾疏：“不言互文而云互相备者，凡言互文者，各举一事，一事自周，是互文。此据一边理，一边理不备，文相续乃备，故云互相备，若云‘糗饵、粉餈’，郑注云‘饵言糗，餈言粉，互相足’之类也。”（1008中）此经与“糗饵、粉餈”，绝无关系，直因注言“互相备”，即引《笾人》注“互相足”。又当知《笾人》注“互相足”为义疏家论郑注体例之常典，是以《乡射》疏引文亦不需烦言其出《笾人》，学者皆熟悉，不言可知也。

又如《士冠礼》“栉实于箪”，注“箪，笥也”，贾疏云：“郑注《曲礼》：‘圆曰箪，方曰笥。’笥与箪，方圆有异，而云‘箪，笥’，共为一物者，郑举其类。注《论语》亦然。”（951上）案：“注《论语》亦然”，谓《论语·雍也》“颜回一箪食”，郑注云“箪，笥也”，与此正同。但言训诂有举其类者，并引《论语》注为说，是义疏家通例，《丧服》（1097中）、《士丧》（1131下）、《有司》（1207下）疏及《周礼·笾人》疏（671下）、《左传》宣二年孔疏（1867中）皆见其例。甚至《弓人》疏（937中）竟说“举其类尔，若‘箪，笥’然也”，才见“箪笥”二字，学者莫不熟识，无用繁言故也。胡培翚误读《士冠》疏文，谓郑注《论语》有云“圆曰箪，方曰笥”，是胡培翚不知读疏之法，而诽谤贾疏，且欲以己著代之，[①] 甚无谓。

但如此反复引述定说，极易趋向滥用陈词。第五章所举《乡射》疏例（2）（3）滥用“大射志于射”“左手执爵”等事例，皆必欲援用常说、通例，不顾牵强灭裂。如《冠礼》“乃醴宾”注“凡醴，事质者用糟，文者用清”，贾疏：“质者谓若《冠礼》礼子之类是也。故以房户之间显处设尊也。”（953中）此疏先儒皆不得其读，以其论理灭裂故也。今知贾疏之论理灭裂多由牵强援用常说、通例，则此疏亦可读矣。案《乡饮酒》疏云：“凡设尊之法：**但醴尊见其质，皆在房内**。——故《士冠礼》礼子、《昏礼》礼妇，醴皆在房隐处。若然《聘礼》礼宾尊于东厢，不在房者，见尊欲与卑者礼，相变之法。**设酒之尊，皆于显处，见其文**。——是以此及醮子与《乡射》《特牲》《少牢》《有司彻》皆在房户之间是也。《燕礼》《大射》尊在东楹之西者，君尊，专大惠也。”（980下）此论设尊之凡例，条理清晰，可以谓义疏家之定论。[②] 贾公彦见《冠礼》注言醴之质文，即联想及设尊之凡例，以其亦言质文，

---

① 先儒引贾疏而单称“疏”者，胡培翚引录时必加“贾”字作“贾疏”，其意可见。

② 自非贾公彦创作。

遂援引为说。自为《冠礼》疏而特称“《冠礼》礼子”，是援引成说之痕迹。其实设尊之凡例以醴为质，以酒为文，与《冠礼》注以糟醴为质，以清醴为文者，全不相干。今推贾公彦原文“故以房户之间”上当有脱文，盖可补作：“质者谓若《冠礼》礼子之类是也，〔故以房内隐处设尊也。文者谓若《冠礼》醮子之类是也，〕故以房户之间显处设尊也。”然若此则与此经此注又何相干？全不相干而强为援引，是以传抄者不得其意，以致讹脱，似谓礼宾之尊在房户之间。[①]

又，反复引用郑注之说，除探索郑学之外，亦当考虑实践因素。如《书·微子》（177下）、《多士》（221上）孔疏皆引郑注《论语·为政》“或之言有也”，以释孔传“或，有”之训。或训有，可谓常训，传注常见，且《诗》笺亦有“或之言有”（412下），与《论语》注同文，而孔疏必引《论语》注者，盖因郑注《论语》童蒙必学之书，人皆熟悉故也。“同门曰朋”，出郑注《学而》，《司徒》注云“同师曰朋”（706下）其义略同，而疏家每必引《论语》注，亦因人皆熟悉故也。注疏引《论语》注大都郑玄注，绝少引何晏，可见义疏学之背景。

总结本节所论，义疏家每欲以郑注文为通例，或为之搜罗验证诸经事例，或说他经而引用其说。此乃一种学术之本质，与孔颖达等遵循一家之不过为编书体例者不同。然或以郑玄望经之说强谓为通例，或援引本无相干之通例以为疏解，则不免多牵强之失也。

---

① 礼宾之尊即礼子之尊在房内者，不容有异议。

三　训诂固化

顾炎武曰："自训诂出而经学衰，小辩愈滋，大道日隐。"[①] 上节见贾疏固执义疏郑学之通说，动辄引用通说，甚或不顾其说与该经注全不相干。如此等学说固化，愈演愈固者，于训诂为最显。如《春官·小史》"掌邦国之志，奠系世"，先郑注"志谓《春秋传》所谓《周志》《国语》所谓《郑书》之属是也"，贾疏："邦国连言，据诸侯。诸侯国内所有记录之事，皆掌之。"（818中）《周志》则王国之史，而贾疏必言据诸侯者，《春官·诅祝》注："国，谓王之国。邦国，诸侯国也。"贾疏："《周礼》体例，单言国者皆据王国。邦国连言者，皆据诸侯。"（816上）此据郑注文，推广为"《周礼》体例"，故必欲固持其说，不顾自相矛盾也。训诂固化且不限《礼》说，义疏之常态如此。如《士丧礼》"蚤揃如他日"，郑注"蚤读为爪，断爪揃须也"，贾疏："郑读蚤从爪者，此蚤乃是《诗》云'其蚤献羔祭韭'，古早字。郑读从手爪之爪。"（1134上）其实蚤为古早字，于此经注全无关系，而必言之者，以其为训诂常说故也。是以《士相见》注"古文早作蚤"，贾疏亦言"此古通用，《诗》云'四之日，其蚤献羔祭韭'为蚤字"（977中），所引《诗》正同。更有甚者如下。

---

① 见《音论》下。

（引文4）

《地官·媒氏》注："纯实缁字也。古缁以才为声。纳币用缁。"

《子罕》郑注："纯当为缁。古之缁字以才为声。此缁谓黑缯也。"

《媒氏》贾疏："缁以丝为形，才为声，故误为纯字。但古之缁有二种：其缁布之缁，纟旁甾，后不误，故《礼》有缁布冠、缁布衣，存古字。若以丝帛之缁，则纟旁才，此字〔郑注〕诸处不同。丝理明者即破为色，此'纯帛'，及《祭义》'蚕事以为纯服'并《论语》'麻冕礼也，今也纯，俭'，皆丝理自明，即为色解之。《昏礼》云'女次纯衣'，郑云：'纯衣，丝衣。'以《昏礼》直云纯衣，丝理不明，故为丝衣解之也。"（733下）

《祭统》孔疏："郑氏之意，凡言纯者，其义有二：一、纟旁才，是古之缁字；二是纟旁屯，是纯字。但书文相乱，虽是缁字并皆作纯。郑氏所注，于丝理可知于色不明者即读为缁，即《论语》云'今也纯，俭'及此'纯服'，皆读为黑色；若衣色见，丝文不明者，读纯以为丝也。"（1603中）

案：《冠礼》（950上）、《昏礼》贾疏（965下），《都人士》（494上）、《玉藻》孔疏（1483上）说皆大同，是义疏家据《媒氏》《子罕》郑注为本，更为推论，成为定论，故诸疏说同，且反复述之。若然《地官·质人》注"杜子春云'淳当为纯，纯谓幅广’，玄谓淳读如淳尸盥之淳”，贾疏：“后郑不从杜子春纯者，纯止可为丝为缁，不得为幅广狭，故读从《士虞礼》淳尸盥之淳。”（737 中）此疏初不考经典字例，断言“纯止可为丝为缁”，是因义疏家有郑注纯有二义之定论，故不许其有第三义也。拘泥固执郑学之通说，岂不甚哉。当时义疏之学即如此耳。

贾疏论今古文，欲以训诂固化，不许他训者，又如《冠礼》注“古文甒作庑”，贾疏：“此甒为酒器，庑是夏屋两下，故不从古文。”（951 中）甒为酒器，庑何为而不得为酒器？固无此理。夏屋两下，亦非庑字本训，而贾氏言此者，《檀弓》注言“夏屋，今之门庑”（1292 中），故以言庑即夏屋，不许为他训也。又如《昏礼》注“今文说皆作税”，贾疏：“叠今文为税不从者，税是追服之言，非脱去之义，故不从也。”（967 中）税是追服之言，不妨亦有脱去之义，而贾氏必言此者，因礼学言追服曰税，欲以税为追服之专名，不兼别义也。又如《乡射》注“抚，拊之也”，贾疏：“言抚者，抚拍之义；言拊者，取拊近之理，故转从拊也。”（1001 上）此亦可见一字一训之倾向。又有迂曲之训说，如《士相见》注“固，如故也”，贾疏：“固为坚固，坚固则如故。”（975 下）《乡射》注“旅，序也”，贾疏：“旅，众也，而言序者，谓众以次序相酬。”（996 下）《文王世子》注“末犹勿也”，孔疏：“末，微末，故为勿也。”（1404 上）此等皆据常训转说训诂。转训可有多方，而常训趋向唯一也。

要之，训诂趋向一字一训，与义疏家固执郑学通说，其义相通。

四 结论

《二礼疏》等义疏郑学之主要特点，在于固执郑注说及义疏学常说。其意在讨论郑注，使其成为通论，通于他经，诸经郑注互相发明。简单者如《冠礼》贾疏言“凡洗爵者必先盥，盥有不洗爵者”（952下），出郑注《少仪》（1515下）；《乡饮酒》贾疏言“凡授受之法者，授由其右，受由其左”（988下），出郑注《聘礼》（1047中），此例多矣。推广郑说，义疏家自成体例者，如“礼之通例，衣与冠同色，裳与韠同色”（945下等）等，亦甚多。又有义疏家自己推论礼之体例者，如“凡诸设笄有二种，一是紒内安发之笄，一是固冠之笄”（952中等），熊安生已有其说，见《内则》孔疏（1461中），[①] 此等说亦不为少。而如（引文2）贾疏探讨“宿者必先戒，戒不必宿”之说，可谓义疏家苦心探索之实例，极有趣味。但如此之事例则不可多见，更多为套用已成之定论，不顾与其经注无所当者。斯又与第五章所见贾疏失误相同也。不仅礼说，训诂之说亦见趋向简单化，是则学术之固化，已成定势。学者多不思考，专以套用成说，沿用定论为能事，宜乎唐初以后义疏学之废绝也。

---

① 清人蔡德晋《礼经本义》因袭此说，而《四库提要》夸称蔡氏“辨析精密，为前儒所未及”。无知妄说，无谓之至。

附录I　书《魏书·李业兴传》后

第一章略述张恒寿先生文，而未及详论。今谓该文中具体考释有两条可以商榷。第五条举《阳货》“性相近也，习相远也”章皇疏引王弼说一大段，张先生论曰：“‘近火者热而即火非热’诸语，依据逻辑，剖析名理，明是道安、罗什后经疏语调，与弼《易注》《老子注》殊不相类。窃疑此注或为齐、梁间人托之王弼，或亦不知姓名者所为，皇侃遂归之王弼耳。”篇后有补记曰：“后见陈寅恪师及王维诚先生，均疑此注自‘近火者热’句以下恐系皇侃语，非王弼注语。惟‘近火者热’句以前之句调，仍多佛典风格，且江熙辑十三家《论语》注，弼注不与其列，仍为疑点。”今案：张先生疑此段文句不似王弼语，颇有见地，而其竟疑王注为伪则过矣。下录皇疏原文，为便分析阅读，多为分段，不拘标点常法。文曰：

> 情性之义，说者不同。且依一家旧释云：
>
> 性者生也，情者成也。性是生而有之，故曰生也；情是起欲动彰事，故曰成也。
>
> 然性**无善恶**，而有浓薄；情是有欲之心，而**有邪正**。

性既是全生而有，未涉乎用，非唯不可名为恶，亦不可目为善，故性**无善恶**也。所以知然者，夫善恶之名，恒就事而显。故《老子》曰："天下以知美之为美，斯恶已；以知善之为善，斯不善已。"此皆据事而谈。

情**有邪正**者，情既是事，若逐欲流迁，其事则邪；若欲当于理，其事则正。故**情不得不有邪有正**也。故《易》曰"利贞者性情也"，王弼曰："不性其情，焉能久行其正。"**此是情之正也**。若心好流荡失真，**此是情之邪也**。

若以情近性，故云"性其情"。情近性者，何妨是有欲。若逐欲迁，故云远也；若欲而不迁，故曰近。

但近性者正，而即性非正；虽即性非正，而能使之正。譬如近火者热，而即火非热；虽即火非热，而能使之热。能使之热者何？气也，热也。能使之正者何？仪也，静也。

又知其有浓薄者。

孔子曰："性相近也。"若全同也，相近之辞不生；若全异也，相近之辞亦不得立。今云近者，有同有异。取其共是无善无恶则同也，有浓有薄则异也。虽异而未相远，故曰近也。

观其文，上下通贯，虽未免有讹脱之嫌（如"又知其有浓薄者"下，并无浓薄之说，疑有脱文），仍不妨略知其意。然则所引王弼语，只"不性其情，焉能久行其正"十字，且为《文言·乾》之注，自非《论语》说，可知也。此处张先生初从马国翰辑本而误谓“王弼曰”以下全为王弼语，陈、王两先生以“近火者热”以下始非王弼语，楼老师《王弼集校释》仍因马国翰之旧，鄙意破之，心所不安。曾执以面质侃老师，函质林庆彰老师，均然鄙说，始敢自信，七八年前事也。近日偶翻汤用彤先生《魏晋玄学论稿》，见《王弼圣人有情义释》引王弼《易注》“不性其情，何能久行其正”，附注云：“皇疏九所引‘何’作‘焉’。”是则汤先生读此皇疏引“王弼曰”，固知其为《易注》，未尝疑为《论语释疑》。然则张先生此处“佛典风格”之疑，可以自释矣。又，皇疏引各家《论语》注，初不限江熙所辑范围，如郑注《论语》自不在江熙所集之列，而皇疏引之。更有甚者，江熙集注已收袁弘，为皇疏所引而皇侃又有另据袁氏注本者。然则皇侃引王弼《论语释疑》不可轻疑，虽亦不得必定其王弼亲笔所撰也。

又，第十四条举《宪问》“原壤夷俟”节皇疏“孔子方内圣人，恒以礼教为事”。张先生云：“原壤方外圣人，本晋人为老庄清谈者言，此云孔子方内圣人，盖亦隐有尊视方外高人之意。”管见未见晋人称原壤为方外圣人者，并且不知原壤何故而被尊视如此。就《论语义疏》全书言，孔子之圣与弟子之贤，其间差异显然，弟子颜渊、曾参之徒，放诞楚狂接舆、长沮、桀溺之流，莫或一享圣人之名，区区原壤何得为圣？曾就此议撰文述鄙见，亦欲见皇侃学术之特点，今论皇侃学术毕，且作附录云。

* * *

《魏书·儒林传》记载天平四年（梁大同三年），李业兴出使南朝时，朱异及梁武帝跟李业兴进行的问答内容，是我们后世窥视南北学术异趣最难得的生动史料，常为论者所称引。（《廿二史札记》《蛾术编》以下至刘师培《南北经学不同论》之等皆是。）就其内容而言，朱异提问的是有关当时典章制度的经学根据问题，梁武帝则专门问到玄儒论题。这种截然不同的倾向也正反映着二人扮演的历史角色。（《梁书》称："朱异掌握机谋，朝仪国典、诏诰敕书并兼掌之。"）

梁武帝第一句话是："闻卿善于经义，儒玄之中何所通达？"李业兴回答："少为书生，止读五典，至于深义，不辨通释。"这里已经鲜明地表现出两人基本态度的不同。实际上，梁武帝佞佛，通儒玄，喜谈辩，而李业兴孜孜研习经典，不涉玄，不玄谈。如此相反的志趣，在下面每一番问答中都有所反映。直至最后梁武帝问："《易》曰太极，是有无？"业兴答："所传太极是有，素不玄学，何敢辄酬。"于此便结束了这场对话。李业兴对梁武帝所提问的论题并不感兴趣，而业兴的回答也未能满足梁武帝的好奇心，二人始终保持各自不同的立场与风格。

他们的几段问答对话中，有一段尤为引人注目：

> 衍（即梁武帝）曰："《礼》，原壤之母死，孔子助其

沐椁。原壤叩木而歌，曰：‘久矣夫，予之不托于音也。狸首之班然，执女手之卷然。’孔子圣人，而与原壤为友？”

业兴对：“孔子即自解，言‘亲者不失其为亲，故者不失其为故’。”

又问：“原壤何处人？”

业兴对曰：“郑注云‘原壤，孔子幼少之旧故’，是鲁人。”

这里讨论的是《礼记·檀弓》中的一章。《檀弓》原文的大意是说孔子有一旧交叫原壤，因他的母亲去世，孔子帮他做了一副棺材。这时候，原壤敲打棺材，唱歌逗弄。一弟子见原壤如此非礼之行为，便问孔子为何还与这种人交往。孔子回答说：“亲者毋失其为亲也，故者毋失其为故也。”

那么，梁武帝所提出的第一个问题，即孔子既为圣人，何以与原壤为友——《檀弓》本身就已有了答案。只要记得原文就可以回答，因而李业兴的回答自然没有错误。第二个问题是问原壤为何处人？虽然经典没有明文，但原壤既然是孔子的故旧，很容易可以推定他是鲁人。（李业兴所引用的大概是郑玄《论语注》的佚文。郑氏注《论语》虽在南朝不太盛行，但何晏《论语集解》中引马融也有同样的说法：“原壤，鲁人，孔子故旧也。”按说，李业兴的答话，即对南朝人士来说也没有什么不一般之处。）

这是一场多么奇怪的对话！北朝使臣与南朝皇帝之间的对谈原本关系到国家威望（参《廿二史札记》“南北朝通好以使命

为重”条），竟有如小学生的知识竞赛，这又怎么可能？两个问题其实都是显而易见的道理，史称“少而笃学，洞达儒玄”的梁武帝怎会不知却要北朝使臣来特为指点。显然，梁武帝的提问是别有用意的，也就是说他自己有另一种答案。那么，何谓另一种答案？这就需要再加考索了。

唐初孔颖达等编撰的《礼记正义》，特别介绍梁朝儒者皇侃的观点，并且进行批评：

> 皇氏云原壤是上圣之人，或云是方外之士，离文弃本。不拘礼节，妄为流宕，非但败于名教，亦是误于学者，义不可用。

另外，《论语·宪问》也有关于原壤的记载：

> 原壤夷俟。子曰：“幼而不逊悌，长而无述焉，老而不死，是为贼也。”以杖叩其胫。

皇侃《论语义疏》的解释则说：

> 原壤者，方外之圣人也。不拘礼教，与孔子为朋友。壤闻孔子来，夷踞竖膝以待孔子之来也。孔子，方内圣人，恒以礼教为事。见壤之不敬，故历数之以训门徒也。孔子历数之既竟，又以杖叩击壤胫，令其胫而不夷踞也。

以上为皇侃的说法。因为他仕梁武帝为国子助教，与梁武帝的关系最近，我们有必要郑重地探讨。

原壤居母丧而不拘礼节，并被称为“方外之士”；又夷俟——夷踞竖膝以待孔子。这使我们联想到阮籍。《世说新语·任诞篇》：

> 阮步兵丧母，裴令公往吊之。阮方醉，散发坐床，箕踞不哭。裴至，下席于地，哭吊唁毕，便去。或问裴：“凡吊，主人哭，客乃为礼。阮既不哭，君何为哭？”裴曰：“阮方外之人，故不崇礼制；我辈俗中人，故以仪轨自居。”时人叹为两得其中。

原壤与阮籍，他们的形象是多么相似！无怪乎朱熹《论语集注》对原壤的评语是：“原壤，孔子之故人，母死而歌。盖老氏之流，自放于礼法之外者。”《世说》中的阮籍是被称赞的，《集注》中的原壤是被否定的，但是，他们都被认为是放达不羁之人，在这一点上，意思没有两样。

清代陈澧《东塾读书记》评论皇侃《论语义疏》时说：“皇氏玄虚之说尤多，甚至谓原壤为方外圣人，孔子为方内圣人。”陈氏的意思是，皇侃不仅将原壤视为像阮籍一般的放达之士，并且把他神圣化，捧他到极高的位置，是魏晋以来玄学之流弊，不可以为训。程树德等近代学者也持与陈氏类似的见解。然而，这样理解皇侃的观点，实有很大的问题。

首先，通过整部《论语义疏》，我们可以看到皇侃讲说中一个最明显的特点是，突出孔子的崇高地位，将他圣化，甚至神化。与此相比，颜渊以下的孔门弟子仅能被目为贤人。他们与圣人孔子之间是存在着本质上的差别的。即使皇侃濡染玄学，又或者原壤的德性如阮籍一般高，我们也很难想象原壤能被视为圣人，并且与孔子并列。亚圣颜子尚且未能评上圣人，更何况原壤见于经典上的事迹只有上列《檀弓》与《宪问》二条，根本没有凭据可以让他被赋予那么高的评价。难道说学学阮步兵居丧而歌，不跪而竖膝，就可以升到圣人宝座，俨然位于颜渊、子夏之上了吗？

从思想史的角度来看问题，我们还必须参考唐长孺先生的《魏晋玄学之形成及其发展》。据唐先生分析，玄学发展到东晋以后，名教与自然结合的问题已经获得了解决方法。因大势所趋，嵇康、阮籍般的放诞派不再为时世所容，代之而兴的是礼玄双修的风气。我们考虑皇侃所处的年代——梁代，名教与自然合一的观点盛行已久，不可动摇。再者，皇侃本身正是以礼学负名，很难想象他会称赞一个破坏名教的放诞人物。实际上，我们翻阅《论语义疏》就可以看出，皇侃论述的主要内容是王弼、郭象以来的所谓正统玄学言论，却并不涉及像阮籍那样的放诞派说法。

名教与自然的问题解决了以后，名教接着还要面临佛教的挑战。唐先生的文章引用了我们在上面看过的《世说新语》那一段，然后写道：

> 这是以方内、方外区别对于礼法的态度，此时名教与自然合一之说尚未有一致的认识，所以各从所执，时人还以为两得其中。东晋之后玄学中的方外之士已不被肯定，于是，区别内外移转于佛教与儒术之分；慧远以在家与出家之不同说明礼法不能拘束僧人，岂非即是裴楷所云之方外与俗中，只是在东晋之末这个问题只存在于佛教中而已。

我们读到唐先生的论说以后，自然会产生怀疑皇侃所说的“方外”是否也指佛教？梁武帝异常推崇佛教，皇侃撰的《论语义疏》虽是儒经，书中犹以周孔之教为“外教”。又，如《列子》称孔子曰“丘闻西方有圣者焉”，是把佛与孔子并列为圣人的先例。上文已经指出陈澧等认为皇侃将原壤视为阮籍般的放诞之士的看法很值得怀疑。如果现在认为皇侃将原壤视为佛的话，那些疑点都可以解决。称佛为圣人，与孔子并列，是符合皇侃所处时代思潮，在皇侃自己的思想体系里也没有矛盾。不过，原壤又如何能被看作是佛？

我的推测是，皇侃根据《论语》，把当时有关佛教与礼教的争论影射到原壤与孔子的身上，所以才视原壤为佛。这里说的争论是围绕僧人可否踞食的问题。用餐的仪节，中国习俗自应跪坐，当时的僧人却要依据印度习俗，不跪而企踞（企踞也叫偏踞、偏坐或偏企。言“偏”者，盖对“端坐”“方坐”而言）。刘宋文帝时期，郑道子、范泰等人主张僧人也应该跪坐，与慧义等要固执踞食的僧人之间进行了非常激烈的争论，有关记载保存在《弘明集》卷十二。企踞大概与阮籍的“箕踞”相通，也就是皇侃所说的“夷踞竖膝”。范泰的论书中也就用到了《论语》里“夷俟”一词。皇侃在梁朝，目见佛教极盛，也不可能不知道这种曾经轰动朝内外的争论。皇侃见《论语》里原壤“夷俟”而让孔子用杖打胫的记载，自然应该也联想到这种争论，视原壤为佛的解释也应该说不难想象了。

我们看到了皇侃的解释以后，再回头看梁武帝的发问，似乎可以理解他的意图。因为原壤是佛的观点是从《宪问》的故事直接得来，所以，梁武帝先从《檀弓》提出问题。如果让皇侃回答这个问题，他会引用《论语》并畅论原壤是与孔子并列的大圣人。李业兴却从正面作出了虽不误但最不灵巧的回答。梁武帝见业兴不悟，就更直截了当地问起原壤的身份。梁武帝所期待的回答是说方外人、西方人或是身毒人，奈何业兴又只能回答是鲁人。于是梁武帝知道李业兴根本不知道原壤是佛的观点，再问下去也是茫然，便不再追问而换了话题。我推测梁武帝自己准备的答案应该和皇侃的解释相同，否则他的提问就毫无意思。反过来看梁武帝的问答也可以作为我们推测皇侃的解释的旁证。

皇侃解释原壤是佛，并没有确凿的根据，甚至类似文字游戏。不过，南朝人士却觉得新奇、玄妙，而且可以互相讨论、欣赏。正是因为如此，皇侃的讲说在当时广为流传，连皇帝也会认同他的观点。可是，这种解释究竟只能在处于同一文化背景下的一群人之间才被承认，“少为书生，止读五典”的北朝学者做梦也想象不到。

到了唐初，一统天下，文化欲删南朝的浮华，文章以载道为重，儒学以名教为主，孔颖达等要对皇侃的解释极力加以否定是完全自然的结果。

附记：中华书局近刊朱大渭氏《六朝史论》有《中古汉人由跪坐到垂脚高坐》一文，引录资料颇多，可以参考。（2013年补注：吉川忠夫先生《六朝精神史研究》第四章专论踞食论争。日文原书1984年同朋舍出版，有2010年江苏古籍出版社出版的汉译本。）

附录Ⅱ 贾公彦世系

贾公彦世系，岑仲勉先生考之殆尽。岑先生说可见者，一曰《元和姓纂四校记》，一曰《贾玄赞殡记辨伪》见《贞石证史》，一曰《萧李遗文拾》见《续贞石证史》。《贞石证史》《续贞石证史》两篇俱见收于上海古籍出版社出版的《金石论丛》。今据岑先生考证撮录资料，或述岑先生意，或为补校文字，而独出鄙见者盖鲜矣。

一 《旧唐书·儒学传》

（张）士衡既礼学为优，当时受其业擅名于时者，唯贾公彦为最焉。

贾公彦，洺州永年人。永徽中，官至太学博士。撰《周礼义疏》五十卷、《仪礼义疏》四十卷。子大隐，官至礼部侍郎。

时有赵州李玄植，又受《三礼》于公彦，撰《三礼音义》行于代。

案：以上《旧唐书》原文。检该书《经籍志》载《仪礼义疏》五十卷，与宋以降传本同。此云“四十卷”，盖《列传》误记也。《玉海》卷三十九引《志》作“《仪礼疏》五十卷”，自注云“《旧史》‘四十卷’”，即谓此。

二 《元和姓纂》

贾：唐叔虞少子公明，康王封于贾，后为晋所灭，以国为氏。

【广平】状云称贾翊之后。北齐国子助教犹；曾孙元彦，唐太学博士，生元赞、大隐。元赞，太学博士。大隐，中书舍人、礼部侍郎，生幼知、日新。

岑先生《四校记》云：

“云称”二字应任衍其一。

“翊”为“诩”之讹。

“犹”，文津阁《四库》本作“猷”。

“元彦”是“公彦”之讹。

“元赞”，《四库》本同，依《贾玄赞殡记》应作“玄赞”也。

案：以上洪本《元和姓纂》及岑仲勉先生《四校记》，今据中华书局汇刊本摘引。《四校记》又广引《贾玄赞殡记》《贾钦惠志》等为《姓纂》补证，今不备录。（日文版补充：“云称”未必误衍，请参第二章 p.117 注①。）

又案:《姓纂》郡望作“广平”,即《儒学传》之“洺州永年”,一也。岑先生《萧李遗文拾》亦云:“考洺州即汉广平国。”今案《元和郡县志》云:“洺州,广平。汉武帝置平干国,宣帝改曰广平国。自汉至晋,或为国,或为郡。周武帝建德六年,于郡置洺州,以水为名。隋大业三年罢州为永安郡,武德元年又改为洺州。永年县,本汉曲梁县,属广平国。高齐文宣帝省曲梁置广平县,隋开皇三年罢郡,属洺州。仁寿元年改广平为永年,避炀帝讳也。”是洺州之地,北周以前即称广平;永年县,北齐曾云广平县。又案《旧唐书·地理志》云:“天宝元年改为广平郡,乾元元年复为洺州。”是知广平可为洺州之别名,天宝时犹然,岑先生独举“汉广平国”,溯其始言之耳。

三 《贾玄赞殡记》

高广各二尺一寸三分,二十一行,行二十二字,正书。此志为唐垂拱元年乙酉六月乙亥朔廿二日景申。妄人将首行“唐”字改“隋”,文中“垂拱”字改“大业”,“岁次乙酉”改“甲戌”,“乙亥朔”改“辛未”。兹将改凿字作方围,并考订其年月。

1 大□故朝散大夫行大学博士贾府君殡记

2 君讳玄赞,字冲思,广川人也。昔谈高宣室,芳誉闻于才子;

3 状写云台，雄业垂于列将；文武不坠，亦何代而无之；故以

4 详诸史谍，今可略而言矣。曾祖宾，齐襄州率道县令。陈仲

5 弓之德望，位止太丘；宓子贱之徽猷，名高单父：瞻言往烈，

6 我实兼之。祖演，随齐王府文学；父公彦，

7 皇朝朝散大夫行大学博士弘文馆学士：并道蔚人宗，行

8 成物范。或参荣凤邸，陪后乘而表时英；或敷训鳣庭，輶前

9 修而传代业。君家声渐庆，门德资神；方弘绛帐之风，自得

10 缁帷之道。开皇十有八载齿胄庠门，廿一年以明经擢第，

11 初任洛州博士，寻除大学、国子等助教，又迁大学博士及

12 详正学士。嗣圣初授朝散大夫行大学博士，仍于弘文馆

13 教王子读书。器则瑚琏，材为廊庙；非忠孝之典不窥，非仁

14 义之规不习。德光遐迩，誉满亲朋；金籯照于邦国，玉昆暎

15 于朝野。未申隆栋之材，遽结坏梁之痛，□□□年六月七

16 日终于神都时邕里之私第，春秋六十有一。即以其年岁

17 次□□六月□□朔廿二日景申，权殡于河南县王寇村

18 之西北原。柳谥斯在，史殡俄迁；伫滕室之方开，虑邹衢之

19 莫辩，乃为铭曰：

20 道亚邻几，神照知微；兰风已扇，薤露俄晞。五百一贤，瞻德

21 音而遽远；七十二子，仰余训而何依。

案：以上《芒洛冢墓遗文四编》卷三原文（原无标点及行数），“高广各二尺”云云为罗振玉案语。岑先生《贾玄赞殡记辨伪》曰：

> 按《旧唐书》纪六，嗣圣元年九月改东都为“神都”，是垂拱前并无“神都”之称；讳丙申为“景申”，世业为“代业”，尤证贞观后文笔：罗说是也。
>
> 然罗氏尚有辨之未尽者，《记》又云：“开皇十有八载齿胄庠门，廿一年以明经擢第。”考《隋书》二：“仁寿元年春正月，乙酉朔，大赦，改元。”则在仁寿后多年之人，不应称“开皇廿一年”，断不能援同年改元远地未知为例，此其作伪之拙者一。况如罗氏所考，玄赞实生武德八年，后于开皇廿年者廿五稔，焉能入学读书；就如所改大业十年“甲戌”，玄赞又应生西魏恭帝元年，至开皇末已四十七岁，而始齿胄庠门，则老泉发愤之年，尚觉其早，此作伪之拙者二。盖碑估之流，伎俩当如是矣。然则“开皇”者，“贞观”所改凿也；贞观有廿一年，玄赞入庠时方廿二龄云。

案：原石被碑估改凿，罗振玉言“大隋”原刻当作“大唐”，“大业十年”原当作“垂拱元年”，“岁次甲戌六月辛未朔”原当作“岁次乙酉六月乙亥朔”，而遗“开皇十有八载”未言。岑先生为之补订，谓“开皇十有八载”原刻当作“贞观十有八载”。但云“玄赞入庠时方廿二龄”者，盖误记其数与。二家考订已备，今为年表如下：

600	隋	文帝	开皇廿年庚申	废太子勇，立晋王广为皇太子。
601			仁寿元年辛酉	正月，改元“仁寿”。
625	唐	高祖	武德八年乙酉	贾玄赞生。
644		太宗	贞观十八年甲辰	玄赞年二十，“齿胄庠门”。
647			贞观廿一年丁未	玄赞年二十三，“以明经擢第”。
683		高宗	弘道元年癸未	永淳二年十二月，改元“弘道”。高宗崩，中宗即位。
684		中宗	嗣圣元年甲申	正月，改元“嗣圣”。玄赞年六十，“授朝散大夫行大学博士，仍于弘文馆教王子读书”。
		睿宗	文明元年甲申	嗣圣元年二月，则天废中宗，立睿宗，则天称制，改元“文明”。
			光宅元年甲申	文明元年九月，则天改元“光宅”，改东都为“神都”。
685			垂拱元年乙酉	正月，则天改元“垂拱”。六月，玄赞卒，年六十一。

又案：此《殡记》言玄赞，广川人。参之《儒学传》《元和姓纂》，疑“广川”或为“广平”之讹。岑先生《萧李遗文拾》云：“《殡记》石本未见，不知罗录讹否。”

（日文版补记：1989年中州古籍出版社出版《北京图书馆藏中国历代石刻拓本汇编》第十册第一〇二页、第十七册第二六页，1991年天津古籍出版社出版《隋唐五代墓志汇编》洛阳卷第一册第一一七页、第六册第一一八页皆互载此石不同拓本。）

四 《贾钦惠墓志铭》

1　　唐故沂州丞县令贾君墓志铭 并序

2　　　　　　　　　　登仕郎守河南府参军萧颖士撰

3　君讳钦惠，字□□，盖周之裔也。唐叔少子别封于贾，因而氏焉。厥

4　后汉有梁王傅谊，魏有太尉诩，文章谋猷，名冠二代。其间或自洛

5　阳迁武威，后家长乐，史谍详矣。（原空一格）曾祖随太学博士演，祖大学博

6　士崇文馆学公彦，考大学博士详正学士玄赞，儒雅弈世，令闻彰

7　著，故君少以经术自命，不改其道。叔父礼部侍郎大隐特器之，目

8 为瑚琏，寄以门户。解褐参汴州军事，历相州司户，迁沂州丞令。其

9 从事也，细无不理，自微之著；本乎仁明宽惠，加之以正直；保此美

10 德，而绥怀百里；农商安业，礼让斯阐；宜踪彼卓鲁，高步台槐。道之

11 将废，胡宁夭阏。以开元二载四月四日终于位，春秋卌有一。於戏，

12 良宰云逝，谁其嗣之；联寮雨泣，庶甿曷仰；辍舂罢市，斯谓然矣。

13 夫人河东裴氏，随御史大夫蕴之玄孙（原空三格）皇贝州刺史闻喜

14 公之第三女也。明懿淑慎，司南姻族，蕣英摇落，先君即世。长子司

15 农主簿怡，茂才异行，观光（原空一格）圣代；次曰雍县尉励言，连华名昆，亦

16 克用誉：秀而不实，萼跗双陨，故周公之礼，未云举也。励言有子曰

17 胜，与从父弟收，无念尔祖，聿追来孝，永惟先志，其不可谖也，克图

18 嗣之，以天宝十二载岁次戊巳十月戊辰朔十七日甲申，启殡□

19 平乐里，葬于河南县梓泽乡邙山之北原。君子曰：孝乎，其加□□

20 也欤。铭曰：

21 匡彼大汉，文雄惟谊，实傅于梁，罔忝厥位。文和筹划，亦佐有魏，谋

22 之孔臧，克掌太尉。代不旷德，庆钟于君，孝仁允元，休有斯文。参佐

23 汴、相，宰于丞邑，存遗惠爱，没有余泣。曷云丧之，逝矣安及。我有令

24 子，金友玉昆，命乎罕言，□是夭昏，□祔之礼，施于孝孙。在洛之阳，

25 于邙之原，卜云其吉，□□宅魂。猗嗟令名，万古斯存。

26 侄栖梧书。

案：以上《贾钦惠墓志铭》，原石为千唐志斋物，影印拓片见《千唐志斋藏志》，而每行首尾一二字大都不辨。岑先生《萧李遗文拾》录文最详备，并称"'字'下原空两格未刻，余泐七字"，盖所据拓本较《千唐志斋藏志》所载为佳。今据岑先生录文为本，更为校字曰：

第一行"丞"字，岑文作"承"，盖岑书排印之误，今据石本正。

第六行"世"字，石本阙笔作"せ"，今聊存其形。下第十四行同。

第八行"丞"字，岑文作"丞"，今据石本正。下第二十三行同。

第十九行“乎”，岑文作“子”，今据石本正。

第二十一行“罔忝厥位”，岑文作“□忝厥位”。案石本“罓忝厥位”，字迹清晰。“罓”即“罔”字。疑岑先生笔录“罓”字，后或误认为“□”，以致录文除钦惠字外作“□”者凡八字，与“余泐七字”之言不符也。今录文补“罔”字。

第二十四行“□是夭昏，□祔之礼”，上海古籍出版社出版《唐代墓志汇编》收录此志文字，乃据周绍良氏所藏拓本排印，作“曾是夭昏，合祔之礼”。

第二十五行“□□宅魂”，《唐代墓志汇编》作“□然宅魂”。

又案：岑先生谓此志“崇文馆学公彦”当作“弘文馆学士公彦”。《萧李遗文拾》曰：“‘崇文馆学’下夺‘士’字，则书者之草率也。”又曰：“上元二年始改崇贤曰崇文（岑先生原注：《会要》六四），与弘文各有渊源。公彦仕太宗及高宗初，应以作‘弘’为是。且开元七年已复‘弘文’（岑先生原注：《会要》六四），亦不得曰讳避也。”（引者案：此谓高宗太子讳弘，中宗、睿宗之际，弘文馆之名，或称昭文，或称修文。）

又案：天宝十二载岁次癸巳，十月戊辰朔，十七日甲申。此志作“岁次戊巳”，殆为“癸巳”之误。岑先生曰：“‘癸巳’讹‘戊巳’，则书者之草率也。”

又案：“其间或自洛阳迁武威”一句，盖据上文所叙贾氏远祖言。既谓贾谊、贾诩二人同为远祖，则贾诩当为贾谊之后。但作者萧颖士又不详考，仅就二人籍贯为说——贾谊，洛阳人，见《汉书》；贾诩，武威姑臧人，见《魏志》—— 遂云“其间或自洛阳迁武威”。先居洛阳，后出武威，则中间当有迁居武威者，而不知何世何人，故云“其间或”，推理言之耳。至谓其迁武威者定为何人，则《元和姓纂》言“贾谊九代孙秀玉，后汉武威太守，又家武威”，《新唐书·宰相世系表》云“秀玉生衍，衍生龚，龚生诩”，是知贾秀玉迁居武威，以至贾诩也。

（日文版补记：《北京图书馆藏中国历代石刻拓本汇编》第二六册第九五页、《隋唐五代墓志汇编》洛阳卷第十一册第一九八页皆见此石拓本，可据补第一八行末字“于”、第一九行末字“礼”。）

五　贾氏远祖并郡望

案：《贾玄赞殡记》云“昔谈高宣室，芳誉闻于才子；状写云台，雄业垂于列将”，谓贾谊与贾复（后汉明帝图画二十八将于南宫云台，贾复在其中，见范晔《后汉书·列传》第十二篇）；《贾钦惠墓志铭序》云“汉有梁王傅谊，魏有太尉诩”，并称贾谊并贾诩。今就《唐代墓志汇编》检之，《大唐故宣州宣城县李府君夫人贾氏墓志铭并序》云：“夫人讳嫔，字淑容，长乐人也。其先晋唐叔之后，因别封而族焉。远祖谊，以文傅长沙桓王，汉帝膝之前席。洎王莽末，裔祖复以创命功遂图云阁。”［墓主贾嫔，建中二年（781）卒。］正与《贾玄赞殡记》所言同，且其言长乐人，又与《贾钦惠墓志铭》“后家长乐”一句相合。又若《大唐处士故贾君墓志铭并序》云：“君讳仕通，字仁彻，河南洛阳人也。昔大夫弱冠，摛藻掞乎汉庭；太尉壮年，宏谋安乎魏室。”〔墓主贾仕通，贞观十五年（641）卒。〕又《故舒州司法杨君夫人贾氏墓志铭》云：“夫人讳通，其先武威人也。夫宣室良谈，汉文以之前席；天下知信，魏武由其执手。”〔墓主贾通，证圣元年（695）卒。〕二志均并列贾谊与贾诩为远祖，与《贾钦惠墓志铭序》同。至若《隋故越王府司兵参军贾君墓志铭并序》（墓主贾通）、《大唐上柱国记室贾君墓志之铭》（墓主贾昂）、《唐故并州太谷县尉贾君墓志铭并序》（墓主贾统）、《大唐故常州江阴县丞贾府君墓志铭并序》（墓主贾整）、《贾隐墓志铭》（墓主贾隐）、《大周贾府君墓志铭一首并序》（墓主贾楚）诸志，俱以晋贾充与贾谊并列为远祖。

墓志所叙诸贾氏远祖，盖多出附会名人，故莫不以汉贾谊为先祖，次后汉贾复，次魏贾诩，次晋贾充，或取其一。贾公彦先世是否的出贾复或贾诩之后，志乘有阙，难以质言，可不足深论。至其郡望，则不无疑义。上言《儒学传》之“洺州永年”即《姓纂》之“广平”，一也。然《贾钦惠墓志铭序》言“后家长乐”，则望出长乐，不可一也。案《元和姓纂》于“广平”贾氏之外，别有“长乐”一房。其注文曰：

> 汉长沙王太傅贾谊，洛阳人。十代孙龚，居武威。龚孙诩，魏太尉；生玑，长乐令，隶相州。裔孙琚，

> 后魏颍川太守，生昭、申。申生廉。廉生均清，河南郡兵曹。

是由贾诩子玑为长乐令，遂为郡望。然则《贾钦惠墓志铭》言远祖，贾谊之后，特举贾诩，固合其理也。但据《姓纂》，广平贾氏亦即出贾诩之后，又不得据《贾玄赞殡记》举贾复不举贾诩，而遽谓广平出贾复，长乐出贾诩也。当知二志举说远祖不同，不足以定所言郡望之异。

考之上举六志并列贾谊与贾充为远祖者，贾通称“洛州洛阳人”，贾昂称“河东晋国人”，贾统称“平阳人，近徙三川，又为洛阳人”，贾整称“河东平阳人”，贾隐称“洛阳人，而望归河东襄陵之平乡”，贾楚称“河南洛阳人”。案《晋书》，贾充，平阳襄陵人，故后人称郡望或称“河东晋国”，或称“平阳”，或称“襄陵”。贾统“平阳人，又为洛阳人”，贾隐“洛阳人，而望归襄陵”，是占籍洛阳而郡望犹系平阳。贾通、贾楚称“洛阳人”，盖亦其类也。然则诸志举贾充为远祖者，郡望概皆出平阳襄陵，志文言远祖与郡望合，可无疑义。至若《唐故朝议郎河南府户曹参军柱国长乐贾府君墓志铭并序》云：“谊玄孙迪，汉河东守，始自洛阳迁于襄陵，故贾氏复归晋也。”墓主贾洮，题称长乐人，而言贾迪之迁襄陵，则与《元和姓纂》言长乐贾氏出长乐令贾玑者不同。贾玑于贾谊为十三代孙，贾谊玄孙汭之后，非贾迪之后。是长乐贾氏尚多疑义，待考。要之《贾钦惠墓志铭》谓望出长乐，与《儒学传》《元和姓纂》不合，只得存疑，不可以定论。岑先生《萧李遗文拾》曰“《钦惠志》云长乐，追溯其远祖也”，或其然也，而犹不可以必也。

六　贾氏家系图

综合上列材料，制为《贾氏家系图》如下。就中贾演，《钦惠志》云“大学博士”，不如《玄赞志》云“隋齐王府文学”之详，似当以《玄赞志》为正。又，玄赞，《玄赞志》云“仍于弘文馆教王子读书”，不斥言何官。上言“详正学士”，而此言“仍”者，或谓仍于弘文馆，或谓仍为详正学士，未可确知。详正学士者，不知是弘文馆学士之别，抑学士之外别为此官？案《六典》“弘文馆学士”下有云“仪凤中，以馆中多图籍，置详正学士校理”，但《通典》直作“仪凤中，以馆中多图籍，委学士校理”，不言“详正学士”。寡学无识，不娴史籍，愿读者之有以教之也。

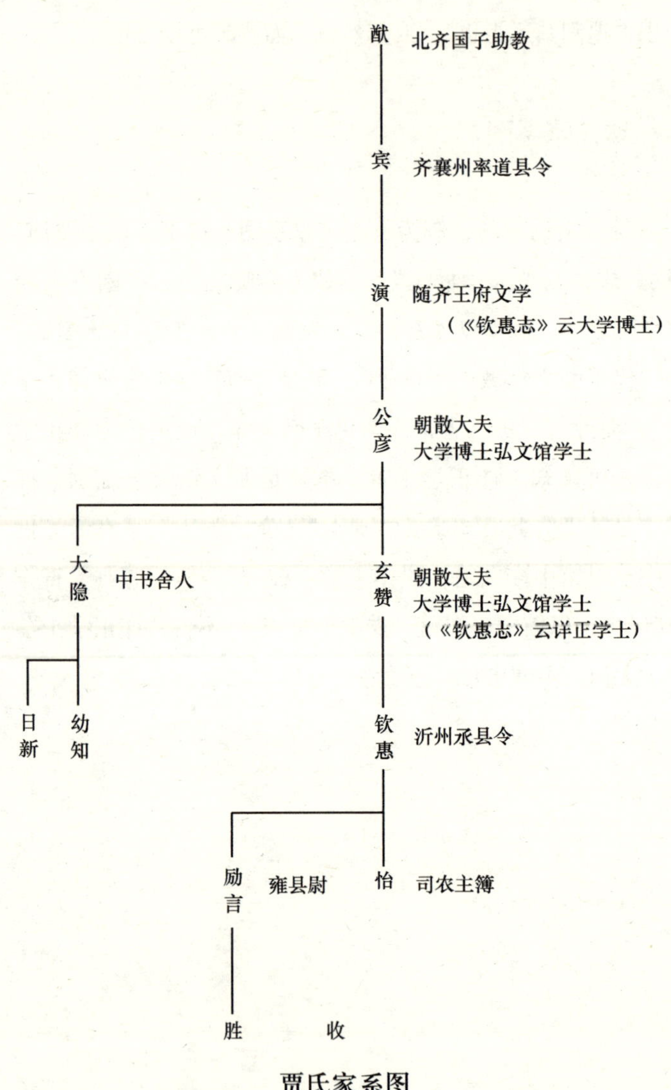
献　北齐国子助教
宾　齐襄州率道县令
演　随齐王府文学
（《钦惠志》云大学博士）
公彦　朝散大夫
大学博士弘文馆学士
大隐　中书舍人
玄赞　朝散大夫
大学博士弘文馆学士
（《钦惠志》云详正学士）
日新
幼知
钦惠　沂州丞县令
励言　雍县尉
怡　司农主簿
胜
收

贾氏家系图

附录Ⅲ 《仪礼》单疏版本说

一 问题所在

《五经正义》或有敦煌出土残卷，或有日本旧传抄本，其原皆出唐抄，犹在宋刊单疏之前，校读《正义》不可不详为勘覆。至《仪礼疏》则不仅无有唐抄或唐抄传抄本流传，管见所及，除《通典》、聂氏《三礼图》等偶引贾说当出当时抄本外，自宋以降学者无言及唐本者，唐抄本之存在绝无痕迹可考。若然，后世所有注疏本，无不以宋刻单疏为祖本，未尝参用唐抄本为之校勘，则只要有宋刻单疏在，其余诸刻自无版本价值可言。而今欲特著文讨论版本者，职因宋本单疏亡逸之故也。

《四部丛刊续编》所收单本《仪礼疏》系道光十年汪士钟重刻本，主其事者顾千里，写手盖为许翰屏，[①] 为“阊门外

① 《前尘梦影录》云：“士礼居黄氏、享帚楼秦氏、平津馆孙氏、艺芸书舍汪氏以及张古余、吴山尊诸君所刻影宋本秘籍，皆为翰屏手书。”

洞泾桥西青霞斋吴刻字店”所刻。[①] 虽其《重刻序》称“行摹款仿，尤传景德之真”，且写刻绝精，赏心悦目，重刻究与照相不同，宋刻原本既已不知下落，恶可知其必无改移讹误。《思适斋记》云“顾子之于书，以不校校之也”，而其校刊《资治通鉴》仍不免偶或“有心校改，以不误为误，而与原旨大相背驰”，为陈垣先生所痛斥（见《胡注表微·校勘篇》）。今就《仪礼》单疏，即有一事可证汪氏重刻之失却宋本原貌者：《十驾斋养新录》卷三“注疏旧本”条云：“予尝见宋本《仪礼疏》，每叶卅行，每行廿七字，凡五十卷，唯卷卅二至卅七阙。末卷有‘大宋景德元年’校对、同校、都校诸臣姓名及宰相吕蒙正、李（原注：不署名，盖李沆也）、参政王旦、王钦若衔名。”《竹汀先生日记钞》云“晤黄荛圃、周漪塘，见宋本《仪礼疏》单行本”云云，下文略同《养新录》，而“及宰相吕蒙正、李”下亦自注云：“不著名。”又，阮元《仪礼注疏校勘记》迻录单疏卷末衔名共十九行，宰相李姓亦空其名。然今检汪氏重刻单疏正作“李沆”，并不空名。案：钱大昕、阮元所据单疏本亦即黄丕烈藏本，后归汪士钟，为重刻所据。是其本一也，而钱、阮所见“李”下无字，重刻乃有“沆”字，何也？钱氏特言“不署名，盖李

---

① 见卷四十九尾。案杨绳信氏《中国版刻综录》载“苏州青霞斋吴学圃”道光十四年刊刻《大涤山房诗钞》八卷。又案张振铎氏《古籍刻工名录》载道光元年翠微花馆刊本《词林正韵》为“吴学圃，住苏州阊门外桐泾桥西石屑弄口”者所刻，道光八年艺芸精舍影宋刊本《鸡峰普济方》为“姑苏阊门外桐泾桥西吴青霞斋”所刻。诸书刻者盖一也。

沆也”，殆不容以有为无之嫌，其言自可信据，并且有《校勘记》可作旁证，是宋本原无“沆”字，汪氏重刻本以意补之。此乃可证重刻单疏非皆如宋刻原本也。

但唐抄本之不可得，自当以宋刻为本，莫或有因其不得唐抄而竟废其书者。宋刻单疏原本已经亡逸，亦自当以重刻宋本为本，捧读研诵可也，又何多所嫌疑，而汲汲辩说？曰：有阮元《校勘记》、张敦仁汇刻《仪礼注疏》及阮刻《十三经注疏》本《仪礼注疏》在焉。此三者与重刻单疏，共四者之间，相有矛盾，必须先知其间关系，重刻单疏始可读也。何谓矛盾？曰：四者自称皆据宋刻单疏，而其文字歧异，数以百计，是为矛盾。

《嘉业堂丛书》本《仪礼注疏》系翻刻张敦仁刊本。刘承干跋（1919年）曰：

> 右《仪礼注疏》五十卷，张古余刻本。古余病《仪礼》无善本，见士礼居刻宋严州经注本，又藏景德单疏官本，因与顾千里汇刻之，用单疏本卷第，时在嘉庆丙寅七月。单疏三十二至三十七缺六卷，又取鹤山《要义》补足，缺叶即用明本补之。必著其数者，传信也。书出，海内称为善本，而印行不广，学者罕见。承干觅得初印本，即传刻之。
>
> 书后有云“《严本考异》《单疏识误》嗣出”，而《严本考异》出，《识误》不传，甚为可惜。严州本经，校《唐石经》有一二不合；注与疏两宋本非必全无乖

> 异之处，即今本与艺芸精舍单疏亦有不同处。不用意见更易者，存其真也。想千里亦以考订未备，不欲问世，后之人无千里之学识，安能定其从违哉。俟善读者决择之，勿以校勘为易事也。

读此跋，有一误一疑。误者，士礼居重刻严州本在嘉庆二十年，“嘉庆丙寅（即十一年）七月”张敦仁汇刻注疏时，自不可及见。今云“见士礼居刻宋严州经注本”云云，显为错误。疑者，其云“今本与艺芸精舍单疏亦有不同处”，诚可疑也。张敦仁本疏据“士礼居藏景德单疏官本”，汪氏艺芸书舍重刻者即其本，则两本疏文本不容歧异也。

但景德原本一也，而张本、汪本皆据焉，且两本俱以不改原文为宗旨。[①] 然则，其疏文之所以有歧异，乃出两本编辑技术上之问题。假若有两宋版，或同一宋版而有两印本，其间容有异文，自当用“学识”为之“考订”，或需“俟善读者决择之”。今乃知宋本独一，非有异文，张、汪两本同据之而文字有殊，则或一真一伪，或两本均伪，不容两本俱真。欲知孰真孰伪，诚需考订，但此则考订清人编书之实情，而非考订注疏文字之谓，吾人自愧“无千里之学识”，犹不妨试为之说尔。

---

① 张本序云：“宋本非必全无小小转写之讹，不欲用意见更易者，所以留其真，慎之至也。”汪本序云：“行摹款仿，尤传景德之真。若夫撰定异同，曷若阙如，悉心寻绎，元文自见云尔。”

二　说《嘉业堂丛书》本

《嘉业堂丛书》翻刻张敦仁本《仪礼注疏》，以今观之，无甚价值。嘉业本既非覆刻，版式行款已为改观，至文字内容，校对草率至极。如张本经注作“庙”，疏字作“廟”，是仍所据严州本经注及单疏本之旧，而嘉业本随意改作，漫无体例。其余字体概皆从当时通用刻字体，每与张本不同。又如卷二页十二右半页末行“宰夫实觯”“实”讹“宾”，页十三右半页第七行“今子须见母”“见”讹“是”之类，张本不误而嘉业本独误者，不在少数，是知嘉业本全失张本面目。

但《嘉业堂丛书》又有《周易》《尚书》《毛诗》《礼记》《春秋》《公羊》《谷梁》诸经单疏，其关心经术，致力流传如此。而刘氏之后，多有单疏原刻影印本出现，刘氏诸刻始无价值可言。唯《仪礼注疏》则有异于此。何谓？则汪士钟重刻单疏远在刘氏之前，当时固有流传也。单疏具在，张本又何足珍重而刘氏欲亟为翻刻者？盖翻刻张本之举，实出当时刘氏左右版本家之陋识。莫友芝之言曰：“嘉庆丙寅，张敦仁刊《仪礼注疏》五十卷，以宋严州本经注及景德单疏合编，顾广圻为之校补，缺疏之六卷，多依魏鹤山《要义》，又通覆校，最为善本。惜流传不多。欲重刊此经注疏，当用此本。”（见《郘亭知见传本书目》）又，嘉业本卷首附莫棠题记，极言张本之难以觅见，云：“顷岁避居海上，华阳王雪澄先生广征众本，校读此经，为言杨君星吾有张刻。适仲武家兄来游，携所藏书目，亦著之，雪老遂向兄郑重假致，于是予得见焉。同避地者如缪筱珊参议、沈子封提学诸人，皆久官京朝，遍历南北，于经籍传本收览致多，顾于斯编皆云未睹，可见流传绝鲜。”又云“雪澄先生曾欲劝寓公之好古者谋重刊，其意甚盛。独予身逢世变，困处衰落，于高密、永年之绪无能为役”云云。[①] 二莫之见，主谓张本据严本、单疏，经顾千里精校，又为其流传绝鲜，固当据以重刻；自不知张本之与严本、单疏文字之间有何异同，初未考虑重刻张本之于自就严本、单疏重编刊行孰优。其实阮刻《十三经注疏》本《仪礼注疏》即覆刻张本，除文字之间不无小小校改外，行款字体悉仍张本，而且阮本及其翻本流传极广。使当时刘氏或其左右学者知此，必也其不为二莫语所惑，岂又破斥巨赀翻刻张本为？况其重刻结果，无心之讹误既多，有意之校改亦不少，远逊阮本之接近张本也。

刘氏自任藏书家、刻书家，未尝以学者自居，故其藏书、刻书皆善听学者之言。顾往往不得其人，或其人不为尽责，致遗劣迹于后世。如《书舶庸谭》载：“缪艺风托岛田翰影录宋本《毛诗正义》，南浔刘翰怡刻入《嘉业堂丛书》。内藤湖南谓中多妄改，且残蚀处俱补录完整，疑所据又一本。余谓仆昔年校大觉寺《文馆词林》，悉复旧观，张石铭刻入《适园丛书》时，艺风掌校雠，悉改从刻本，并有依《太平御览》校改者，此缪艺风之所以为缪也。湖南为之莞尔。”又，近出复旦大学出版社《嘉业堂藏书志》，其《前言》云：“《藏书

① 案：仲武即莫绳孙，为莫友芝子，于莫棠为从兄，自无怪二莫所见雷同也。

志》编纂始于1917年，初由缪荃孙主其事。其时缪氏年事已高，世务又多，精力实未能专注。其解题多采摭《四库提要》及前人评骘，殊少出于己裁，语多重复，间又漏略。吴昌绶对此曾加批评：‘坊肆口吻、通行俗字，一概阑入。且为晚年所作，有仅写数字而语气不完者，有仅记其人之姓而忘其名字，空格以待补者，及所引书名讹敚，尤难偻数。’”今检书中缪稿诸篇，极其疏略，见之犹不禁为刘氏惋惜。

嘉业堂重刻《仪礼注疏》，不知主其事者为何氏？[①] 唯见其校对极疏忽，刘跋竟不知士礼居刻严州本在张敦仁汇刻注疏之后，则其庸陋可知。但其人于校对之际，犹能知张本实与汪刻单疏不符。嘉业本疏文偶有于字旁标圈点者，虽无所说明，一经核查即知是张本与汪刻单疏歧异之处。虽然，其人不能详勘异同，标识圈点不及卷二十五以下，即前二十四卷，标识极不严整，或见字体稍稍不同即标圈，或有文字全异而不标识之者。更有甚者，书中据汪刻单疏径改张本文字者，亦不在少数。例如卷四十一《既夕记》“不说绖带”下疏“周公设绖”，张本如此，而汪刻单疏作“周公说绖”，嘉业堂本不仍张本，乃据汪刻单疏改作“周公说绖”。案之文理，此自以作“设”为正，阮本固亦仍张本作“设”。而嘉业堂本竟敢改作“说”者，一以汪刻单疏作“说”之故也。是知其人无甚识见，故于刘跋，只得约略提及，表明

① 汪绍楹先生云“刘跋皆董绶金、缪筱珊代作”，见《阮氏重刻宋本十三经注疏考》第十二节注。该文刊载《文史》第三辑，下引汪先生说均出此。

“今本与艺芸精舍单疏亦有不同处”，而又不能究明其所以然，乃强为之说曰：“不用意见更易者，存其真也。想千里亦以考订未备，不欲问世，后之人无千里之学识，安能定其从违哉。俟善读者决择之，勿以校勘为易事也。”以其无能懒惰反自居为谦虚谨慎，并欲吓唬读者以蒙蔽问题，心事可鄙。忽仍张本旧文，忽从汪本校改，初无义例，而谓“存其真也”，其谁信乎。彼谓后人可欺，而以“勿以校勘为易事”告诫吾辈，吾辈又何得拳拳服膺而不揭发其诡术哉。

要之，嘉业本编刊未得其人，绝无版本价值，然其表明张本与汪刻单疏不符，能为后人提示问题，是为仅有所获。今见《嘉业堂藏书志》载录刘氏《八十自叙》云“尝镌小印，曰‘宁人负我，毋我负人’”，感慨系之。刊印《仪礼注疏》一事，引以为此一小印之注脚，未见其不可也。

三　说阮刻《十三经注疏》本

上节言当时使刘氏知阮刻《十三经注疏》本《仪礼注疏》为覆刻张敦仁本，谅无嘉业堂重刻张本之举。其实阮本之出张本覆刻，持两本相校即可知，而二莫及刘氏等未尝一校阮本也。是以曹元弼《礼经校释》甫刊成，遂撰《礼经纂疏序》一文，云：“张氏敦仁所刊注疏本，阮氏以配《十三经注疏》，而阮本与此又有小异，张多得之，实此经注疏之最善者。”于时光绪十八年（1892）正月九日。越三日，正月十一日，序《校释》云：“其中称‘此本’者，张氏敦仁所刊注疏，为注疏本之最善者。胡氏《正义》尝两称之，而世不显传，故据焉。”《礼经校释》之作，所以校读贾疏也，曹氏于贾疏版本自当熟悉。

但曹元弼意在礼教，其校贾疏，或云“疏文脱讹不可读，则求之《校勘记》所载各本，又不得，则就其原文旁推互勘，以义读正”，或云“唐中叶后，治此经者鲜，故贾氏疏文衍脱误错，多非其旧，学者当依文剖裂，以雪其诬，不得遂以为非”（见《礼经纂疏序》）。序《校释》，释“校释”二字而云“校者校经注疏之讹文，释者释经注疏之隐义，务求按之经而合，问之心而安”。是以《校释》通篇校正贾疏文字不知几千条，皆所以“顺其上下，推其本意”（《校释序》语），直以探得贾氏本意为能事，初不问何为宋本原字、何为贾氏原文；“依文剖裂”之余，割裂旧文，凭臆改作，删补辄至十几字，皆在所不惜。虽谓以张本为据，校以《校勘记》所引各本及汪刻单疏，其实不过“择善而从”，与其不用版本全为理校者不知优胜几何。曹元弼谓张本为“注疏本之最善者”，其言固是。然不知其疏文与汪刻单疏何如？张本之所以为善本，以其据单疏故也。今张本疏文与汪刻单疏异处，自当详审其异之所由来，究明孰为宋本单疏原字。《校释》于两本歧异处，皆择善而从，不曾以其异为疑，是其心目中都无宋版、清版之别，只求其“是”而已。然则曹氏之功，在于阐述贾说，不在校勘贾文。其责曹氏以辨版本源疏，犹缘木以求鱼也。

然曹氏言“阮氏以配《十三经注疏》”，自有所本。顾千里代汪士钟撰《重刻宋本仪礼疏序》云：“宋景德官刊贾公彦疏，嘉庆初入吾郡黄氏。于是张古余太守得其校本，别合严州经注，重编于江省。后阮宫保取配十行不足者也。”是也。是以汪绍楹先生云：“重刊所据本，则阮氏序所云‘十行宋本十一经，无《仪礼》《尔雅》，而借校黄丕烈所藏“单疏”二经’者。然今检所刊注疏，《仪礼》则‘经注’以唐《石经》宋‘严本’为主，‘疏’以‘单疏本’为主，而实不知据何本。”汪先生自注引上述《重刻仪礼疏序》，而云：“然则似取据‘张刻本’。”盖汪先生既知阮本与单疏本迥异，故云“实不知据何本”；而尚嫌未有确证，故云“似取据张刻本”，言“似”以示慎重也。

阮本之据张本，今举二例证之，则卷末校刊进书衔名，据汪刻单疏，先崔偓佺以下“校定”六人，次“再校”二人，次“都校”邢昺，“大宋景德元年六月　日”一行后，列进书宰相王钦若至吕蒙正四人。而张本逐录倒反其序，首吕蒙正，至“校定”崔偓佺终。案《校勘记》所载与汪刻同，钱大昕所言（见上第一节）亦与汪刻合。考之《易》《毛诗》《礼记》宋版单疏影印本，卷末衔名皆据先校勘官、后进书宰相之式。是知《仪礼疏》衔名自以汪刻为正，张本独误，而阮本乃同张本。又如卷六页三左半页第一至第二行（案：张、阮二本行款全同）经“鱼用鲋，必殽全”，盖因涉二行之故，张本误重“必”字（即谓第一行末及第二行首重出“必”字）。阮本知其误重，删其一，以致“鱼用鲋”三字排写甚稀，可容四字。是知阮本固出张本覆刻，稍稍有校改而已，犹若闽本之于陈本也。至其校改，大抵不外校正张本讹字之最浅显者，或参据《校勘记》说校改者，并无其他版本根据。然则阮本亦无版本价值，学者毋为阮序“借校苏州黄氏丕烈所藏单疏重刻之”一句所惑，斯可也。

四 说张本与《校勘记》

莫友芝云张本“以宋严州本经注及景德单疏合编”，汪先生云“经注用严州本，疏用此景德单疏，合编于江省”，虽不为误，犹嫌不确。何谓？顾氏汇刻张本时未尝亲就单疏原本，所据为一校本而已。今检黄、顾、严三家之言，初未含混。

> 顾千里跋“《仪礼疏》五十卷（宋刻本）”（嘉庆五年庚申，1800）云：“此宋时官本疏，不佞在士礼居勘之一过，于行世各本，补其脱，删其衍，正其错谬，皆不可胜数。实于宋椠书籍为奇中之奇，宝中之宝，莫与比伦者也。窃谓傥剟其菁英，句排字比，勒成一书，流传宇内，庶几贾氏之精神不蔽，而问途此经者享夫榛芜一辟之功。然自揣才力拙薄，曷克斯任，姑引其端，用以俟方来之哲焉耳。”①
>
> 顾千里跋“《仪礼要义》五十卷（宋刻本）”（嘉庆七年壬戌，1802）云：“向在吾郡黄氏传校其所藏景德元年单疏本，诧为得未曾有。”又云：“中丞阮公将为《十三经》作《考证》一书，任《仪礼》者为德清徐君新田。

① 见《思适斋书跋》。

新田与九能（案：九能即严元照）有姻亲，曾传钞是书；近日复从余所持旧校景德本，去临出一部。将来此二书者，皆必大显白于天下，然溯导河所自，则此本与景德本实为昆仑源也。”[①]

顾千里代张敦仁作《重刻仪礼注疏序》（嘉庆十一年丙寅，1806）云：“比从元和顾千里行箧中，见所用宋景德官本手校疏，凡正讹、补脱、去衍、乙错，无虑数千百处，神明焕然，为之改观。千里又用宋严州本校经及注，视嘉靖本尤胜。皆据吴门某氏家之所藏也。夫二本之在天壤间，为功于此经非浅，而获见者罕，不亦惜哉。遂与千里商榷，合而编之，重刻以行世。”

严元照《书手校汲古阁刻本仪礼注疏后》（嘉庆十二年丁卯，1807）云：“宋景德元年所刻《仪礼疏》五十卷，今藏苏州黄氏。吾友元和顾千里广圻有校录之本。辛壬之间，仪征阮公元巡抚浙江，延客校《十三经注疏》，任《仪礼》者德清徐新田养原也，又以顾校录出一本。”[②]（案：“辛壬之间”则嘉庆六七年间也。）

黄丕烈《宋严州本仪礼经注精校重雕缘起》（嘉庆二十年乙亥，1815）云：“余先后收得宋刻经注本及宋刻单行疏本，各校副本流传于外，阮芸台侍郎取以入《仪礼校勘记》中者是也。后张古余太守在江宁将此经注

① 见《思适斋书跋》。
② 见《悔庵学文》。

及疏合刊，学者已幸双美合璧矣。”又云：“抑经注之讹阙出于严本、张校之外者，尚不可枚数，段若膺先生定《校勘记》既胪陈之。”

顾千里代汪士钟作《重刻宋本仪礼疏序》（道光十年庚寅，1830）云：“宋景德官刊贾公彦疏，嘉庆初入吾郡黄氏。于是张古余太守得其校本，别合严州经注，重编于江省。唯时段若膺大令亦得此校本，谓之单疏《仪礼》，亦订正自来用《经传通解》转改之失，而单疏之善既有闻矣。”

据此知顾氏取以汇刻张本注疏者，非黄丕烈藏宋本单疏原本，而是顾氏曾就黄氏藏原本所作校本而已。校本云者，案张本序云“所用宋景德官本手校疏，凡正讹、补脱、去衍、乙错，无虑数千百处，神明焕然，为之改观”，《跋仪礼疏》云“此宋时官本疏，不佞在士礼居勘之一过，于行世各本，补其脱，删其衍，正其错谬，皆不可胜数”，则顾氏用宋版单疏原本校正通行注疏本者也。

据上引诸文，又知阮元《校勘记》所引单疏本亦非即出宋版单疏原本，而是校本。《跋仪礼要义》云“中丞阮公将为《十三经》作《考证》一书”，“考证”为《校勘记》初名；《严州本重雕缘起》云“段若膺先生定《校勘记》”，是因《校勘记》经段氏重定：均详汪先生文。是阮元《校勘记》为徐养原所作，段玉裁重定。然则《跋仪礼要义》云“徐新田从余所持旧校景德本，去临出一部”，《书手校汲古阁刻本仪礼注疏后》云“徐新田任校《仪礼》，又以顾校录出一本”,《严州本重雕缘起》云“宋刻经注本及宋刻单行疏本，各校副本流传于外，阮芸台侍郎取以入《仪礼校勘记》”,《重刻宋本仪礼疏序》云“段若膺大令得此校本，谓之单疏《仪礼》，亦订正自来用《经传通解》转改之失，而单疏之善既有闻矣”，所言之事一也。是知《校勘记》所据单疏，实为徐养原临录上述顾千里校本而已。

初读《校勘记》，见校疏各条不言单疏作何字者殆半，不知何故？例若卷一“成民之事若何”,《校勘记》云：“事，陈本作士，非也。”检汪刻单疏正作“士”，则陈本误“士”，袭单疏旧误耳，而《校勘记》不言，岂为讳言单疏之短？“天下无生而贵者”,《校勘记》云：“下，陈、闽、监本俱误作子。”检汪刻单疏作“下”不误，则不知《校勘记》何不言单疏不误，而独遍列陈、闽、监本误字？《校勘记序》称“疏以宋单行本为主”，则自不当舍单疏而独举他本也。今知《校勘记》所据单疏实徐氏临录顾千里校本，非单疏原本，乃可释疑解惑。盖顾氏校本，于通行注疏本上校录单疏文字异同，未能字字必录，毫厘不失。单疏与通行注疏本异而顾氏未及记录者不少，如此则《校勘记》自无从知单疏作何字也。

或曰：初阮元延顾氏于杭州十三经局，后顾氏为局中诸人所不容，亦与段玉裁成衅隙，遂辞经局而去，汪先生文述之详矣。故李庆氏《顾千里研究》云，嘉庆十年张古余约千里为之校刊宋本《仪礼》《礼记》等书，“千里乃因于杭州经局未得实现己见，于此发抒之”。且观顾氏《合刻仪礼注疏跋》[1]（嘉庆十一年丙寅，1806）曰：

或问居士曰：汲古毛氏刻《十三经》，凡十数年而始成，而居士云非善本也；古余先生合刻《仪礼注疏》，乃一大经而难读者，仅改岁而成，而居士云本莫善矣：何谓也？居士笑曰：吾语汝乎。夫毛氏仍万历监刻而已，此其所以不能善也。古余先生以宋本易之，而精校焉，熟雠焉，此其所以善也。且其所以善，先生自序固略言之，曷不姑就所言，取此五十卷者，并世所行者而读之乎。苟不能读也，抑读之而犹不能知也，则亦可以无与于论《仪礼》矣。若夫刊刻岁月，则迟而善可也，速而善亦无不可也，又岂深识者所当计耶。问者不得居士之指而罢，遂举以书于后。

顾氏之笑也苦。此跋也，顾氏所以嘲笑十三经局诸人，亦所以嘲笑自己。戈襄《思适轩记》云："思适轩者，顾子之思不适也。顾子穷而在下，不得一试其道，家居郁郁，宁独无思乎？思矣而又不得遂，宁独适乎？思愈甚，不适愈甚。日取古人书纵观之，期自适。思于古，出以告人无所辟，默以藏己无所泄。茕独一身，倚书而愈拙。于是乃喟然叹曰，乃今知书不适我甚矣。"（《顾千里研究》转载《半树斋文》卷七所收。）戈襄此言，可谓知顾氏者。顾氏不为十三经局所容，不得

① 见《思适斋集》卷十四。

与于编定《校勘记》、重刊《十三经注疏》之役，眼见其事为“庸妄人”“不识一字之人”等所把持〔语见顾氏跋《经典释文（校本）》，载《思适斋书跋》〕，于是乎有顾氏之笑，是顾氏自嘲也。但顾氏终不能无所作为，而在阮元迟迟不得重刊《十三经注疏》之际，先据十行本版式独自刊行《仪礼注疏》，“仅改岁而成”。《仪礼》本无十行注疏本（2013年补注：此说误。陈凤梧注疏本及汪文盛本皆十行），特据十行版式者，先成阮元重刊《十三经注疏》之意，所以夸示也。跋云“迟而善可也，速而善亦无不可也”，所以讥讽十三经局之无能，且以自诩也。其言“苟不能读也，抑读之而犹不能知也，则亦可以无与于论《仪礼》矣”，所以痛斥十三经局诸人之愚，以示不屑与共事也。然顾氏之意如此，则其或云徐养原临顾氏校景德本，或云阮元取张敦仁本以配十行本之不足，岂知其必非顾氏有意贬《校勘记》并阮刻《十三经注疏》本，谓其原皆出己者？

曰：此可更就单疏文字证之。案：**张本疏文与汪刻单疏文字不符者数以百计，而就其不合处检《校勘记》，则必不言单疏作何字。《校勘记》言单疏作某字者，张本必作某字，且与汪刻单疏合；《校勘记》不言单疏作何字者，张本必与通行注疏本同，而与汪刻单疏往往不合**。因其间容有讹误或校改，自不可绝无例外，但百或一二，大抵不差，不足以为疑。是可证顾氏之言不诬，顾氏编定张本疏文，以通行注疏本为底本，据其早年用宋版单疏所作校本改从单疏文字，至校本未及记录单疏文字处，乃因通行注疏本之旧；《校勘记》据临顾氏校本载录单疏文字，至校本所未及乃不言单疏作何字。所据校本一也，故《校勘记》云单疏作某字者，张本亦作某字；张本因袭通行注疏本之处，《校勘记》即不言单疏作何字。

至谓张本据以为底本者何，则盖监本也。张本之不合汪刻单疏处——《校勘记》不言单疏作何字处——验之《校勘记》，大都不合陈、闽本而合毛本，但亦有不合毛本者，如《昏礼记》“女出于母左”节疏“下文父母及庶母重云戒者”，汪刻单疏如此，而张本“云”作“行”；《校勘记》出毛本作“云”，而云“陈、闽俱作行”。案之文理，此以作“云”为优，若据毛本为底本，则张本无改作“行”字之理，是知张本所据非毛本也。《校勘记》除标出毛本文字之外，其于陈、闽本记录不备，至监本则载录极少，今不便详为比较。但张本所据底本既不合陈、闽本，又有与毛本不同而反同陈、闽本者，则暂且推其为监本，当不失甚远也。监本上承陈、闽本，下为毛本所本，故也。

案《中国古籍善本书目》载一部监本注疏，注云“清顾广圻校并跋”，为天一阁文物保管所所藏。1996 年中华书局出版《新编天一阁书目》不见此书，盖因其非天一阁原藏书，不在收录之列。文化艺术出版社出版《天一阁史话》有云：“朱鼎煦家属向天一阁捐赠‘别宥斋’藏书十万余卷。朱鼎煦，字赞卿，律师职业，浙江萧山人（原注：1886—1967），他性嗜书画金石，又精于鉴别，对古书尤为爱好。遇有善本珍品，不惜以千金易之，积数十年之精力，藏书达十万卷之富，其书室取名‘别宥斋’。他本人有‘书痴’绰号。书友林云宝出示顾千里手校《仪礼》，他见了爱不释手，定要购买方休。

书友见他如此深爱，出巨价五百块银圆，他居然一口答应，典衣借债凑足五百元把书买回来，'书痴'从此得名。"所谓《仪礼》，盖即监本注疏也。案：此本前贤或多未见，李氏《顾千里研究》亦不录。王欣夫先生《蛾术轩箧存善本书录》云："三十年前，余于存古斋书坊得阳湖周孟舆所藏香严手校汲古阁《仪礼注疏》全书，朱笔灿烂。案跋语，嘉庆十一年丙寅临顾千里校宋刊单疏本。"①（2013年补注：王先生《书录》2002年由上海古籍出版社出版。）王先生所见毛本临顾校者，现藏北京图书馆。设若《中国古籍善本书目》著录无误，则天一阁本乃顾氏手校本，或为北图本周香严录顾校所自出，又或即张本所据、《校勘记》所祖之原本，未可知也。

又案《金山钱氏家刻书目·总日》"旧藏书板"目录著录"《仪礼疏》阳城张敦仁校刊本"，是张本版片后归钱氏。张文虎序《家刻书目》述钱培荪之言曰"先世遗书尽失，版片亦煨烬，乱后竭蹶，不能重刊，使前人苦心，一朝湮没"，则张本《仪礼疏》版片之失，亦当在咸同战乱之际。

五　说日本旧抄单疏残卷

汪先生有曰："图书寮有旧抄本《仪礼疏》一册，存十五、十六。书法潦草，讹字亦不鲜，然体式犹存'单疏'面目。"（案："图书寮"乃日本帝国主义统治者私人藏书机构，后帝国败灭

① 见《顾千里研究》引。

而留存“天皇”，“图书寮”亦随之留存，至后改名“宫内厅书陵部”云。）该残卷今有影印本，见日本汲古书院出版《仪礼士冠疏》附录。残卷第十五卷末尾有题记曰：“安元二年十一月廿一日戌时，以折本比校之次加首付了。助教中原师直。”（案：古代日本称中国刊本为“折本”。“次加首付了”，未知何意，或谓书眉批写节次者与。）户川芳郎先生撰该书《解说》，据谓抄写年代当在日本安元二年（1176）以前。今与汪刻单疏相校，残卷抄手始误脱汪刻卷十五页十六右半页第十五行自行首“公”字至行底“谓”字共二十四字并空格三处，行间补抄；抄本又脱汪刻卷十五页七左半页第三行第三字“注”至第四行第一字“鳖”共二十六字，第四行第二字“脍”径承第三行第二字“蓼”下，并无补抄；又脱汪刻卷十五页十四右半页第二行第十五字“公”至第十二行第十四字“因”共二百七十字。汪刻卷十六页二右半页第六行第八字“夕”下当写“宿是以宗伯”云云，而抄本误接第八行第九字“夕”下“宿者以戒宿”以下，行间补抄中间五十五字；同页第九行第十九字“属”以下至第十行第十九字“之”抄本亦脱，第九行第十八字“之”下接写第十行第二十字“属”以下，行间补抄二十八字；亦脱同卷页四右半页第二行第八字“故”至第三行第八字“寸”，行间补抄二十八字；亦脱同卷页五右半页第四行第二十字“磬”至第五行第十九字“其”，第四行第十九字“击”下接写第五行第二十字“磬”以下，行间补抄二十七字；同卷页七右半页第十三行第二十三字与第十四行第十八字同为“其”，抄本误脱中间二十三字，行间补抄。此等皆抄时目移下行，致脱整行。又如卷十六页三右半页第十四行以及页七右半页第六行，抄本均误以重写整行二十七字；同卷页六右半页第六行第十至十二字“东鼓义”下，抄本涉第五行第十二至十四字“东鼓义”，误衍“同省文也者决上东方言笙钟应”十三字，为第五行第十五字至行底之文字；同卷页六左半页第十行第十字“鼗”下，抄本涉第九行第十字亦为“鼗”，误衍第九行第十一字至行底十七字。此则误衍之例。或脱或衍，均与汪刻行款情况符合，可证此抄本所据乃宋刻单疏十五行行二十七字之本，既非注疏汇刻本，亦非宋刻以前之抄本也。

又，汪刻卷十五页二左半页第九行共有三十字，与常行二十七字多出三字，中间“者释经若宾若长言若不定”等字体扁小，而抄本无“者”“若宾”三字；又汪刻卷十五页五右半页第一行共有二十八字，与常行多出一字，行首“陔白华华黍三篇等经注”等字稍小，而抄本不重“华”字；又汪刻卷十五页八左半页第十行共有二十九字，与常行多出二字，中间“者此乃”“也云亦”等字字体扁小，而抄本无“者”“云”二字。是皆汪刻字数与常行二十七字不同，而如抄本则正二十七字，可知抄本所据乃始刻板之印本，每行字数二十七，无所参差，后经修补或重刊，至汪刻所据印本则已为补字，每行字数不等矣。（汪士钟《重刻宋本仪礼疏序》云“每行廿七字，修者不等”，即谓此。）然则此虽残卷，所据乃单疏始刻印本，较汪刻所据为早，实足珍重。（至谓所据是否北宋版，则尚无明证。）

今更就卷中内容相校，则抄本偶有讹误字无论矣，其余概皆符合。但此残卷固非顾千里等当时得以闻见者，且其所本更在汪刻所据宋本之前，而其文字符合如此，是可证汪刻实传宋本真面目，汪士钟《重刻序》称“行摹款仿，尤传景德之真”者自不诬也。

要之，汪刻单疏虽或不免校对刻字之小小失误，大体皆传宋本之旧；而其所据宋本，并非始刻早印，而是已经修补之本：此皆旧抄残卷可以为证者也。

六　说宋版单疏原本

《百宋一廛书录》“仪礼注”条云：“余于癸丑岁除，得单疏本《仪礼疏》。”（汪先生云：“顾千里代汪阆源《重刻宋本仪礼疏序》云‘嘉庆初，入吾郡黄氏’，似未确。”）当时黄氏、顾氏及钱大昕等，皆径视此为北宋景德原本，未辨其是否重刻。如《竹汀先生日记钞》云：“黄荛圃过谈云：‘新得北宋本《仪礼疏》五十卷，每叶三十行，行二十七字，经注不载全文，但标起止。’”《抚本礼记考异·冠义》“见于乡大夫”条云“顾千里校吴门黄氏北宋本《仪礼疏》作‘乡’不作‘卿’”云云。《校勘记·引据各本目录》“宋单疏本”下云：“此北宋咸平景德间所校勘开雕者也。”至道光十年汪氏重刻之后，原本不知下落，后之学者只得据汪氏重刻本为说，纸墨风格且不消说，即有无修版亦不可知，固也其不为版本家所重。

然此有王国维者异军突起，竟出通常版本学范围之外，参考《南雍志·经籍考》等文献记载，综论《九经》单疏书板之流传，其于《仪礼疏》亦有所推测。[①]

《宋刊本尔雅疏跋》（见《观堂集林》）云：

明黄佐《南雍志·经籍考》所载旧板，有《周易注疏》十三卷、《仪礼注疏》五十卷、《春秋正义》三十六卷、《春秋公羊传疏》三十卷、《春秋谷梁传疏》十二卷、《尔雅注疏》十卷。其书虽或称正义，或称疏，或称注疏，而其卷数无不与北宋单疏本合，而与南雍之十行本注疏不合，当即南宋所刊单疏旧板也。以其板久阙不印，又明人但知有注疏，不知有单疏，故即以注疏目之。此本用洪武中公牍纸印，又有明初补板，乃明南雍印本，可知《南雍志》之“尔雅注疏十卷”即是此本。而其他《周易》《仪礼》《三传》诸疏，卷数同于单疏本而不同于南雍注疏本者，其为南宋单疏旧板，盖可识矣。南雍十行本注疏，向无《仪礼》《尔雅》二种，故元明间尚补缀单疏本，以弥《十三经》之阙，是以二疏后世犹有传本，余疏自元以后殆已不多印行矣。［案《四部丛刊续编》《尔雅疏》卷末张元济跋引《观堂遗墨》。其文谓蒋氏藏本《尔雅》单疏为“咸平四年刊，自南宋迄元明间递有修补”之本，并云：“绍兴中重刊诸经正义，但就未有板者令临安府雕造，则有板者尚多。其有板者，盖谓咸平、景德中杭州所刊七经正义；未有板者，则太宗时所

① 黄永年氏《论王静安先生的版本学》、吴修艺氏《王国维传书堂善本书志研究》评述王氏之说，可以参考。二文皆见华东师范大学出版社《王国维学术研究论集》第二辑。

刊《五经正义》，其板在监，为金人辇之而北者也。此书板在杭州，故南渡后虽有修补，迄未改刻。”是则以《尔雅疏》《仪礼疏》皆北宋刊本，但有修板而已，与《观堂集林》所说不同。吴修艺氏谓《遗墨》所收为王氏修订稿，而非定稿（见《王国维传书堂善本书志研究》），殆是也。]

案：王氏不知《周易》单疏为十四卷，遂以《南雍志·经籍考》所载各种注疏一概视为单疏，汪绍楹先生已为纠补。但汪先生亦云：“王氏以乌程蒋氏藏《尔雅疏》，刷印用洪武二年萧山、山阴二县公牍，证此板明初犹存，而印于杭州者固也。”且据傅增湘谓陆心源旧藏单疏《尔雅》“卷中补板正多，当是元修明印”，并云“蒋氏本是洪武时官纸所印，此本为元至顺官纸所印，其印本亦差相类，疑同时所印行也”（见《藏园群书经眼录》）；李致忠氏就北京图书馆藏本单疏《尔雅》，即蒋氏旧藏本，考得刻工若干名，所涉时间自南宋初至元大德年间。（见李氏《宋版书叙录》。至李氏云“综合所有这些，此本《尔雅疏》似可定为北宋后期刻宋元明递修公文纸印本”，则文中所述绝无“可定为北宋后期刻”之根据。《涵芬楼烬余书录》云“书板非与《毛诗》《尚书》同时开雕，即就北宋本修补也”，张氏意在否定陆心源“咸平祖本”之说，言“与《毛诗》《尚书》同时开雕”，谓南宋绍兴时重刊也；并言“就北宋本修补”者，以其尚无明证可定其必无北宋原刊之页，慎重言之耳。而李氏云“这里，张元济把它放在群经单疏的整体中加以考察，得出了‘即就北宋本修补也’的结论”，是断章取义，诬枉前辈之言。案《玉海》等文献记载，北宋咸平、景德间始刻义疏，至南宋绍兴有重刻之举，不闻有“北宋后期”刻义疏之事。盖李氏考刻工，皆出南宋初以后，而欲迁就“即就北宋本修补也”的结论，遂为“北宋后期刻”

之奇说，意谓“北宋后期”刻此书者生至南宋初期仍刻他书。甚无谓。）然则单疏《尔雅》至元时递有修补。据彼例此，则汪刻所据宋本《仪礼疏》，亦或为宋元递修之本，未可知也。

王颂蔚云：“己卯秋日访书无锡，至张塘桥蔡氏，见《仪礼》单疏，字多漫漶，以墨笔描写。”（见《增订四库简明目录标注》）案：“己卯”当为光绪五年。王氏所见是否即黄丕烈、汪士钟旧藏本，不可知。但其言“字多漫漶，以墨笔描写”，使其诚为宋本单疏——不问是黄、汪旧藏本，抑或别一宋本——似可与《尔雅疏》宋版之宋元递修明印者相若，亦可旁证王国维之推测。盖汪刻所据，亦为递修后印本与。

王国维之后，傅增湘之说则《北宋本乐府诗集跋》云：

> 刻工中王珍等八人皆见于余所藏北宋本《广韵》中。至其余姓名见于他书，如《左传》八行本注疏、《仪礼》单疏、《两汉书》、《唐书》、《国策》、《通典》、《管子》、《世说新语》、《唐文粹》，皆绍兴时所刻，以年时未远，其人尚存。至包端、高彦二人，见于绍熙本《礼记疏》，时代太辽，或此书后来补版耳。①

傅氏谓“《左传》八行本注疏”为绍兴时所刻，殆出笔误。《左传正义》与经注汇刻，始于庆元六年（1200）绍兴府刊行

---

① 见《藏园老人遗稿》。案：《藏园群书题记》所收《宋本乐府诗集跋》，改变旧说，谓此《乐府诗集》为南北宋之际刊本，故于旧文多所改移，文理稍滞。以其于《左传注疏》《仪礼疏》等所见无异，故今据其旧文。

八行本，其时更在“绍熙本《礼记疏》”（1192）之后。岂涉“绍兴府”而误记也，未可知。至其言《仪礼》单疏，则傅氏盖自有所见。傅氏跋单疏《周易正义》曰：

世传此书为北宋初刊本，乃据进书题端拱元年而言。兹详检各卷，“桓”“构”等字悉已阙笔，则为南渡覆雕可知。考《玉海》载“绍兴九年九月七日，诏下诸郡索国子监元颁善本，校对锓板。十五年闰十一月，博士王之望请群经义疏未有板者，令临安府雕造。二十一年五月，诏令国子监访寻五经三馆旧监本刻板。上曰：‘其他阙书亦令次第雕板，虽重修所费亦不惜也。’由是经籍复全”。循是推之，则《五经正义》再刊当在绍兴九年以后，二十一年以前。再证以庙讳之阙避、雕工之姓名、刻书之风气，益足推勘得实，正不必侈言北宋监本以为重也。

傅氏论单疏《周易》如此，其于单疏《仪礼》亦当如此而已。

宿白氏《南宋的雕版印刷》[①] 曰：

南宋初年，在临安附近较长时期集中刊工最多的地点是临安官府。这从刊书使用刊工的数量可以推知。绍兴间（原注：1131 — 1162）临安府刊刻《仪礼疏》所使

① 载《文物》第一期，1962 年 1 月。今据印刷工业出版社《历代刻书概况》转载。

> 用的刊工多达一百六十人［原注：据《四部丛刊续编》（上海商务印书馆，1934）影印的清道光十年（1830）汪士钟覆宋本］，而大约同时绍兴府刊刻和《仪礼疏》分量相仿的《尚书正义》只用了二十三人，湖州刊刻版数比上述两书还要多的《北山小集》只用刊工二十七人，刊版数量比《仪礼疏》要多五倍的《新唐书》，刊工也仅一百二十余人。临安官府既拥有大量刊工，而不少刊工又屡见于湖州、绍兴刻本，这固然可以理解他们在相互支持，但更多的可能，恐怕主要是湖州、绍兴依赖了临安官府。（2013年补注：《仪礼疏》刻工中，南宋中期及元代补版刻工甚多，宿氏不为分别，以为一百六十人皆绍兴间刻工，非也。）

宿白氏以《仪礼疏》为例，畅论当时临安府刻工之多。但《毛诗》单疏有重刊刊记曰“绍兴九年九月十五日绍兴府雕造”，故知是绍兴府刊本；至此《仪礼疏》及《周易疏》等只有北宋原刊校勘名衔及进书名衔，都不见重刻刊记，不知何以必知其为临安府刊本也？若如宿白氏所说，则当时临安、湖州、绍兴等地刻书，往往互见刻工。然则考察刻工，亦不足以确定刻地也。岂据《玉海》卷四十三“绍兴十五年博士王之望请群经义疏未有板者，令临安府雕造”等记载，遂以此本为临安府刊本与？今以不知，记此存疑。

黄永年氏谓此《仪礼》单疏实南宋重刊北宋国子监本，见《论王静安先生的版本学》及近刊《清代版刻图录》。

总之，既无原书可见，不得确实论定。仅就重刻本推之，既避南宋帝讳，且刻工多南宋人，斯非北宋印本可知。至谓是否北宋刻南宋以后递修印本，则自不得谓绝无可能。但据《玉海》等记载，北宋刻本义疏至绍兴时已不多见，乃始有重刻之举。然则北宋版片之至南宋以后仍递修使用，殆为不可能之事，是以现存《毛诗》《尔雅》诸疏皆南宋本也。又此板已经修补，如上第五节所见，参以王颂蔚“见《仪礼》单疏，字多漫漶”之言，则盖可推定为南宋刻本之递修后印本也。

七　说公善堂覆刻本

汪氏重刻宋本《仪礼》单疏本，在《四部丛刊续编》之前，尚有一覆刻本。《书目答问补正》载“泾县洪氏公善堂覆宋刻本”,《中国丛书综录》著录“《洪氏公善堂丛书》(清)洪汝奎辑，清光绪中泾县洪氏刊本”，中有“《仪礼疏》五十卷（原缺卷三十二至三十七）,(唐)贾公彦等撰，据景宋景德本景刊”者是也（《书目答问补正》云“覆宋刻本”者不确）。据《丛书综录·收藏情况表》，该丛书只见上海图书馆收藏，但洪氏刊行诸丛书所收书，以零种流传者颇多。日本汲古书院影印《洪氏唐石经馆丛书》本《大唐开元礼》，书后池田温先生《解说》谓该书零种流传较丛书整套为广；笔者于北京大学图书馆偶见公善堂本《仪礼疏》，亦为零种。其书封面篆书分三行写“宋景德／官本仪／礼疏”，末一格亦篆书小字两行写“公善／堂校”。封面背面有软体字题记，曰：“宋景德官本《仪礼疏》五十卷。明正德时陈凤梧散疏入注，而注之分卷遂为疏之分卷，又去疏所标经注起止。闻人诠、李元阳因之，万历监本、汲古毛氏本转转因之。于是而马端临《经籍考》所载其先公序称‘得景德官本《仪礼》四帙’者，举世无复有识其面目者矣。今余所得与马正同。末后名衔盈幅，案之《玉海》悉符故事。惟中缺六卷，仅从魏氏《要义》中粗识大略。思适居士顾君娄夸此书在宋椠中为奇中之奇，宝中之宝，莫与比伦，可谓先得我心哉。嘉庆乙丑，吴门黄丕烈荛翁自识于百宋一廛。”

检手头所备影印书籍，有中华书局影印《隶释》《隶续》为洪氏晦木斋覆刻乾隆间汪氏刻本。卷首洪氏跋一页，求“海内博雅好古之士，倘为搜访宋椠，邮寄见示”；《隶续》首附段玉裁跋、钱大昕题记，皆软体刻字，为汪刻原本所无。此外则悉仍原本，如《隶续》卷三末有元本刊记曰“泰定乙丑宁国路儒学重刊”，并照刻汪氏刻本篆书木记曰“楼松书屋汪氏校本”，而洪汝奎覆刻无所标识；附刻黄丕烈《刊误》，封面直作“嘉庆丙子／汪本隶释刊误／士礼居刊行”。今案《仪礼疏》，全书唯封面“公善堂校”四字，可作为洪氏公善堂刊本之标志，别无刊记题识；卷四十九末尾“阊门外洞泾桥西青霞斋吴刻字店”刊记，亦仍艺芸书舍刊本之旧；而卷首独增黄丕烈题记：此等适可以为洪氏覆刻本之特征。

又案：《四部丛刊续编》本《仪礼疏》无封面及黄氏题记。检汪刻原本有封面，分三行写“道光庚寅重刊／宋本仪礼疏／艺芸书舍藏板”，而无黄氏题记。今案：公善堂本之黄氏题记，殆出洪汝奎据《百宋一廛赋注》稍改其文以就题记之体，既非黄氏原文，更非黄氏手写者。首言“宋景德官本《仪礼疏》五十卷”，自非写跋原书之体；“可谓先得我心哉”一句，语气鄙俗，不似黄氏语；荛圃写跋，又有何嫌而特著“自识”：是不待检《百宋一廛赋注》，自可疑其为赝品。两文相较，则改窜之迹更显然可见也。至“嘉庆乙丑”，乃黄氏“手写刊行”《百宋一廛赋注》之时耳。（此特录黄氏原文如下：《百宋一廛赋》“弘文学士，悉情裁疏；陈、李、闻人，纷纭失路；官本复出，景德旦暮；列卷五十，面目呈露；标经题注，乃完乃具；寻马序于《通考》，豁长夜而重曙”。注云：“景德官本《仪礼疏》五十卷，每半叶十五行，每行廿七字。每卷题‘唐朝散大夫行太学博士弘文馆学士臣贾公彦等撰’，‘悉情裁疏’者，公彦等序中语也。陈，陈凤梧；李，李元阳；闻人，闻人诠。散疏入注而注之分卷遂为疏之分卷，又去疏所标经文起止，盖出于陈凤梧，明正德时事也。而闻人诠、李元阳因之，万历监本、汲古毛氏本又转转因之。于是而马氏《经籍考》所载《仪礼疏》五十卷，又载其‘先公’序曰‘得景德中官本《仪礼疏》四帙，正经注语皆标起止，而疏文列其下’者，举世无复识其面目者矣。‘先公’，贵与父，名廷鸾。今与其所得者正同。末后名衔盈幅，案之《玉海》，悉符故事。居士娄夸此书在宋椠中为奇中之奇，宝中之宝，莫与比伦者也。唯弟三十二至弟三十七，凡缺六卷，仅从魏了翁《要义》中粗识其大略耳。”）

公善堂本既为覆刻，行款字体莫不或异，猝见或难与汪士钟原本相别。但刻手虽不谓不工，终不免覆刻字画趋向简略之弊，若持两本相较，孰为原刻孰为覆刻，立见显形矣。

又，公善堂覆刻往往改补文字，已非汪刻原貌。如顾千里《重刻宋本仪礼疏后序》“道光庚寅岁阆源观察重刻所藏宋景德官本五十卷贾公彦《仪礼疏》”，汪刻误“景德”作“景祐”，公善堂覆刻本改作“景德”。又如卷二页七左第五行

“不同爵韠”公善堂本改作“不用爵韠”；卷二页十二右第十五行“心帷幕簟席”公善堂本改作“必帷幕簟席”；卷五页九左第十五行“■至下文”公善堂本补作“意至下文”；卷五页十一右第五行“召■是以下云”公善堂本补作“召之是以下云”；卷六页七左第十三行“■有命来”公善堂本补作“已有命来”；卷十五页十二左第五行“在门为大烛地”公善堂本改作“在门为大烛也”；卷五十页十三左第二行“臣杜■”公善堂本补作“臣杜镐”等，公善堂本于汪刻之显误处及墨丁，多为之改补。若谓作一读本，则文理通顺，较汪刻为便，但影刻单疏岂为童蒙诵习方便计。影刻而校改文字，转失原本面目，只求貌似古本，不知其于读书何益也。所幸今有《四部丛刊续编》之直接影印，无所改动文字者（涵芬楼影印古籍自多改移文字之例，至此书则殆无其事也），可供吾人研读；至公善堂本，委之版本学者，聊作研究清季版本之资可也。

八　单疏本流布图

李庆氏《顾千里研究·顾千里校书考》就顾千里校《仪礼》单疏事，作一书本流布图。今广其例，为《订补流布图》，并录李氏原图，题《李氏流布图》。今所增补“士礼居影抄本”“《四部丛刊续编》影印本”“洪氏公善堂影刻本”“阮元《仪礼注疏校勘记》”“阮刻《十三经注疏》本（附《校勘记》）”等，李氏盖因其不涉顾氏校书而不录，今为补之，固非谓李氏疏漏。

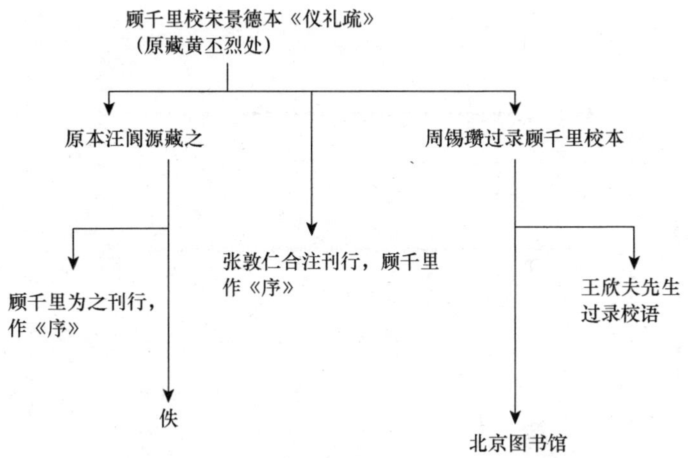

李氏流布图

《订补流布图》用粗线相系者为同一书本，用细线带箭头者为继承关系。本图要点在创立“顾千里用宋刊单疏校通行注疏本”一项，将张敦仁本、《校勘记》等统属其下，而与汪氏重刊单疏一系相别。说详上第四节。至于“顾千里用宋刊单疏校通行注疏本”是否即“天一阁文物保管所”所藏监本，今未得确证，想当然而已。

九 结论

黄、汪旧藏单疏《仪礼》原本已佚不可见，今为推测，盖为南宋重刊宋元递修本。汪氏覆刻宋本单疏，虽不得完全信据，但大抵可信，今读《仪礼疏》，自当据以为本。汪刻原本今已罕见，则有《四部丛刊续编》影印本可以代替汪

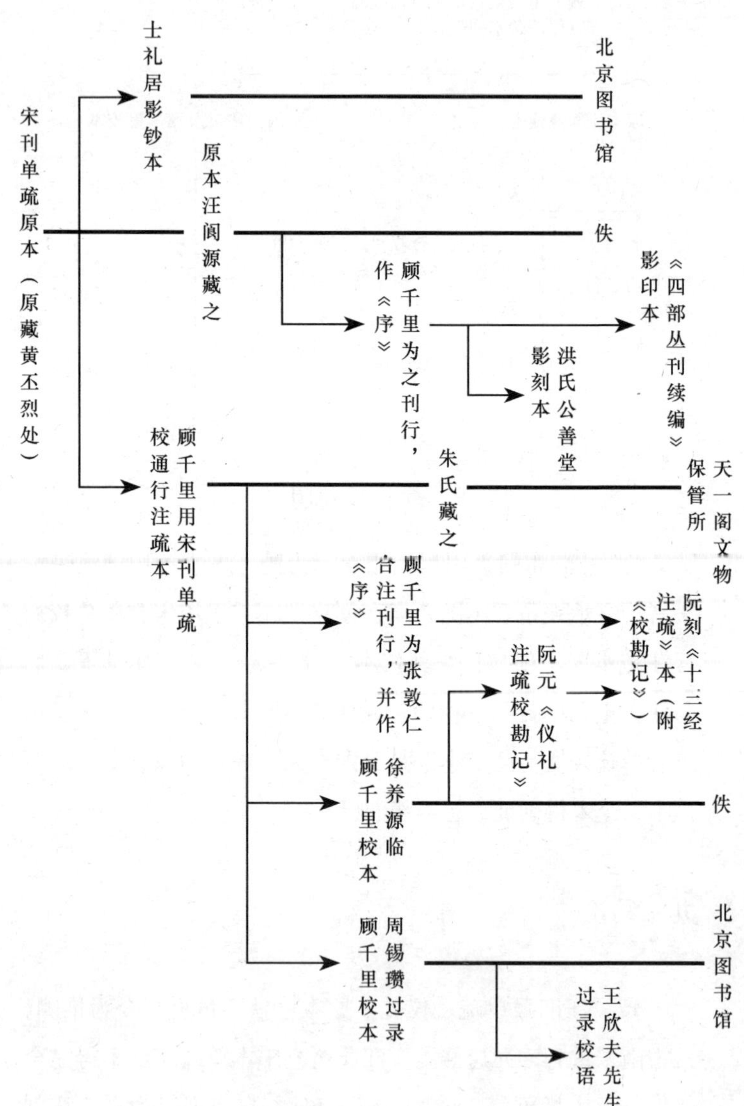
宋刊单疏原本（原藏黄丕烈处）
士礼居影钞本
北京图书馆
原本汪阆源藏之
佚
顾千里为之刊行，作《序》
《四部丛刊续编》影印本
洪氏公善堂影刻本
顾千里用宋刊单疏校通行注疏本
朱氏藏之
天一阁文物保管所
顾千里为张敦仁合注刊行，并作《序》
阮刻《十三经注疏》本（附《校勘记》）
阮元《仪礼注疏校勘记》
徐养源临顾千里校本
佚
周锡瓒过录顾千里校本
北京图书馆
王欣夫先生过录校语

订补流布图

刻，而公善堂覆刻汪本则间有校改处，庶可不用。至若张敦仁汇刻注疏本与《校勘记》引单疏本，均出顾千里校录单疏本，可与汪刻单疏并重。汪刻容有翻刻讹误，自当参核张本与《校勘记》，始可免专信汪刻之失也。若谓阮刻《十三经注疏》本及《嘉业堂丛书》本，乃翻刻张本，有其普及流传之功，而初无版本价值者也。

第一节举例言汪刻非皆如宋本原貌之事。今为结论，又谓汪刻可信而不可全信，必须参核张敦仁汇刻注疏本与《校勘记》引单疏本，请再为举例以结此文。案汪刻单疏卷三第九页右半页第十四行作：

> 诸侯则得着绥故玉藻云缁布冠缋绥诸侯之冠也郑云尊者饰也经

第十五行作：

> 士冠不得绥也云冠而敝之可也者据士以上冠时用之冠讫则敝去

连前后文标点示之则：

> 云“其绥也，孔子曰吾未之闻也”者，孔子时有绥者，故非时人绥之。诸侯则得着绥，故《玉藻》云“缁布冠缋绥，诸侯之冠也”，郑云：“尊者饰也。”经士冠

> 不得绥也。云“冠而敝之可也”者，据士以上冠时用之，冠讫则敝去之，不复着也。

《校勘记》出“郑云尊者饰也”，云“‘也’下单疏本空一字”；出“冠讫则敝之”，云“‘敝’下单疏本有‘经’字，《要义》有‘去’字，按《要义》是”，张本作“郑云尊者饰也〔元缺一字〕士冠不得绥也云冠而敝之可也者据士以上冠时用之冠讫则敝经之不复着也”，与《校勘记》所引单疏本正合。据《校勘记》及张本复原，单疏本第十四行当作：

> 诸侯则得着绥故玉藻云缁布冠缋绥诸侯之冠也郑云尊者饰也■

第十五行当作：

> 士冠不得绥也云冠而敝之可也者据士以上冠时用之冠讫则敝经

《校勘记》所引单疏本并张本与汪刻单疏不合，则不知孰是孰非？但假若宋本原本如汪刻单疏，第十四行“也”下有“经”字，《校勘记》何致误谓“‘也’下单疏本空一字”；如汪刻单疏，第十五行“敝”下有“去”字，《校勘记》何由而谓单疏本有“经”字，而且并言《要义》乃有“去”字。反之，若宋本原本如《校勘记》所言，则或以第十五行“敝”下“经”字当改从《要义》作“去”为正，遂写“去”字于“经”字左旁，以其第十四行“也”字下原空，遂移“经”字为第十四行末字，径以“去”为第十五行末字，不无可能。未检北图藏士礼居影钞单疏、天一阁藏顾校监本等，自不可意定，然揆之情理，似当以《校勘记》、张本较汪刻单疏为可信。是为用汪刻必须参核《校勘记》引单疏本并张敦仁汇刻注疏本之例也。

补记：交稿后见《长泽规矩也著作集》第一卷，有《现存宋刊单疏本刊行年代考》，详考刻工，论定今存《公羊》《尔雅》《仪礼》单疏（《仪礼》即据汪本）均南宋孝宗末年至光宗间刊元修本。所论广博精审，令人叹服。当知上第六节所引傅、宿二氏之说乃不可据也。

2013年补记：去年廖明飞先生告知天一阁博物馆在其网页公布所藏顾千里校监本《仪礼注疏》全本影像。今访问其网页，果然有所藏古籍彩色影像，全部免费供读者利用，令人振奋异常。上文末尾讨论的卷三第九页末两行，顾氏先用朱笔，于“尊者饰也”下标一方框“□”，示有空格，于“冠讫则敝”下补“经”字，是单疏底本原貌，正如张敦仁本及《校勘记》所言。眉批顾氏先据《要义》及《玉藻》疏，确定“冠讫则敝”下之“经”字当作“去”；后又推论云：“宋板剜修，并排‘经’‘去’等字，刻工误之，故‘经’字反在下行，而‘去’字不见也。”是知汪本第十四行末作“经”，第十五行末作“去”，乃出顾千里校订，已非底本原貌。

又如《士冠礼》末顾氏云“此卷（按：当指单疏第三卷）第八页多修误，今改正”，则足知士礼居旧藏本是递修后印本，既多讹误，又多漫漶，故顾氏为汪氏主持重刻，势必多所校订。顾氏读贾疏有神解，如推测“经”字原当在“尊者饰也”下，为后之校贾疏者曹元弼、仓石武四郎等皆所不及。按：贾疏释《记》，必谓《记》者所以记经不备。今《记》言“緌”，然诸侯有緌，士不当有緌。故云本经《士冠礼》不当有緌，此《记》所言在经文所述之外，是曰“经士冠，不得緌也”。若无“经”字，则此疏仅言诸侯始有緌，士当无緌，纯粹述制度而已。笔者博士论文主张，义疏断非实事求是之学，而以探讨经文（并记、注）逻辑结构为主旨。知此义，乃知此疏“经”字必不可少，而顾氏固知之矣。

今得见天一阁所藏顾校本，可与张敦仁本、《校勘记》对勘，探索士礼居旧藏递修后印本之原貌及顾氏校订之精义，何乐如之！天一阁博物馆慷慨公布资料，功德无量，衷心感谢！

又，据赵万里先生云，黄丕烈影抄单疏，“原版补版一一注明，原本面貌略可窥见”（《古刻名钞待访记》，《文物》1959年第3期，今据2012年新出《赵万里文集》第二卷），自然也是探索宋本原貌的重要依据。

2017年补注：此文原作博士论文附录，后发表于《文史》第五十辑（2000年）。最近有更多资料可用，请参三联书店即刊拙著《文献学读书记》所收《仪礼疏考正解题》。据周慧惠先生研究，顾千里似乎也曾参与阮元刻本的校订工作，是以前没人关注的问题，值得深入讨论。

附录Ⅳ　左还右还后说图录

左和右是一对相对的概念。按照我们现代的语言习惯，顺时针方向的转动叫作右转，反时针方向的转动叫作左转。但在中国古代，事情并不是这样。王文锦老师曾经搜罗先秦文献，就此问题逐一进行检讨，证明在那些文献里，“左还”（还，音旋）是指顺时针方向的转向或转行，“右还”是指反时针方向的转向或转行。可惜该稿因故已经散佚，今不得其详。

作为一种先秦文献，《仪礼》也出现左还、右还等词语，而且完全可以适用王老师的结论。但是，清代以来这一问题纷纠极甚，影响所及，现在还表现在有些学者解释上的混乱。出现这样混乱局面的原因，可以举出几方面因素：一是语言习惯的变化。古代的左还是现在的右转，这自然会影响后世的解释。二是这问题本身很琐碎，无关大义。在进行某种典礼时，人要从 A 点到 B 点转行，或者在 A 点转身。这时候不管往哪个方向，结果都一样，一般来说比较无所谓。这从一方面讲是无关重要，从另一个角度来看也意味着缺少论定方向的很明确的根据。三是我们的语言是非常有限的一种思维工具，往往写的人自己很清楚，读者懵然不知其意，甚至产生误会。比如清末学者曹元弼说："左还，则由东面还而北面，由北面还而西面。"但他同时也有"左还者，由北面而东面而南面"的说法。这不是完全相反的方向？反复揣摩他的意思，我们才能知道他自己并没有矛盾。但是这一例子也可以说明，单单靠语言讨论问题是相当困难的。实际上，我们分析清代学者对左还右还问题的各种解释，就会看到其间充满着对过去学说的不理解和误解。

《仪礼》中的左还和右还，王老师已经给我们提示正确的解释了。因此可以说，左还右还的公案，在经学上或者在《仪礼》学上是已经得到解决，没有必要再作讨论。我现在作这《图录》，为的是利用图画的方式，将历代学者心中所想象的各种不同解释，明确地揭示出来，并且录存这一原来很简单的问题，却让他们弄得越来越复杂的历史。

一　注疏说

郑玄及贾公彦的解释同王老师的论定相符合。在他们心目中，左还是顺时针方向的转向或转行。除了转动的方向同现代的左转相反外，我们还要注意他们所说的左还可以分析为两种不同的情况。即一，在同一地点转身子，转变面朝的方向。二，行迹成弧形的行走。为了行文方便，本文将前者称小还，后者称大还。[图一][1]

---

① ［图一］至［图十七］皆见文后。

大概对郑玄来说，左还右还是属于不假说解而自明的事情，所以他没有留下直接说明左还、右还的注文。贾公彦也没有特别论证左还右还的定义，不过还是出现了“以左（右）手向外”的说法。

①《聘礼》“宾致命，公左还北乡”，注“当拜”。疏：“公升受宾致命时西乡，以左手乡外回身北面乃拜，故注云当拜。”

在这里“公”由面朝西转身面朝北，按情况，这无疑是不带移动的小还，而且完全没有理由让“公”作反时针方向二百七十度的转向。所以仅从经文的情节考虑，这里的“左还”是顺时针方向的小还无疑。贾公彦对此作了“以左手乡外回身”的说明。

②《乡射》：“上射揖进坐，横弓，却手自弓下取一个，兼诸弣，顺羽且兴，执弦而左还，退反位，东面揖。”

上射东面取矢，左还而往西方原来的位置回去。对此贾公彦也说：“言左还者，以左手向外而西回。”［图二］

③《燕礼》：“司正升酌散，降，南面坐奠觯。右还，北面少立；坐取觯，兴；坐不祭卒觯，奠之，

兴；再拜稽首。左还，南面，坐取觯。”注：“右还，将适觯南，先西面也。必从觯西，为君之在东也。”疏：“右还，谓奠时南面，乃以右手向外而西面，乃从觯西南行，而右还北面。若从觯东而左还北面，则背君，以其君在阼故也。”

④《大射》（经文与③同，唯“右还”上有“兴”字为异）注：“将于觯南北面则右还，于觯北南面则左还，如是得从觯西往来也。”

③④二例仪节全同。因为是以觯为中间，在其南北走来走去，位置关系较容易清楚，所以也成为后来议论左还右还的焦点。按注疏的解释，这里的左还右还是大还。司正先在觯北面朝南，“右还”经过觯西转行到觯南；由觯南面朝北的位置再“左还”，也经过觯西转行回到觯北。注说“先面西”，并不是经文“右还”本身的解释，而是说右还（大还）时先要转向西，然后转行。换言之，要做右大还时先须做左小还，否则只能像螃蟹一般横行了。[图三]

贾公彦解释左还右还用“以左（右）手向外”的说法，可能在当时是比较通行的。时间比贾公彦稍晚的义净在其《南海寄归内法传》中介绍曾有一位中国学士说：“右手向内圆之名为右绕，左手向内圆之名为左绕。”这位学士的观点虽然跟贾公彦对左还右还的理解相反，但其用左右手之内外来说明问题是共同的。（2013年补注：版本“左”“右”常互讹，此引义净书且据王邦维校本，而王氏校记列举诸本“左”“右”歧出，十分混乱，未足以定义净原作如何。）

南宋朱熹著《仪礼经传通解》，对《仪礼》的解释基本都沿用了郑玄、贾公彦的观点。然而他对贾公彦“以左（右）手向外”的说法有很好的补充说明。他说：

> ⑤《燕礼》云“司正右还”，疏云“以右手向外”者，以奠觶处为内而言也。《乡射》云“三耦左还”，疏云“以左手向外”者，以所立处为内而言。

在这里朱熹给我们阐明贾公彦同样用“以左（右）手向外”说解的左右还，其实也应该分别大还和小还两种不同情况来看待。他举的第一种情况是我们在上面看过的例③，是大还；后一种情况是上面例②，是小还。②的左小还，贾公彦说“以左手向外”，朱熹说“以所立处为内”，我们不妨想象以右脚着地为中心轴，按着顺时针方向转向的状态。

二　敖继公说

元敖继公著《仪礼集说》，在《仪礼》学史上具有特别重要而且非常特殊的意义。《三礼》之学，以郑玄为不祧之祖，唐初贾公彦、孔颖达等疏以及朱熹《仪礼经传通解》等皆以郑玄注为本，至于乾嘉以后学者尤其对他推崇备至。在这二千年的《仪礼》学史上，只有敖继公能够和郑玄分庭抗礼，独自对经文进行深刻的探讨，树立一套全新的解释体系，而且用十分简括的体裁表达出来了。因为《集说》深入浅出，语言往往过于简单，如果想要真正了解其中每一句注解的理论根据，必须在其全书范围内进行全面彻底的钩稽探索工作。不幸的是，不像郑玄注有贾公彦疏已经相当成功地做到这一点，敖氏《集说》后世没有一部给它作疏释的著作，也没有人做他的知音，十分精确地理解它。只要看到唯一通行的通志堂刻本有很多严重的错字，而清代学者引用时几乎都没有能校正这些错误，是对这种情况的最好的说明。虽然如此，也就是因为它语言浅显，而且体系性比较显著，明代及清代初期敖继公的说法特别受欢迎，一时影响之大并不下于郑玄注。一直到了乾隆中期以后，学者才开始对《集说》进行批判的检讨，随后在学术上推崇郑玄的风气下，敖继公越来越被冷漠，甚至到清末曹元弼，竟称敖继公为礼教罪人。

现在平心而论，正如褚寅亮等清代学者所批评，敖继公确实有故意跟郑玄说作对的地方。但是这些地方大部分又都是郑玄说并没有经文上的确凿根据，敖继公提出新的解释虽然可以说大可不必，却也得承认他自己也能够自圆其说。

关于左还右还的问题，敖继公提出了明确的定义。

> ⑥《乡射》“当福南皆左还”，敖说：“左还者，以左体向右而还也。于福前必左还者，以福东肆，宜顺之。”

敖说“以左体向右而还”，与上引⑤朱熹说“‘以左手向外’者，以所立处为内而言”相符合。敖氏后一句是据此经具体情况而说：这时人在楅南面朝北，而楅的设置方向是“东肆”（以西为上，以东为下），所以人也应该顺着楅的上下方向而左还。这自然是顺时针方向的小还，敖说与注疏一致。[图四]

再看一个例子：

> ⑦《乡射》司射诱射节：“及物揖，左足履物，不方足，还，视侯中。”敖说：“还，谓右还而南面也。右还者，为下射宜向上射也。”

这时司射从南方走到“物”（表示射箭位置的标识），自然是面朝北。到了“物”就要“还”，准备射箭。因为靶子在南方，“还”了以后要面朝南。由面朝北转向面朝南的一百八十度的“还”应该是右还。为什么？敖氏说是因为下射应该面朝着上射。司射诱射本来是为了给后来三耦射箭示范的。三耦都是上射与下射一对一对，而此时司射虽然是一个人，是站在下射的位置。上射在西，下射在东，将来下射做同样动作时，如果左还那就要背朝着上射了，是为非礼，所以应该右还。因而现在司射也应该要右还[图五]。这样看来，敖氏所说的右还也是反时针方向的小还，他所理解的左还右还的方向同注疏说一致，毫无疑问了。[图六]

敖继公对左还右还的理解同注疏一致，但他在解释

《燕礼》时却出现了同郑玄注完全相反的观点。

> ⑧（经文与③同）敖说："将于觯南北面则右还，于觯北南面则左还，皆欲从觯东往来也。"

细心的读者会注意到，敖氏说的前两句是直接借用郑玄注《大射》的语言（见④）。问题就出在第三句——郑玄说"如是得从觯西往来也"，敖继公说"皆欲从觯东往来也"。这样两说完全相反的情况，我们不妨参考古人所画的两种图［图七］。左图采自宋代杨复的《仪礼图》。杨氏是朱熹弟子，这幅图也是按着郑玄说的［图七］。右图采自清朝《钦定仪礼义疏》的《礼节图》。该图以《杨图》为蓝本，然而因为在这问题上采用敖继公说，所以将《杨图》的东西倒过来了。

敖氏为什么要将郑玄说之西改为东？敖氏在上举引文下继续说："必从觯东者，变于在堂者升席降席之仪而由上也。司正之位东上。"原来敖氏认为堂上升席降席的仪法，皆以由下为正。这一观点就和郑玄不同，而且也许比郑说更好，不过现在不必去多管它。敖氏在这里根据堂上升席降席皆由下的自说，认为司正在堂下应该跟在堂上相反，去位就位都要由上。司正之位以东为上，所以要离开觯北南面之位时要由东方，要就觯南北面之位时也要由东方。同样，要离开觯南北面之位而就觯北南面之位，也都要由东方。因此司正往来觯之南北都应该由觯的东边。敖氏的说明对我们没有很大的说服力，因为对堂下没有筵席的离位就位，一般不考虑上方下方的问题，而且敖氏说司正以东为上，也并没有确凿的根据。所以后人认为敖氏故意要跟郑玄作对也是很自然的。但是反过来看郑玄的说法，郑玄说要从觯西往来是因为君在东方。他这样根据所谓的“礼意”来推论的说法，也不免带有较大的主观性，虽然说得通，也不能证明非如此不可。敖氏大概是看到了这一点，所以才敢提出与其相反的观点。

剩下有一个问题必须说明清楚。既然敖氏对左还右还的理解同注疏说一致，而且在这里经文明说“右还”“左还”，他们说司正的行迹怎么会一个在西、一个在东呢？这是因为郑玄用大还来解释经文“右还”“左还”，而敖继公却用小还来解释“右还”“左还”。我在介绍注疏说时已经说过，按照注疏说，这里经文的“右还”意味着右大还，而且在做右大还之前还必须做左小还。因为是以觯为中心的转行，从大体上说应该认为是右还。但就具体动作再作分析，这一右大还也包括先左小还，再转行，到了觯南又一次右小还而北面的过程。敖继公是着眼于细处的。他将经文的“右还”理解为右小还。觯北南面，右小还则面朝东了，于是再由觯东转行到觯南，而北面。［图八］

我们认为经文的原意大概就像郑玄所说，这里的“左还”“右还”是大还。因为据王老师的考证，先秦文献当中的左还右还都包括大还和小还，而在这里司正是绕着觯走来走去，经文说“左还”“右还”则解释为大还更自然。但是如果不考虑这种我们推测的“原意”，只从经文文字上讨论问题，敖继公的解释果然也没有违背经文。再从逻辑上考虑，敖继公的理解还有可以取消大还，所有左还、右还都可以作为小还解释的好处。

三　附说

敖继公对经文的分析、对具体仪节的考察十分精细，左还右还的问题只是其中一个例子。在这里我不能专门讨论敖继公的学术，不过还想强调敖继公《集说》的存在，在经学史上或者在经学史研究上所具有的重要价值。敖继公能够提出那么多跟郑玄不同、甚至相反的解释，而且基本上没有违背经文，保持着逻辑上的完整性。这意味着过去有些人想过的“以经释经”的解释方法，只能说是一种美好的理想，实际上是不可能完全做到的。南北朝唐初的学者全面信从郑玄注，将郑玄注与经文一视同仁，经学的实际内容都变成郑学研究，是对的。因为不然的话，异说蜂起，没有可能折中一是，学术会变成没有规则的游戏。曹元弼疾呼敖继公是礼教罪人，也是对的。因为如果不盲目推崇郑玄，而容许像敖继公那样的自由解释，其结果只会显示圣人制作的经文的不完整性。

现在已经不再有人理睬圣人制作那一套，没有必要维护经书的权威性，曹元弼地下有知也可以感到放松了。但是我们也不能将两千年来祖先研究经学的历史一笔勾销。《易》有哲学，《诗》属文学，《书》《春秋》是历史，如今都有新的归宿，过去的经学现在都成功翻身。在践踏旧时学术的基础上，有关古代的新的学问呈现了空前的繁荣景象，不佞诚感不胜同庆之至也。不过，只有《礼》就是不一样，没有什么可以“批判地继承”的。就是因为如此，《仪礼》学的历史，我们可以从纯粹经学史的角度去研究，可以不考虑谁是谁非，不考虑他们研究的结果如何，而专门探讨他们的学术本身。这时候，我们一定要重点讨论敖继公。

四 清《义疏》说

乾隆十三年撰定的清朝《钦定义疏》，承袭明代以来主要根据敖继公的风气，在很多问题上都认同敖氏的观点。例如上文提到过的堂上升席降席的由下由上问题，《义疏》也支持敖说，并且具体指出郑说所存在的问题。在《燕礼》司正右还左还的问题上，《义疏》也认同敖说，如上文所说。它说：“左还、右还，敖氏之说析矣。”我说过敖氏的分析是精细的，《义疏》说的也不错。接着《义疏》又说：“如注疏则左右相反也。”这就不好了。《义疏》正确地理解敖氏说，知道敖氏将“右还”“左还”理解为小还，却不理解注疏说，仍用小还去读注疏，竟称“左右相反”。可以说是知其一而不知其二者。

在《义疏》以前，就这问题而言，明代郝敬《仪礼节解》专述敖说，清初蔡德晋《礼经本义》转据郝说，乾隆元年刊姜兆锡《仪礼经传参义》则专据注疏，至于张尔岐《郑注句读》乃全书都述注疏而已。要之，都没有并列注疏说与敖说，讨论两说的得失。因此,《义疏》的这种说法，或许可以视为此后左还右还问题混乱的开端。

五　褚寅亮说

乾隆四十九年王鸣盛为褚寅亮《仪礼管见》作序说:

> 学问之道，史学不必有所专法，而字学、经学则必定其所宗。文字宜宗许叔重，经义宜宗郑康成，此金科玉条断然不可改移者也。褚先生于敖氏洞见其症结，驱豁其雺霿。嘻，先生岂好辨哉！辨敖氏之失而郑氏之精乃明，郑注明而经义乃明也。

褚氏自序则曰:

> 敖氏之意似不专主解经，而维在与康成立异。特含而不露，使读之者但喜其议论之创获而不觉其有排击之迹。由是后之言《礼》家主郑者十之一二，主敖者乃十居八九矣。究之以敖氏之说深按经文，穿凿支离，破碎灭裂，实弥近似而大乱矣。

其实《管见》一书中，也有舍郑从敖的，也有暗述敖说的，这并不是专门攻击敖氏的书。但也可以肯定褚氏的精力主要放在辨定敖说的得失，权衡郑敖两说上。《钦定义疏》的态度是郑敖并重，择善而从，而且实际上多倾向于敖。几十年之后风气就大不一样，王氏都敢说“经义宜宗郑康成，此金科玉条断然不可改移者”，也许是属于极端的，但是褚氏之意固然也在于阐明郑说。所以凡是郑说可通而敖说不同的地方，褚氏就要述郑驳敖，只有郑说不甚通而敖说可通的情况下才引述敖说。他对敖氏的态度是批判的、认真的，但却缺少要真正了解敖氏意图的热情。因而他没有全面、系统地分析敖说，《管见》往往出现不理解或者误解敖说的情况。

褚氏研究《仪礼》时经常参考《钦定义疏》，这是有据可言的。只是因为是“钦定”的，而其内容多根据敖说，如果提到它也不便批评，所以《管见》没有明说到《义疏》的地方而已。上文介绍《义疏》就《燕礼》司正右还左还的问题说：“如注疏则左右相反也。”现在褚氏说“敖氏谓由觯东，则与经文左右适相反矣”，将《义疏》的话又倒过来了。褚氏还说：“日月五星右还，亦自北向西，自西向南也。天左还，亦自南向西，自西向北也。敖氏如何以右还为自北而东，左还为自南向东耶！”这很明显是根据郑玄用大还的解释来批评敖说是“适相反”。

其实，褚氏固然也知道小还的存在。如对⑦《乡射》诱射节，褚氏说：“左足履物，势必右还其身而后向南。”这当然是小还。大概褚氏虽然对小还、大还两种情况都有了解，却没有分别两种的概念，所以对司正绕着觯的转行只能想象大还，因而也不能了解敖氏的意思了。

六 朱大韶说

朱大韶《实事求是斋经说》收录在南菁书院《续经解》中，大概可以认为是道光时期的著作。未见有单刊本，而胡培翚《仪礼正义》所引与《续经解》本之间有较大出入，可以推测是胡培翚和王先谦分别根据不同的抄本。考虑到这种情况，现在我们看到的《经说》并不一定全部都由朱氏最后定稿，有些内容也许不过是朱氏的草稿，并不准备发表的。另外，大概也由于同样的原因，这本书中存在较多的错字。在讨论朱氏说之前，我先说明这两点。

《经说》中有一篇《驳敖氏左还右还说》，顾名思义是专门批评敖氏左还右还说的一篇文章。他说：

> ⑨《燕礼》之左右还，经本易晓，无庸辞费。“司正南面坐奠觯，右还，北面少立。”南面以西为右，从觯西则以右手乡外而东面，乃北面，故曰右还。云“左还，南面坐取觯”者，北面以西为左，从觯西则以左手乡外而东面，乃南面，故曰左还。若从觯东而行，是以右还为左，以左还为右矣，未审其意。

最后一句和褚寅亮的说法一样，以为若如敖说左右相反，“未审其意”。朱氏的观点基本上是根据注疏说的，不过按照这里所写的说法，也有些不一样。他说司正右还时原来南面，“而东面，乃北面”；左还时原来北面，“而东面，乃南面”［图九］。这样的话，应该像螃蟹的斜行，如上文说过，而且跟《燕礼》郑注说“右还将适觯南，先西面也”显为矛盾。

另外，朱氏也批评我在上文⑥所举的敖说。朱氏说：

> 敖云：“于楅南左还，以楅东肆，宜顺之。”案：东西有定位，左右无定名。人北乡则以东为右，西为左。敖既云北面坐而取矢，当改左为右乃合。安得云从楅东而还？还，转也。所谓左还、右还者，皆谓以左手、右手乡外而转也。北乡从楅东而还，是右还。

敖说上文已经解释过［图四］。敖氏本来是说“以楅东肆，宜顺之”，朱氏居然解释为“从楅东而还”，并且认为这样的话应该说右还才对［图十］。两幅图相比较，我们可以看到朱氏误解敖说误解得太远了。这也是我怀疑这篇文章也许不一定是朱氏定稿的原因。

七 盛世佐说

盛氏《仪礼集编》有乾隆十二年其师桑调元所作序，卢文弨《仪礼注疏详校自序》也说乾隆十三年索观其书，“已褎然成书”。那么此书的撰成时间比《钦定义疏》稍早，或者说大约同时。盛氏搜罗先儒释《仪礼》各说特别完备，可以认为是清初以前《仪礼》学的集大成。他自己的看法与《义疏》

相比更倾向于注疏，但不像褚寅亮那样墨守，对敖继公等说也没有故意排斥。另外也有不少他自己直接根据经文演绎出来的新观点。可惜流传不广，虽然被《五礼通考》引用其说，《四库全书》也著录过，直到嘉庆九年才有了刊本，所以在当时的影响就不能很大。后来胡培翚撰《仪礼正义》时也将它作为重要的参考资料，特别是和左还右还问题有关的《乡射》《燕礼》《大射》等篇胡培翚没能自己撰成，而由杨大堉补撰，《正义》的内容几乎完全与盛氏《集编》重复。然而在其后的黄以周、曹元弼等研究《仪礼》，又将《正义》作为主要的参考书，所以盛氏说对他们的影响就很大了。

盛氏对左还右还的理解，在我看来是很独特的。他在《乡射》（经文见②）对左还右还下了明确的定义。

> ⑩ 左还，向左而还也。敖云以左体向右而还，非。反位，反其楅西东面之位也。盖东面者以北为左，左还则面北矣。于是遂西转，南向，至其故处，而仍东面焉。[图十一]

上射东面，以北为左，左还则面北矣。这种动作按照我们的说法是右小还。盛氏的左还首先是反时针方向的小还，自然与敖说相反。

> ⑪《大射》“兼挟乘矢，皆内还，南面揖”。郑注：“内还者，上射左，下射右。不皆右还，亦以君

在阼，嫌下射故左还而背之也。上以阳为内，下以阴为内，因其宜可也。”敖氏说：“上射左还，下射右还，皆乡内，故总以内言之。皆内还者，由便也。”盛氏说：“内还者，先以身乡堂而还也。上射东面，左还则乡堂；下射西面，右还则乡堂。凡敖氏所解左还右还皆与注说相反，今不从。”[图十二]

堂在北方，盛氏说上射东面，左还则乡堂。这种动作按我们的说法是右小还。在⑩⑪二例，盛氏既然认为敖氏与郑注说左还右还相反，同时也说自己不从敖说。这就是说，盛氏自己认为他的说法就是郑玄的说法，而且与敖氏说正相反。现在按照我们的理解来评论，可以说盛氏对敖说的理解不错，而对郑说误解了。

我认为盛氏这样误解郑说的原因，就在于对《燕礼》的解释。《燕礼》经文及注疏说见③④，敖说见⑧。盛氏在这关键地方并没有多讲话，而只说：“右还说见《乡射礼》。敖云从觯东，非。”他说“说见《乡射礼》”，指的是上引⑩的说法。他否定敖继公从觯东的说法，则是认为当从觯西，如郑玄所说。上文我们看到过盛氏以为左还则向左而还，先做反时针方向的小还，而且这才符合郑玄的意思。这样来看，我们可以推想盛氏应该是注意到《燕礼》注“右还将适觯南，先西面也”的说法。右还而先西面，那么右还应该意味着顺时针方向的小还[图十三]。实际上，整部《仪礼》当中，就是《燕礼》的司正绕觯右还左还（《大射》同）是个关键，这一地方解释通了，其他地方怎么也可以说得过去。就像⑩⑪的例子，我们理解的郑说与盛氏说转向的方向完全相反，但这并不构成解释上的矛盾。至若像①那样按照盛氏的理解本来不能解释好的地方，就是以绝口不谈为妙了。

《燕礼》的解释，注疏说如［图三］。敖继公对左还右还本身的理解与注疏说不异，但将注疏说用大还解释的经文“右还”“左还”改用小还去解释，提出经由觯东的新说［图八］。现在盛世佐在表面上完全依据郑玄说，却将经文“右还”“左还”主要作为小还解释，同时将其方向倒过来了。盛氏对郑说的改造，将两个因素同时都反过来，就是“负乘负为正”的道理，司正仍然可以在觯西往来。这可以认为是第三种新的解释方案。我们也可以注意到，以左还为反时针方向、以右还为顺时针方向的方向观念，与现在我们的语言习惯相合，在礼学史上这种观点正从盛氏开始使用，而且为后来黄以周、曹元弼等所因袭。

盛氏“左还，向左而还”的定义，虽然有些含混，综合⑩⑪的说法考虑，应该理解为包括反时针方向九十度的小还（向左）和其后的转行（而还）。不过因为小还以后的转行容有不同的方向，不能说得很明确。依据［图十一］［图十二］［图十三］等情况，制为盛说左还概念图［图十四］。

八　黄以周说

黄以周《礼书通故》成书于光绪四年。此书自是清代礼学的最高成就，可与孙氏《周礼正义》媲美。胡玉缙评论说："发抒礼学，上自汉唐，下逮当世，经注史说，诸子杂家，义有旁涉，率皆甄录，去非求是，务折其中，是当'体大思精'四字。"大概没有人会不同意这种评价。不过，他对左还右还的解释却弄得很复杂。

《射礼通故二》第三十四条，介绍上举⑪《大射》郑、敖两说以后，黄氏自下案语说：

> 此当以敖说为长。内还者，向堂而还，即所谓以君在阼是也。既拾取矢捆之，兼挟，必皆北面向堂而还。

黄氏比较二说而认为敖说较长。其实郑、敖都认为上射左还，下射右还。所不同的不过是对这种动作的含意的理解，我们现在可以不管它。黄氏说"内还者向堂而还"，跟⑪盛氏说同，是认为上射左还是由东面而北面，下射右还是由西面而北面（参［图十二］）。可见黄氏的左还是反时针方向，右还是顺时针方向，同我们的理解左右正反。但是，《射礼通故二》第三十三条，黄氏也有这样的说法：

> ⑫ 右还者自西而南而东，左还者自南而西而北。敖氏说左右还与郑相反，未是。

这样说，又好像跟我们对注疏说（大还）的理解相合。黄氏的意思到底如何？在这里，关键还是对《燕礼》的解释。

《燕礼通故》第二十九条，介绍③的经文和郑说、⑧的敖说以及我们在第五节检讨过的褚说以后，自下案语说：

> 从郑注。“右还”句绝，谓向右手而还也。南面右还，北面左还，皆由觯西。敖读“右还北面”为句，则往来由觯东，而左右适相反矣。褚说左右还亦似是而非。

黄氏说，郑敖二说的不同在于经文的句读——郑玄读：“右还。北面。”敖氏读：“右还北面。”黄氏在说的无疑是小还、大还的不同。读为“右还。北面”，则右还和北面是两件事情，先右还，后北面。换言之，“右还”专指右小还，而“北面”意味着到觯南北面位的大还转行。读“右还北面”，则是一件事，“北面”不过是“右还”的结果。这“右还”自然意味着大还。那么，按黄氏的说法，则经文“右还”郑氏理解为小还，敖氏理解为大还。这跟我们的理解完全相反。但是也不要紧，我们上面也看到过黄氏的右还是我们的左还，黄氏的左还是我们的右还。这样说来，也是按照“负乘负为正”的道理，郑说的司正仍然可以走觯的西边，敖说的司正也仍然可以走觯的东边。[图十五]

黄氏对郑说的理解，实际上可以说沿袭盛氏而已。至于对敖说，盛氏的理解同我们一样，虽然他以为敖氏将反时针方向的小还叫作右还是不对的。黄氏则以为敖氏理解的“右还”是顺时针方向的大还。黄氏理解的敖氏说，我们可以认为是继盛氏之后对《燕礼》司正右还左还的第四种新的解释，尽管他自己也不认同这种观点。

现在了解到黄氏的观点以后，再回头看⑫的黄氏说法，就可以知道，黄氏的意思并不是说右还是自西而南而东的转行，而是说做过右还（即顺时针方向的小还）的人接着要做自西而南而东的转行（即反时针方向的大还）。

最后还要指出，左还右还的问题也要关系到对“相左”“相右”的解释问题。郑玄以后，历代学者对《仪礼》中所说“相左”“相右”的认识基本一致。然而黄氏就提出了与众相反的解释。在左还右还的方向以及相左相右的方位的认识上，黄氏对郑说的理解都和我们相反，这在黄氏的理论体系中构成相辅相成的关系。

九　逻辑图

上文说过，就《燕礼》司正右还左还的问题而言，注疏说是第一种说法，敖氏提出了新解释为第二种，盛世佐说（就是盛氏所理解的郑玄说，也为黄以周所认同）是第三种新解释，最后黄氏对敖说的理解是第四种解释。我想在此用图表的形式整理这四种说法。

各家说的分歧点只有三个：一是对左还右还的方向的理解。在图表上，以右还理解为反时针方向，以左还理解为顺时针方向则标“＋”号，相反则标“－”号。二是司正要经由觯西还是要经由觯东。在图表上，认为司正要经由觯西的标“＋”号，相反则标“－”号。三是将经文的“右还”“左还”理解为大还还是理解为小还。在图表上，当大还理解的标“＋”号，当小还理解的标“－”号。我们这样定义“＋”“－”号，是为了以注疏说作为标准的方便。在图表上注疏说三项都“＋”，其他三种解释与注疏说不同，自然不可能三项都“＋”。而且由于逻辑上的要求，要对注疏说在一个分歧点上持不同见解，必然在另一个分歧点上也要跟注疏说不同，也不能三个分歧点都和注疏说相反，否则陷入矛盾。

我们通过这一图表可以清楚地看到，在考虑这三项分歧点的条件下，这四种就是所有可能的解释，不可能再有第五种了。换句话说，在注疏说之后，从敖继公到黄以周，这些学者们将所有可能的异说都提出来了。

十　曹元弼说

黄以周的弟子曹元弼，在其《礼经校释》卷六，专门讨论左还右还的问题。他“将经注反复推求”的结果，又推出了新的观点。像我在上第九节总结的那样，到了黄以周，变动三种因素可能想象的所有解释已经出齐了，所以曹氏的新说是比较特殊的。虽然在逻辑上说得通，但是按照常情也很难接受。所以在这里对他的观点只作简单的介绍，供读者参考。

他对左还右还的定义是：“左还者，向左而还也。”这是借用盛世佐定义的语言，但其内涵其实并不同盛氏说一样。盛氏的定义主要着眼于小还，而曹氏的定义则就大还而言。盛氏的“向左而还”，可以理解为转向左方，然后还行；曹氏的“向左而还”，乃是向左方转行的意思。还有一个重要的特点是，按曹氏说，转行的人要向斜前方或斜后方旁行。这一点也像朱大韶说［图九］。现在将曹氏所论各种情况综合起来，作一概念图应当如［图十七］。

我对于曹氏说只是觉得过于穿凿。首先这种动作，特别像向斜后方的旁行，太不自然。其次，按曹说，他在这里举例的《乡射》《燕礼》等很多情况就算都可以说得通，但是其他地方比如《大射》第三番射节注“乐正西面受命，左还东面命大师”，还有如①的《聘礼》经文等都不好解释，而且对这些地方曹氏都没有任何交代。

十一　后语

注疏说很容易明白，敖氏说原来也很清楚，但是清人或误解或不理解，而且他们自己的说法也不容易明白。我对每一家的说法一个一个地进行分析，作成这篇《图录》，现在就觉得清代学者特别可恶。因为我们对“经”没有什么感情，而他们却只知道要阐明他们的“经义”。因为我们对过去学者的每一部著作，凡是态度认真的，都觉得很可爱惜，想要真正了解那些作者的意思，而他们却没有那种兴趣，只想将那些著作当作自己研究的工具。他们既没有对贾公彦、敖继公进行认真的研究，而且还引用他们自己不甚理解、甚至误解的说法。但是，我们对他们也不宜要求太高，因为他们毕竟不是经学史家，而不过是经学家。

我们现代的学术是继承清代学术的，这一点无可否认。如果现在有人敢说他的学问是独立于清代以来的传统，那他只是在暴露自己的无知无学。但是，一味推崇清代学者，同样也是不对的。据说陈垣先生最称赞汪辉祖，认为汪氏《元史本证》以纪、传、表、志互相考证，不出本书之外，找出其本身自相矛盾之处，作者当无辞以自解。在史学领域里，近代学者的成就确实已经超越了清代学者。既有《二十四史》《通鉴》等的校勘工作，也有像《胡注表微》那样的读书成果，近代的史学研究，可以说在继承清代学术的基础上，更进一步有所发展。所以某人作陈先生挽词，有“不为乾嘉作殿军”一句。相比之下，经学文献的研究仍然处于十分落后的状态。这里面，客观条件的变化使得经学文献的研究一直被冷漠，自然是一个很大的原因，但是我也不免怀疑，这也是由于近代以来学者过于吹捧清代经学，结果一直没能摆脱他们的窠臼，没有考虑从纯粹文献学的角度去对待问题。《元史本证》的考证方法是文献学或者说凡是要读书的人都应该想到做到的最基本、最平实的方法，而从未有人用过这种方法去研读历代经学文献。我们现在按这种方法去读书，则清代至现代的学者不理解或误解贾疏、敖说的例子可以随手举出百十条。于是也可以醒悟到，现在我们连《十三经注疏》都没有像样的校本。经学本来是清代学术的主要方向，成果也最丰硕。然而经学文献研究落后的惨状，实际上足以使每一个外行人都会惊讶。现在应该认为，经学文献的整理研究是我们必须认真进行的，而且不幸地具有开拓性的重大课题。

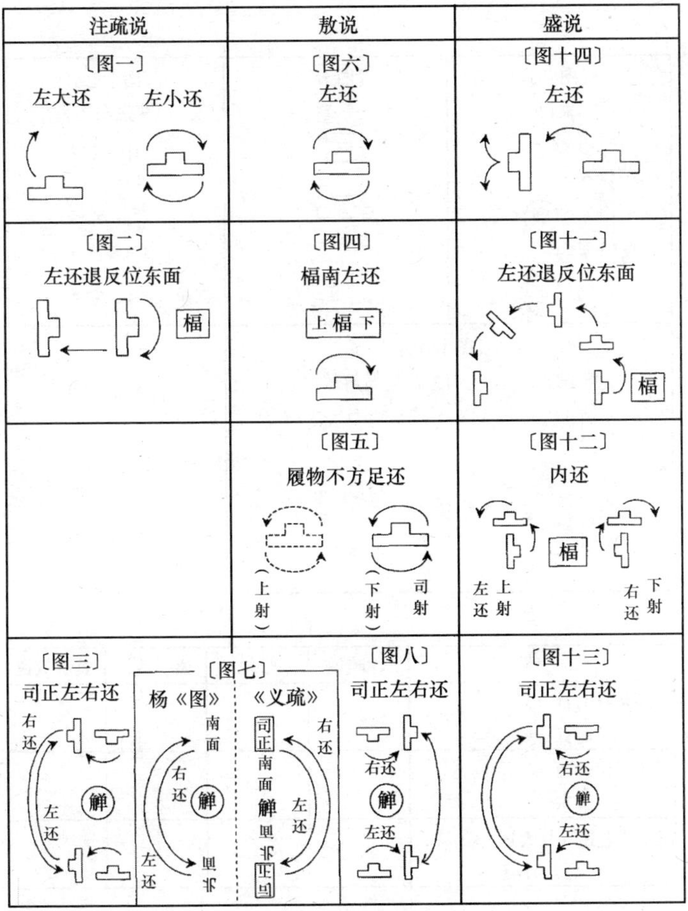

注疏说	敖说	盛说
〔图一〕 左大还　左小还	〔图六〕 左还	〔图十四〕 左还
〔图二〕 左还退反位东面 楅	〔图四〕 楅南左还 上 楅 下	〔图十一〕 左还退反位东面 楅
	〔图五〕 履物不方足还 （上射）　（下射）　司射	〔图十二〕 内还 楅 左还　上射　右还　下射
〔图三〕 司正左右还 右还　左还 鱓	〔图七〕 杨《图》：南面　右还　鱓　左还　北面 《义疏》：司正　南面　鱓　北面　司正　右还　左还 〔图八〕 司正左右还 右还　鱓　左还	〔图十三〕 司正左右还 右还　鱓　左还

左还右还后说图录

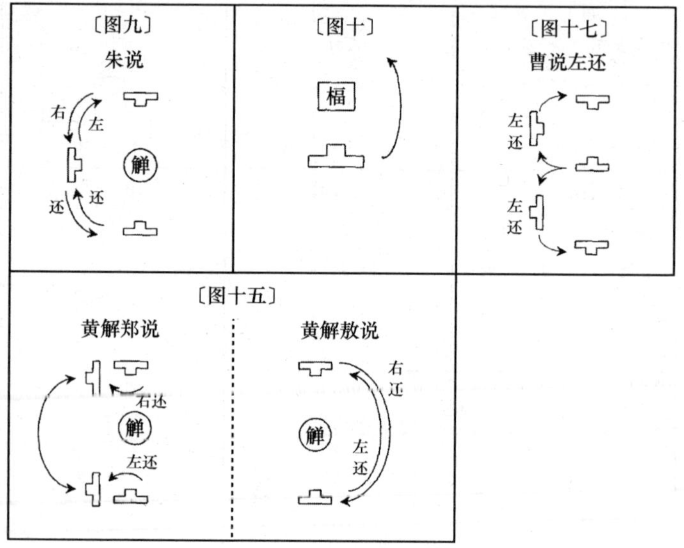

〔图十六〕

	注疏说	敖说	盛、黄说	黄解敖说
左还是顺时针方向 + 反时针方向 −	+	+	−	−
司正经由觯西 + 觯东 −	+	−	+	−
司正“右还”是大还 + 小还 −	+	−	−	+

左还右还后说图录

此文原刊登于《经学研究论丛》第九辑（台北学生书局，2001 年出版）。

三联版编后记

笔者读研究生阶段，读书范围非常有限，只有唐疏和清人著作。经文注文是遥远的天书，虽然读唐疏、清人著作必须参考，但根本不是自己可以阅读的对象。因此本书附录版本的讨论，也局限于义疏部分，那时候对经注版本没有兴趣。都不认为自己有可能读懂，自然不会有兴趣了。

后来，有种种因缘，笔者也开始学郑玄注《论语》《礼记》等，又学版本，编辑出版各种古籍，发现郑玄注也能读懂，版本也能理解，逐渐开阔了视野。2015 年编辑《孝经述议复原研究》，有机会认真读《孝经述议》及《孝经孔传》，又获得了本书中没有提及的新认识。

现在重看本书，知道这里讨论的问题，也可以放在长段的学术史中理解。传统义疏学，尤其《三礼》义疏学，不妨理解为郑玄经学的延续。不是说传统义疏学遵奉郑玄学说，而是传统义疏学讨论问题时的思考习惯，与郑玄的思路非常类似。传统《三礼》义疏学，可以评价为用郑玄之法治郑玄注的学问。刘炫他们从根本上否定这种研究方法，又可以理解为杜预经学的延续。郑玄研究经书文本的内在逻辑，是为经学而经学的专业性文献研究。杜预探讨经书所指历史遗迹，用事实为检验理解妥否的标准，因而否定汉代学者不根据事实，单纯从文本创造义例的做法。前者为专业经学，后者为合理主义，从汉到唐，学界主流是前者，而时不时地出现后者批评前者的局面。班固、王充等否定繁言寡要的章句学；王肃、杜预等否定后汉偏重文本与义例的经学；刘炫、王劭等否定为经学而经学的义疏学，并以王肃、杜预为楷模；王元感、刘知几等也否定当时主流的经学，又以刘炫、王劭为榜样。其中，刘炫他们的批评力度最大，随后孔颖达基本接受刘炫，但也保留传统义疏的因素，统合成《五经正义》。一百年后，王元感、刘知几想要对义疏学孑遗进行追击，恰遇玄宗用国家力量直接干预学术，导致专业性经学的彻底消失，为后来啖、陆等“人义”经学准备了舞台（请参《孝经述议复原研究编后记》）。

这种学术史脉络，不是不可以讲，但只能姑妄言之，姑妄听之，不能当真。定式化概括容易蒙蔽自己，忽略很多并不符合简单概括的大量现象。以往有关经学史的诸多概念，如今文古文、郑学王学、南学北学、汉学宋学以及唯物唯心等等，都曾严重妨碍我们用自己的双眼虚心观察实际情况。如果一个中医看什么病都要用“阴—阳”来做解释的话，我怎么也不敢服他的药。本书提出隋代学术革命的概念，并非笔者的重点所在。通过本书叙述，笔者想要说明经学文献的可读性。

今日有关南北朝至唐初义疏的评论，可以追溯到的直接源头在《诂经精舍文集》。《诂经精舍文集》收录十三篇《六朝经术流派论》、五篇《唐孔颖达五经义疏得失论》，都是学生作业。其中除了周中孚指出六朝经学的资料有限，讨论这一问题有待今后研究，表现其冷静客观之外，其他学生都依靠史传材料介绍某人用某氏注，以义疏所据注家为评论流派的主要根据，完全不去分析诸家义疏的具体学说。清人真正研究义疏的实质内容，应该以刘文淇《左传旧疏考正》为先锋，而后继无人。（刘毓松《周易、尚书旧疏考正》单纯套用刘文淇的分析方法，并无创获。顾千里对注疏有神解，算是例外。）近代讨论义疏学最出色最重要的论文当推牟润孙《论儒释两家之讲经与义疏》，而牟先生除了介绍《论语义疏》科段说之外，也完全没有讨论义疏的具体内容，甚至将备录经文注文的《礼记子本疏义》误认为单疏本。要之，以往学者有关义疏的评论，都不是真正研读义疏著作的成果。清代以来很多学者重视注疏，是因为可为他们的研究提供丰富的资源，注疏并非他们研究的直接对象。

笔者想要读懂贾、孔义疏，探究贾、孔疏每一句每一字的所以然。结果能够摸索出贾、孔编辑义疏的基本思路，而且在贾、孔背后又看到南北朝旧义疏学与刘炫、刘焯新说的碰撞。有了这些认识，读贾、孔义疏较有把握，可以读得更好。笔者后来也发现郑玄注有郑玄独特的思路，尽管没有办法一下子全部都弄明白，但确实有很多地方已经知道他那些乍看有些奇异的注文背后存在的逻辑。最近年轻朋友们都开始探索《毛诗传》、何休《解诂》的立说思路，令人振奋。唐代以前的经学著作，语言习惯、思考习惯都与宋代以后很不一样。因此，明白他们叙述的含义及立说的逻辑，我们会感到大开眼界。其实，宋代以后的经学著作，一样也值得探索。那么多学者对同一个经学问题提出了各种各样不同的答案，都有他们自己不得不然的理由。探索他们为什么提出那种答案，就是读经学著作的乐趣。

本书原为1999年提交北京大学中文系古典文献专业的博士论文，题“南北朝至初唐义疏学研究”，导师倪其心教授，作者姓名“桥本秀美”，答辩请了曹道衡、傅璇琮、吴小如、楼宇烈四位老师。2001年作为“东京大学东洋文化研究所研究报告”之一，由东京“白峰社”出版日文版，书名改为“义疏学衰亡史论”，作者“乔秀岩”。2013年由台北万卷楼图书股份有限公司出版繁体字版，基本依照博士论文，而措辞有所调整，也有补注，书名改从日文版。这次承蒙北京大学哲学系李猛、吴飞两位老师的热情推荐，由三联书店冯金红编辑接受出版计划，乃以万卷楼版为基础，通体一律改为简体字，又经责任编辑钟韵的仔细校对，改正了一些错字。

本书内容包含大量义疏引文，行文又不顺畅，思想之幼稚也到处可见，但恨笔者没有能力重新撰写更成熟完美的文章。在此对耐心翻阅本书的好心读者，致上由衷的谢意。各位老师、朋友长年来的指导、支持，笔者铭感在心。

2017年3月乔秀岩谨记